# Os Cinco Níveis de Influência

Chris Brady
Orrin Woodward

# Os Cinco Níveis de Influência

Um plano de cinco etapas
para criar e manter
uma sólida liderança
nas organizações

**Tradução**
Ana Beatriz Rodrigues

ELSEVIER

CAMPUS

Do original: *Launchinga Leadership Revolution*
Tradução autorizada do idioma inglês da edição publicada Business Plus


*Copidesque*: Shirley Lima da Silva Braz
*Editoração Eletrônica*: Estúdio Castellani
*Revisão Gráfica*: Edna Cavalcanti e Roberta Borges

*Projeto Gráfico*
Elsevier Editora Ltda.
A Qualidade da Informação.
Rua Sete de Setembro, 111 – 16º andar
20050-006 Rio de Janeiro RJ Brasil
Telefone: (21) 3970-9300 FAX: (21) 2507-1991
E-mail: *info@elsevier.com.br*
*Escritório São Paulo:*
Rua Quintana, 753/8º andar
04569-011 Brooklin São Paulo SP
Tel.: (11) 5105-8555

ISBN 978-85-352-2785-7
Edição original: ISBN 978-0-446-58071-7



Central de atendimento
Tel.: 0800-265340
Rua Sete de Setembro, 111, 16º andar – Centro – Rio de Janeiro
e-mail: info@elsevier.com.br
site: www.campus.com.br

CIP-Brasil. Catalogação-na-fonte.
Sindicato Nacional dos Editores de Livros, RJ

B822c Brady, Christopher, 1947-
Os cinco níveis de influência : um plano de cinco etapas para criar e manter uma sólida liderança nas organizações / Chris Brady, Orrin Woodward ; tradução Ana Beatriz Rodrigues. – Rio de Janeiro : Elsevier, 2008.

Tradução de: Launching a leadership revolution : mastering the five levels of influence
Inclui bibliografia e índice
ISBN 978-85-352-2785-7

1. Liderança. 2. Administração. I. Woodward, Orrin. II. Título.

07-3563. CDD: 658.4092
CDU: 658.316.46

*Os momentos revolucionários atraem as pessoas que não são boas o suficiente para as instituições estabelecidas e também aquelas que são boas demais para elas.*

– George Bernard Shaw

*A maior revolução de nossa geração é a descoberta de que os seres humanos, ao modificarem as atitudes internas de sua mente, podem mudar os aspectos exteriores de suas vidas.*

– William James

*Daqui a vinte anos, você ficará mais decepcionado com o que não fez do que com o que fez. Por isso, recolha a âncora. Afaste-se do porto seguro. Deixe o vento guiar seu barco. Explore, sonhe, descubra.*

– Mark Twain

*Revolução não é festa.*

– Sun Yat-sen

# Agradecimentos

Ao escrever um livro como este, os autores correm o risco de parecer não ter mais nada a aprender. Antes de o leitor chegar a tal conclusão, gostaríamos de deixar claro que lutamos diariamente para implementar e aperfeiçoar nossas habilidades com os conceitos aqui contidos. O material apresentado aqui não é teoria, mas sim experiência na vida real sob a perspectiva de dois homens de negócios que a vivenciam todos os dias. Experimentamos muito e aprendemos mais ainda em mais de uma década trabalhando juntos, e teria sido de grande valia para nós ao longo do caminho se as informações contidas nestas páginas nos tivessem sido disponibilizadas. Foi por isso que decidimos escrever este livro.

O segundo risco que os autores correm é parecer terem feito tudo sozinhos. Nada poderia estar mais longe da verdade. Somos gratos a muitos escritores e líderes, contemporâneos ou já falecidos, palestrantes, professores e mentores com os quais tanto aprendemos. A bibliografia apresentada no fim do livro enumera as fontes de nossas citações e de grande parte dos conceitos utilizados. Em particular, gostaríamos de agradecer a John Maxwell e Jim Collins, por iluminarem a idéia dos Níveis de Liderança. Não sabemos qual deles foi o responsável pela criação do conceito (se é que um deles foi), mas sentimo-nos inspirados pelo profundo insight e perspectiva que nos proporcionaram. Encabeçando a lista das pessoas a quem somos gratos está nosso paciente editor e mentor literário, Rick Wolff. Ele nos mostrou um mundo inteiramente novo, do qual temos o prazer de fazer parte. Gostaríamos de agradecer também a nosso amigo, Pastor Robert Dickie, pela orientação espiritual e por sua amizade ao longo dos anos; seu exemplo é o melhor sermão de todos. Nossas esposas, Terri Brady e Laurie Woodward, que conseguem, de alguma forma, ser bonitas, carinhosas, flexíveis, compreensivas e nos estimular o tempo todo, merecem nossos agradecimentos e gratidão especiais. Gostaríamos também de agradecer a Terri Brady pela detalhada supervisão da preparação de originais. Temos uma dívida de gratidão para com Tim Marks e Larry Van BusKirk, pelos perspicazes insights que tanto fizeram para melhorar este livro. Somos gratos a Russ Mack, por acreditar, desde o início, no quadro maior desses originais. Chris gostaria de agradecer aos pais, Jim e Gayle Brady, e Orrin aos seus, Bud (*in memoriam*) e Kathy Woodward, pelo constante apoio e estímulo. Norm Williams, nosso designer e artista gráfico, merece reconhecimento pela paciência com nossas constantes mudanças. Gostaríamos também de agradecer a todas as horas dedicadas por Bob Dickie III e sua equipe, e a Doug e Tiffany Huber, que desempenharam diversos papéis nos bastidores.

Mais importante, queremos dar glórias a Jesus Cristo, nosso Senhor e Salvador. Tudo que realizamos e tudo que viermos a alcançar será pela glória do Senhor.

# Os autores

**Chris Brady** é formado em engenharia mecânica pela Kettering University (ex-GMI) e tem mestrado em sistemas de engenharia de produção pela Carnegie Mellon University. Elaborou sua dissertação de mestrado na Toyohashi University, no Japão. É ávido piloto de avião e de barcos, e adora todas as modalidades de aventuras motorizadas.

**Orrin Woodward** é formado em engenharia de produção pela Kettering University (ex-GMI) e administração de empresas pela Universidade de Michigan. É detentor de quatro patentes norte-americanas, agraciado com o exclusivo National Benchmarking Award pela análise de produtos e reconhecido em jornais especializados no país. Seus hobbies são pesca oceânica, exercícios físicos e a ampliação de sua já extensa biblioteca.

Brady e Woodward trabalham juntos há mais de uma década, desenvolvendo uma empresa multimilionária focada no desenvolvimento da liderança no contexto do comércio eletrônico via Internet. Sua organização foi reconhecida como uma das empresas de mais rápido crescimento do setor.

Ministraram palestras em quatro continentes sobre princípios dos negócios e sucesso. Seu primeiro livro, *Leading the Consumer Rebellion*, tornou-se best-seller em seu primeiro ano.

# Sumário

# Introdução

Pouco antes da Grande Depressão, um homem chamado Ira Yates vendeu seu rentável negócio para voltar à vida no campo, onde passou a infância. Comprou um lote de quatro quilômetros quadrados no Oeste do Texas e, durante a crise de 1929, lutou para sobreviver. Quando ouviu boatos sobre a descoberta de campos de petróleo no Texas, decidiu explorar suas terras, mas teve dificuldade de conseguir que as empresas petrolíferas o ajudassem nesse processo complicado. Finalmente, Yates montou um equipamento de teste e descobriu que suas terras estavam sobre um dos maiores campos petrolíferos da América do Norte. Fez fortuna.

A capacidade de liderança assemelha-se muito ao equipamento de perfuração usado por Yates e seus sócios para descobrir a riqueza dos campos de petróleo que já existia sob seus pés. Todos nós trazemos uma fonte natural de talento em nosso interior. No entanto, precisamos de um equipamento perfurador para aproveitar todo esse potencial. Assim, no caso do equipamento usado por Yates, obter capacidade de liderança exige esforço, mas as recompensas são incalculáveis.

Mais cedo ou mais tarde, seremos convocados a desempenhar um papel de liderança em alguma arena da vida. Algumas das questões envolvidas são grandiosas; outras, pequenas. Às vezes, as responsabilidades que requerem liderança duram uma vida inteira; outras vezes, são momentâneas. A liderança, portanto, é algo que deveríamos nos esforçar para entender e utilizar melhor. Seja em uma grande empresa, em seu próprio negócio, na igreja, em uma organização de voluntários ou em casa, o aperfeiçoamento das habilidades de liderança por meio do desenvolvimento descrito neste livro é essencial para liberar o potencial que cada um de nós trás dentro de si. Ajudar a guiar os outros nesse mesmo processo é o segredo para a grandeza coletiva e as vitórias organizacionais.

Melhorar nossa capacidade de liderar requer mudanças. A disposição e o talento para crescer pessoal e organizacionalmente são vitais para o aproveitamento de nosso potencial interno. James C. Hunter escreveu: "Não consigo deixar de me admirar com o fato de as organizações não insistirem no aperfeiçoamento constante e persistente de seus líderes para que se tornem os melhores líderes que puderem. Com a espantosa responsabilidade de liderar os outros e tudo que está em jogo, parece-me óbvio que as organizações deveriam concentrar sua atenção em ajudar os líderes a desenvolver suas habilidades de liderança e, portanto, seu caráter."

Escrevemos este livro porque nosso trabalho com dezenas de milhares de empreendedores na América do Norte, durante mais de uma década, convenceu-nos de que a maior parte das pessoas (e de suas organizações) tem dentro de si um potencial de liderança muito maior do que percebe. Inúmeras vezes vimos pessoas que descobrem esse potencial e conquistam coisas que nunca acreditaram ser possível assim que aprenderam a assumir responsabilidade pela liderança. Os resultados, com toda sinceridade, foram *revolucionários*.

Noel Tichy escreveu: "Em um sentido mais amplo, o que os líderes fazem é encenar revoluções." O termo revolução pode ser definido como "atividade ou movimento destinado a gerar mudanças fundamentais". Inicialmente, as revoluções começam com certa inquietude por parte de uma pessoa ou, talvez, de um grupo de pessoas. Esses primeiros líderes começam a trabalhar para influenciar os acontecimentos em uma direção que questiona o *status quo*. As coisas não podem mais ficar como estavam. É preciso mudar. Normalmente, devido à paixão que os líderes nutrem pelos ideais, outras pessoas acabam sendo atraídas para o esforço. Aos poucos, a luta desses pioneiros vai ganhando corpo, atraindo talento e apoio cada vez maiores. Exatamente como uma pequena chama de acampamento que acaba se transformando em uma enorme fogueira, com mais combustível e oxigênio, a revolução ganha poder e potência à medida que mudanças fundamentais vão acontecendo e os resultados começam a aparecer.

Às vezes, a pequena fogueira de acampamento acaba se transformando em um incêndio florestal. Não podemos nos esquecer de que todos os grandes incêndios começam com uma pequena fagulha. De modo análogo, todas as revoluções começam como pequenas rebeliões. Sempre é possível identificar como causa básica do processo um único indivíduo ou uma única idéia. Mudanças fundamentais se formam porque em algum lugar, de alguma forma, por algum motivo, alguém assumiu a dianteira. Uma pessoa pode decidir liderar. Pode fazer diferença. Uma pessoa na liderança faz diferença.

A verdadeira liderança proporciona mudanças radicalmente positivas em um ambiente estagnado. Revitaliza antigos relacionamentos, organizações de desempenho insatisfatório e indivíduos com baixo desempenho. A liderança se instala como uma rajada de ar fresco, que leva para longe as teias de aranha da complacência. Na maior parte das organizações, gerenciar é comum, mas liderar é raro. Em nossa experiência, muitas vezes, nos casos em que se faz necessária uma boa liderança, a má gerência está lá como impostora. Liderança e gerência são dois conceitos muito diferentes. Liderança tem a ver com fazer as coisas certas; gerência tem a ver com fazer essas coisas da maneira certa. Ambas são vitais, mas cada uma tem seu lugar. Qualquer grupo, qualquer organização e qualquer causa podem ser revitalizados com a liderança adequada, mas nunca com uma boa gerência. A liderança precisa vir antes. Portanto, esteja você abrindo uma nova empresa ou revolucionando uma empresa já existente, *Os cinco níveis de influência* é o primeiro passo para o sucesso, e também o mais importante.

Neste livro, idéias e princípios de liderança serão apresentados em "níveis" crescentes, a fim de ilustrar o efeito *crescente* da capacidade de liderança. Ficará claro que, à medida que o indivíduo ou a organização cresce em eficácia da liderança, os resultados também melhorarão, ganhando poder e força, como uma fogueira que queima cada vez com mais intensidade – ou, talvez de maneira mais ilustrativa, como uma *revolução*. Além disso, cada capítulo apresenta exemplos de histórias que ilustram como seus princípios foram aplicados a situações da vida real. Como disse o escritor Barry Lopez: "Às vezes, para sobreviver, a pessoa precisa mais de uma história do que de comida." Não raro, as histórias que a História nos conta são mais interessantes e iluminadoras do que horas e horas de aulas.

A vida deve ser voltada para o propósito, significado, causa e cumprimento de nosso destino pessoal, que nos foi dado por Deus. Isso, sem exceção, é alcançado por meio de, com e para as *pessoas*. Em outras palavras, por meio da liderança. O escritor Ken Kesey afirma: "Não se lidera apontando o dedo para o rosto da pessoa e dizendo-lhe para seguir por aqui ou por ali. Lidera-se indo até o local desejado e defendendo o trajeto utilizado." Temos a intenção de fazer com que este livro vá até certo lugar e defenda um argumento. O *lugar* é a fonte de seu potencial pessoal e o de sua organização. O *argumento* que queremos defender é que seu potencial é generoso e suficiente para atender ao chamado da vida. Está dentro de você, esperando para ser liberado. Para tanto, é preciso assumir responsabilidade por liderar nas áreas de sua vida de onde veio seu chamado. À medida que aperfeiçoar sua habilidade de liderança, você revolucionará sua vida.

Que as páginas que se seguem possam iluminar, instruir, edificar, ensinar e estimular, mas, acima de tudo, inspirá-lo a montar o equipamento de exploração da liderança em sua vida e/ou organização e colher a abundância que existe dentro de você.

Desejamos-lhe todo o sucesso que você está preparado para conquistar.

Feliz exploração!

E que se inicie a revolução!

– Chris Brady e Orrin Woodward
2006

# O QUE É UM LÍDER

CAPÍTULO 1

# Uma discussão sobre a liderança

*Às vezes, se quisermos ver uma mudança para melhor, precisamos assumir as rédeas da situação.*

– CLINT EASTWOOD

## Uma questão de liderança

Estamos em uma época em que a liderança se faz urgentemente necessária. As mesmas perguntas parecem ecoar do caos, confusão e mediocridade que vemos em escolas, igrejas, local de trabalho, vida familiar e pessoal, política nacional e relações internacionais: "Será que não há alguém para tomar as rédeas dessa situação?" "Ninguém para resolver isso?" "Não há quem possa entender o que está acontecendo?" "Alguém que se importe o suficiente para assumir a responsabilidade por melhorar a situação?" "Onde estão os líderes?" "Não existem mais heróis?"

Perguntas como essas fluem livremente. Todos parecem ter noção de que algo se faz necessário. Não é difícil identificar problemas em uma situação. Peça a alguém para identificar o que há com a sua igreja, com o patrão ou com os vizinhos, e prepare-se para ouvir uma longa explicação. Se o assunto for governo, então, é melhor nem começar! Levaria dias! Identificar os pontos negativos e as áreas que precisam ser modificadas é brincadeira de criança. Todos têm opinião própria quando se trata de melhorar uma dada situação. Dar sugestões também não é difícil. Todos têm suas opiniões para fazer alguma melhoria. Sugerir boas idéias também não é tão difícil assim. O mundo está repleto de grandes idéias, de pessoas que elaboram idéias grandiosas. A implementação e os resultados fazem a diferença. É isso que separa os heróis do resto. E implementar com resultados, em qualquer área, exige liderança.

## O que é liderança?

O conceito de liderança é bastante complexo. Quase todos têm noção do significado do termo, mas não ajuda muito tecer generalizações. Para entender como liderar, por que liderar e o que significa liderar, é melhor deixar claro desde já o que há por trás dessa idéia complexa incorporada pela palavra liderança.

Já experimentamos este exercício de definir liderança com públicos numerosos e reduzidos, e acontece sempre a mesma coisa. Começamos com expressões que parecem ótimas, como "assumir responsabilidade" e "obter resultados", ou com palavras como "compromisso", "perseverança", "carisma" e "integridade". Todas são verdadeiras em um sentido, mas de alguma forma não o bastante. Assim, passamos a tentar uma definição combinando todas as expressões, e chegamos a uma grande sopa de jargões recém-saídos da sala do Conselho. De alguma forma, as palavras significaram alguma coisa para cada um de nós, individualmente, quando pensamos em liderança; no entanto, quando reunidas, na tentativa de formar uma definição, seu sentido desaparece.

Nesse momento, parece útil recorrermos a alguns especialistas no assunto. Com certeza, poderão nos dar alguma luz. A lista que se segue é apenas uma amostra:

1. James C. Hunter: "Definimos liderança... como a capacidade de influenciar as pessoas a trabalhar com entusiasmo rumo à concretização das metas identificadas como favoráveis ao bem comum."
2. Al Kaltman: "O líder bem-sucedido é aquele que consegue obter um desempenho superior de pessoas comuns."

3. Bill George: "O trabalho do líder consiste em proporcionar um ambiente de autonomia que permita aos funcionários servir a seus clientes e oferecer-lhes o treinamento, a instrução e o apoio de que necessitam."
4. Andy Stanley: "O líder oferece a imagem mental de um futuro preferido e depois pede que as pessoas os sigam até lá."
5. Vance Packard: "Liderar é fazer com que os outros queiram fazer algo de cuja necessidade você está convencido."
6. Garry Wills: "Liderar é mobilizar os outros pela concretização de uma meta compartilhada pelo líder e por seus seguidores."
7. Alan Keith: "Liderança é, em última análise, criar uma maneira de as pessoas contribuírem para que algo extraordinário aconteça."
8. George Barna: "O líder é aquele que mobiliza; a pessoa cujo foco é influenciar as pessoas; a pessoa movida por um objetivo, alguém que tem uma orientação em comum com as pessoas que buscam sua liderança; alguém que comanda um grupo de pessoas dispostas a segui-lo", e "Liderar é o processo de motivar, mobilizar, identificar e direcionar as pessoas a buscar apaixonada e estrategicamente uma visão de Deus que um grupo adota em conjunto."
9. Kenneth O. Gangel: "Considero liderança o exercício dos talentos especiais de uma pessoa devido a um chamado de Deus para servir a um determinado grupo de pessoas na concretização das metas estipuladas por Deus rumo ao objetivo de glorificar Cristo."
10. Dwight D. Eisenhower: "Liderança é a arte de fazer, por vontade própria, com que alguém faça algo que você deseja ver realizado."

Esses insights e definições são bons e úteis; gostamos de alguns deles em especial, mas John Maxwell nos oferece uma definição exemplar, extraída integralmente do livro *As 21 leis irrefutáveis de liderança*, de sua autoria:

> Liderar é influenciar – nada mais, nada menos. Há muitas concepções equivocadas a respeito do que seja liderança. Quando as pessoas ouvem que uma pessoa tem um cargo importante ou uma posição de liderança

> que lhes foi atribuída, presumem que seja um líder. Às vezes, é exatamente isso que acontece. Mas os títulos não têm grande valor quando se trata de liderar. A verdadeira liderança não pode ser atribuída, indicada, concedida. Resulta apenas da influência e não pode ser compulsória. Precisa ser conquistada.

Mas o que é *influência*? Nossa explicação preferida de influência vem do pregador e escritor do século XIX, Albert Barnes: "Influência é o talento, aprendizado, caráter, experiência e posição de um homem sobre o qual se presume que seja detentor da verdade; que o que propõe é sensato."

George Barna nos diz que: "Para ser eficaz, o líder precisa ter influência. A influência, porém, é um *produto* da liderança; não é seu sinônimo. É possível ter influência sobre a vida de uma pessoa sem liderá-la em parte alguma."

Talvez nunca exista uma definição curta e concisa para liderança. Temos certeza de que nunca haverá uma definição de liderança com a qual todos os "especialistas" concordem. Essa própria dificuldade em se chegar a uma explicação exata para o conceito ilustra a complexidade do tema em questão. Todas as definições anteriores, porém, chegam praticamente ao mesmo ponto. Qualquer tentativa de ser mais conciso ou específico é como tentar aprisionar fumaça nas mãos. Para os propósitos deste estudo, portanto, combinaremos o comentário anterior ao seguinte:

*Liderança é a capacidade de influenciar os outros em uma direção produtiva e voltada a uma visão, o que pode ser realizado por meio do exemplo, convicção e caráter do líder.*

## Por que liderança?

Analisamos o que pensam grandes mentes sobre a definição de liderança e, como em uma pintura de grande complexidade, a imagem vai ficando mais clara quanto mais a examinamos. Para avaliar os detalhes, é preciso antes discutir o *propósito* de liderança.

Muitos se interessam pela liderança por imaginar o que a mesma pode lhes proporcionar, inclusive:

1. Poder.
2. Controle.
3. Mordomias, ou ser servido.

No entanto, a vida do líder contraria, e muito, tais expectativas. A vida do líder envolve:

1. Dar poder (autonomia).
2. Ajudar os outros a resolver os problemas e a seguir em frente.
3. Servir aos outros.

Os líderes comandam pela alegria de criar algo maior do que eles próprios. O famoso consultor em liderança Warren Bennis afirma que deseja publicar livros "que agitem o presente a serviço de um futuro melhor". Isso é ótimo, pois se trata de um sentimento compartilhado também por Hyrum Smith: "Os líderes conduzem conflitos planejados contra o *status quo*."

A título de exemplo, vejamos a história de Ray Kroc e a construção do império do McDonald's no ramo de fast-food. Quando, na década de 1950, Kroc descobriu a pequena lanchonete McDonald's no Sul da Califórnia, ficou impressionado. Os irmãos McDonald haviam desenvolvido uma operação singular, eficiente e altamente lucrativa. Fizeram da produção e oferta de fast-food uma ciência, e estavam ganhando o que consideravam ser muito dinheiro. Mas Kroc enxergou mais adiante. Percebeu que sua pequena lanchonete poderia ser copiada e reproduzida em todo o país. Foi o que decidiu fazer. O escritor Jim Collins, em *Empresas feitas para vencer*, explicou que os grandes líderes têm outras ambições além do interesse pessoal. Não se satisfazem apenas com o sucesso pessoal, concentrando-se quase que inteiramente em ampliar a visão do *empreendimento*.

**Os líderes não suportam deixar as coisas como as encontraram.**

Inicialmente, Kroc tentou se associar aos irmãos McDonald, mas se sentiu tolhido, como se houvesse um obstáculo a seu progresso. Em seguida, tentou comprar os direitos ao sistema desenvolvido pelos irmãos por um período de dez anos, mas, novamente, sua visão era maior do que a deles, e ele descobriu que as provisões previstas no contrato eram incompatíveis com sua visão pessoal. Maury Klein explica o que aconteceu em *The Change Makers*: "À medida que essa visão se expandiu, [Kroc] descobriu que os irmãos não estavam dispostos a se afastar dos rígidos termos originais do contrato." A melhor explicação, porém, vem do próprio Kroc: "Os irmãos McDonald não estavam na mesma sintonia que eu. Fiquei obcecado com a idéia de fazer do McDonald a maior e melhor lanchonete do mundo. Eles se contentavam com o que tinham." Os irmãos McDonald estavam satisfeitos. Kroc não.

Assim, se liderança é influência aplicada à concretização de uma visão abrangente, segue-se que essa influência é motivada pelo descontentamento com o *status quo* e direcionada a algo melhor. Gostamos de chamar isso de "fazer diferença". E os líderes fazem isso na direção de sua visão do futuro, uma visão que enxerga mais longe do que os outros. George Barna afirma: "[Os líderes] têm de possuir completamente a visão. Esta deve ser uma percepção de uma realidade vindoura com a qual se comprometam por inteiro." Os líderes não suportam deixar as coisas como as encontraram. São determinados a melhorá-las. É a partir desse descontentamento, e rumo à sua visão, com propriedade e compromisso, que eles exercitam sua influência. Segundo o presidente Theodore Roosevelt, "Precisamos de líderes inspirados pelo idealismo, líderes dotados de visões grandiosas, que sonhem alto e lutem para tornar seus sonhos realidade; que possam incendiar as pessoas com o fogo de suas almas em chamas." Eis o significado de *liderar*.

## Resultados

O nível de liderança determina o sucesso de seus resultados. Com o tempo, onde os resultados são pífios, a liderança é deficiente. Onde os resultados são estelares, a liderança é forte. John Maxwell afirma que "tudo gira em torno da liderança".

Consideremos primeiro os resultados da *liderança deficiente*.

Quando os líderes ou as pessoas em posição de liderar se esquivam de suas responsabilidades, economizam ou não cumprem seus deveres, os resultados logo aparecem. Bill George, em *Authentic Leadership*, diz que "uma pesquisa realizada pela Time/CNN em meados de 2002 relatou que 71% dos entrevistados sentiam que o 'CEO típico é menos honesto e típico do que as pessoas em geral'. Ao classificar os padrões morais e éticos dos CEOs de grandes corporações, 72% foram considerados de 'razoáveis' a 'ruins'. Pesquisa semelhante realizada pelo *Wall Street Journal Europe* relatou que somente 21% dos investidores europeus acreditam que os líderes das empresas sejam honestos". Assim, um dos primeiros produtos da liderança ineficiente é a erosão da confiança que as pessoas depositam naqueles que as deveriam liderar. Como disse o escritor Lee Csorba em *Trust*: "Liderança é caráter em movimento."

Em seguida, estão dor e sofrimento, que podem ocorrer nos níveis corporativo, financeiro ou emocional, dependendo do contexto. Ou podem ter grandes ramificações geopolíticas.

A Guerra de 1812 foi uma época arriscada para os Estados Unidos. Com apenas algumas décadas de existência, o jovem país se viu envolvido em outra guerra com a Inglaterra. À exceção de uma impressionante sucessão de vitórias navais, os Estados Unidos haviam sido arrasados por seus adversários ingleses. Washington, capital do país que ainda estava em construção, não só fora invadida, como também humilhantemente incendiada. Embora os dois países tivessem assinado um tratado, os ingleses sabiam que a notícia da trégua não viajaria suficientemente rápido para deter a força invasora por eles enviada para atacar a cidade de Nova Orleans.

Nova Orleans era uma cidade de grande importância estratégica. A maior parte do comércio da América do Norte fluía pelo rio Mississippi, passando por Nova Orleans, a base do delta do rio. Os ingleses acreditavam que, se dominassem Nova Orleans, dividiriam os Estados Unidos ao meio, forçando um tratado mais favorável para si. Com a conclusão positiva da invasão, o parlamento inglês teria tempo para rejeitar os termos atuais e negociar outros mais rigorosos para o tratado de paz.

A confiança da liderança de Nova Orleans em resistir a um ataque estava recuando como a maré vazante. O Comitê de Segurança de Nova Orleans elaborou um relatório definindo o baixo moral e a inexistência de preparativos pela milícia local para a defesa da cidade. Em menos de uma década, a cidade havia passado pelas mãos dos espanhóis, depois dos franceses, às mãos dos norte-americanos, por isso a lealdade de seus defensores era uma preocupação importante. Na verdade, o porta-voz do Senado da Louisiana pensou em entregar a cidade aos ingleses sem lutar, pois a maior parte dos habitantes era mais leal à cidade do que aos Estados Unidos. Além disso, havia um temor bastante real de que viesse a ocorrer uma rebelião de escravos na região.

Por outro lado, os ingleses estavam confiantes. Desfrutando dos louros de sua vitória nas Guerras Napoleônicas, esperavam uma retirada decisiva dos adversários em Nova Orleans. Muitos veteranos do vitorioso exército de Waterloo, de Wellington, engrossavam as fileiras do exército invasor. Eram experientes na batalha; certamente nenhuma milícia multicultural, formada por gentinha, estaria à altura de seu poderio.

Se a liderança da defesa de Nova Orleans tivesse permanecido nesse estado de confusão, a esperança dos ingleses teria se concretizado. O tumulto em Nova Orleans teria aberto caminho para os exércitos ingleses exatamente como fizeram em Washington. Podemos imaginar o que teria sido de um país recém-formado, como os Estados Unidos, dividido ao meio.

No caso da defesa de Nova Orleans na Guerra de 1812, a tragédia da liderança inadequada está bastante clara. Os resultados são semelhantes aos resultados da má liderança em qualquer outra parte, ainda que não provoquem vítimas fatais, seja na indústria, na política ou mesmo no lar. Caos, falta de progresso, confusão e frustração certamente tomam conta quando os líderes se recusam a liderar ou fracassam em sua tarefa.

Agora vejamos a *verdadeira liderança* em ação retomando nossa análise da Batalha de Nova Orleans.

Em meio a essa tempestade, marchou o major-general Andrew Jackson. Havia apenas a vontade implacável e a corajosa liderança de Andrew Jackson entre um tratado de paz aceitável e a possível destruição dos Estados Unidos. Com sua pequena milícia do Tennessee, Jackson chegou ao local a tempo de colocar ordem no caos e eliminar os medos. Assumindo a liderança de um exército formado pela milícia da Louisiana, um grupo de piratas locais e várias centenas de voluntários negros do Haiti, a força de Jackson tinha pouco mais da metade do tamanho do exército invasor britânico.

O general Jackson assumiu o comando imediatamente. Declarou a lei marcial na cidade e impôs um rígido toque de recolher. Quando foi informado de que os ingleses estavam a apenas um dia de caminhada de Nova Orleans, mobilizou suas forças a agir. Em vez de esperar que os ingleses marchassem para a cidade, Jackson lançou um ataque-surpresa às tropas inimigas. Se tivesse esperado e permitido que os soldados ingleses atacassem a cidade, a frágil confiança que o populacho de Nova Orleans tinha em sua capacidade de deter os ingleses teria sido destruída. Por outro lado, o ataque-surpresa dos americanos surpreendeu os ingleses, detendo seu avanço. A batalha seria travada exatamente no lugar onde o general havia decidido.

A ação rápida e criativa da defesa permitiu que o exército de Jackson, muito menos numeroso e menos treinado, tivesse um desempenho muito acima do que permitiriam suas forças. A batalha começou com intensa barragem de artilharia, mas a coragem pessoal de Jackson fez com que seus homens se revestissem de coragem para persistir diante das pequenas chances de vitória. Seguiu-se um intenso combate, à medida que os heróis europeus lançaram suas melhores tropas contra as forças de Jackson, que empregou astutamente seu exército para enfrentar cada desafio dos ingleses, fazendo com que a luta inicial se transformasse em um corpo-a-corpo. Sem conseguir avançar, e tendo sofrido pesadas baixas, os ingleses recuaram, e o combate se transformou em debandada. Três generais britânicos foram mortos no que se tornou a batalha com resultados mais inesperados da guerra. A alguns metros estavam quase mil soldados britânicos mortos ou agonizantes. Do outro lado, apenas 13 mortos e feridos no exército americano.

A Batalha de Nova Orleans, como ficou conhecida, permitiu a ratificação do tratado que colocou um ponto final no conflito e pôs fim à Guerra de 1812. A diferença entre o pessimismo inicial dos defensores de Nova Orleans e o resultado final, favorável aos norte-americanos, deveu-se diretamente à liderança e às decisões do general Andrew Jackson. Foi a mesma companhia, os mesmos homens, a mesma batalha, o mesmo inimigo, mas um líder diferente, capaz de transformar radicalmente uma situação. A força da liderança faz toda a diferença.

## Cultivando a liderança

Então, como se adquire a capacidade de liderança? O próprio fato de fazer essa pergunta pressupõe um primeiro e importantíssimo argumento: a capacidade de liderança pode ser adquirida. Existem, sim, líderes natos, que vêm ao mundo com habilidades de liderança naturais. Isso certamente é verdade, até certo ponto. Outros afirmam que a liderança pode ser aprendida.

A verdade é que qualquer pessoa pode desenvolver essa capacidade além do nível atual. Uma boa analogia para isso seria a força muscular. Certamente, algumas pessoas nascem com uma compleição física mais robusta do que outras, mas todas têm o potencial e a capacidade de trabalhar essa compleição, fortalecendo e tonificando os músculos. Altos ou baixos, fortes ou fracos, todos podem se esforçar para melhorar sua condição física.

**Todos podem cultivar e aprimorar sua capacidade de liderança.**

Podemos ver a liderança sob essa mesma ótica. Embora as pessoas possam apresentar diferentes níveis naturais de liderança, *todos* podem cultivar e aprimorar sua capacidade de liderança. Além disso, ela difere de uma situação a outra, de maneira que uma pessoa pode exercer pouca influência em uma área, mas ser altamente influente em outra. Todos podem ser líderes em alguma coisa; normalmente, os pontos fortes de uma pessoa estão nas áreas que mais a interessam. Assim, o próprio fato de você estar interessado em desenvolver habilidades de liderança mais fortes em uma determinada área provavelmente significa que já deve ter certo grau de capacidade natural naquela área. Talvez nem sempre seja assim, mas observamos isso com certa freqüência. Em *O desafio da liderança*, Kouzes e Posner escreveram: "O que descobrimos, e redescobrimos, é que a liderança não constitui reserva particular de uns poucos homens e mulheres dotados de carisma, mas sim um processo que as pessoas comuns utilizam quando recorrem ao melhor que há em si mesmas e nas outras pessoas. O que descobrimos é que as pessoas fazem coisas extraordinárias acontecerem liderando o líder que existe dentro de todos nós."

Assim, a estratégia consiste em cultivar e desenvolver a capacidade de liderança que trazemos dentro de nós. Precisamos entender que a liderança pode e deve ser desenvolvida, mesmo entre os mais "talentosos". Isso é feito intencionalmente. A mudança está sempre presente, mas crescimento e aperfeiçoamento são opcionais. O desenvolvimento da liderança é um processo intencional.

Esse processo começa encontrando uma fonte de liderança e sabedoria em uma determinada área de interesse. O treinamento e o crescimento começam associando-se a pessoas que já chegaram lá. Os candidatos a líderes devem identificar quais são essas fontes e aprender com os que obtiveram algum resultado. O escritor Stevenson Willis afirmou: "Busque... os conselhos dos que já alcançaram as metas que você vem tentando conquistar; pois, em todas as questões, as palavras de quem prosperou têm muito mais peso do que as palavras de quem não chegou lá."

Discutiremos isso em detalhes mais adiante. Nesse momento, basta afirmar que a liderança pode e deve ser desenvolvida, e que ocorre intencionalmente na direção de uma pessoa que já realizou feitos importantes na área de interesse. Esse é o caminho certo e o mais curto para desenvolver a capacidade de liderança.

## Arte e ciência

A essência da liderança não pode ser facilmente classificada ou codificada, tampouco apresentada em um modelo pronto a ser colocado em prática. Acreditamos que a razão dessa dificuldade reside na própria composição da liderança em si. Sabe, há os que alegam que a liderança é uma "arte". Em *Leaders on Leadership*, Doug Murren afirma: "Um líder é mais um artista do que um cientista ou político; a liderança, em si, é uma forma de arte." Por ser uma arte, seria natural em pessoas com o "talento" certo. Outros alegam não existir arte em ser um grande líder, afirmando que a habilidade pode ser aprendida. Outros, ainda, dividem essas alegações ao meio, observando que a boa liderança é parte arte, parte ciência. Concordamos com o caminho do meio. É difícil definir exatamente o que é um líder, mas reconhecemos um bom líder assim que ele aparece!

Nesse sentido, liderança é parte *arte* e parte *ciência*. Isso significa que liderança envolve "pressuposições" – os processos de raciocínio ou mentalidades sobre as quais o líder atua. Essa é a parte "arte". Repousando sobre essas mentalidades, encontramos o lado "ciência", ou o que os líderes realmente fazem. São as ações e estratégias da liderança. Misturando arte e ciência, começamos a traçar um quadro do que realmente é liderança. Segundo o escritor James Strock, "a liderança, construída sobre o árduo fundamento da verdade, também requer talento artístico para chegar ao topo".

Assim como artistas e cientistas podem desenvolver suas habilidades, os líderes também podem desenvolver as deles: eis o propósito deste livro. Os próximos capítulos buscam ajudar o leitor a se desenvolver como líder. Começaremos com alguns pré-requisitos que todos os líderes devem cumprir antes de seguir em frente, e depois discutiremos o Ciclo de Realizações que serve como um loop de feedback que o leitor vivenciará na busca do crescimento. O livro prossegue em um crescendo, que culmina nos Cinco Níveis de Liderança.

## O que é o líder: Winston Churchill e "A melhor hora da Inglaterra"

Começou com o que ficou conhecido como conquistas "sem sangue": A Renânia, a Áustria, os Sudetes, a Checoslováquia e, em seguida, Memel, na Lituânia. Esses países e territórios foram invadidos pela Alemanha nazista sem grandes protestos. Conta-se que o primeiro-ministro inglês e o premier francês, em uma reunião com Adolf Hitler em Munique, em setembro de 1938, "esforçaram-se o máximo possível para concordar com Hitler", em dividir a antiga Checoslováquia. Como resultado dessa vergonhosa pacificação, "uma próspera nação industrial foi dividida e reduzida à miséria da noite para o dia", nas palavras de William Shirer, em *Rise and Fall of the Third Reich*, e o povo livre da Checoslováquia ficou sob o domínio de um dos mais cruéis megalomaníacos da história. O próprio Hitler comentou: "A Checolosváquia deixou de existir." Na volta para casa, de Munique para a Inglaterra, Neville Chamberlain, primeiro-ministro inglês, afirmou equivocadamente que a medida era "a paz em nosso tempo".

Durante quase seis anos, houve uma voz na escuridão que protestou contra essa cega conciliação. A voz manifestou-se com freqüência e grande veemência. Falou em alto e bom som. Advertiu continuamente quanto ao crescente poder dos nazistas, prevendo repetidas vezes os nefastos avanços das conquistas de Hitler. O homem por trás dessa voz era Winston Churchill.

Ex-membro do Parlamento inglês, ex-primeiro lorde do Almirantado e membro extremamente ativo do governo inglês durante a Primeira Guerra Mundial, Churchill estava fora do governo desde 1929. Em termos de posição e autoridade, ele era absolutamente impotente. Não tinha influência alguma em um cargo público. Não tinha alavancagem oficial sobre as políticas de seu governo. No entanto, como Martin Gilbert escreveu em *Churchill: A Life*, ele fez todo o possível para informar, persuadir e convencer seus compatriotas dos perigos que não apenas a Inglaterra, mas toda a Europa, enfrentava. "Pedir que eu não faça um discurso [sobre os perigos na Europa] é como pedir a uma centopéia que siga em frente, mas não coloque uma só pata no chão", afirmou. Sobre as ações covardes dos países neutros diante da agressão nazista, Churchill disse: "Cada um deles espera que, alimentando bem o crocodilo, serão devorados por último."

Segundo William Shirer, "somente Winston Churchill, na Inglaterra, parecia entender. Ninguém expressou as conseqüências de Munique mais sucintamente do que ele em seu discurso na Câmara dos Comuns, em 5 de outubro: "Sofremos uma derrota cabal e absoluta... E não imaginem que isso seja o fim. É só o começo."

O próximo passo de Hitler foi formar uma aliança com Mussolini, o sanguinário ditador italiano, no que ficaria conhecido como Pacto de Aço. Em seguida, assinou um tratado de não-agressão mútua com a Rússia. Adolf Hitler havia acumulado força sistematicamente e eliminado as ameaças aos que tinham força suficiente para detê-lo. Resultado: seu discurso tornou-se mais audacioso. Em uma conversa com seus líderes militares, Hitler disse:

> Darei a um propagandista razão para iniciar uma guerra – seja ela plausível ou não. Ao vitorioso não se perguntará se ele disse ou não a verdade. Ao iniciar e travar uma guerra, o que importa não é o que está certo, mas

> sim a vitória. Nada de piedade! Chegou a hora de agir com brutalidade! A razão está ao lado do mais forte... Seja duro e deixe o remorso de lado! Feche-se a todo e qualquer sinal de compaixão!... Todos que já refletiram sobre o mundo sabem que seu significado reside na vitória do melhor e do mais forte.

Os países europeus ficaram à disposição de um homem desajustado, capaz de pronunciar tais palavras, e o mundo só começou a despertar para o perigo mais adiante.

Foi então que, no dia 1º de setembro de 1939, as tropas alemãs, com mais de um milhão e meio de soldados, atravessaram a fronteira da pacífica Polônia e a invadiram. Só então o mundo acordou. Em questão de dias, Inglaterra e França finalmente declararam guerra à Alemanha. Quase que imediatamente, Winston Churchill foi convocado de volta ao governo, como primeiro-lorde do Almirantado.

Apenas oito meses depois, na manhã do dia 10 de maio de 1940, a Alemanha invadiu simultaneamente Holanda, Bélgica e França. Naquele mesmo dia, Churchill foi nomeado primeiro-ministro. Mais tarde, relatou que, naquela noite, ao se deitar, estava consciente "de um profundo senso de alívio. Finalmente eu tinha autoridade para traçar rumos para a situação. Senti-me caminhando lado a lado com o destino, como se toda a minha vida passada tivesse sido uma preparação para esse momento, para essa prova".

O homem que a Europa havia ignorado assumira o assento do motorista no último e desesperado minuto. A civilização ocidental estava desmoronando por conta da severa falta de liderança. Agora, essa falta de liderança estava chegando ao fim.

Winston Churchill assumiu as rédeas da autoridade com vigor. Na tarde do dia 13 de maio, apenas três dias após sua nomeação como primeiro-ministro, convocou seus ministros e lhes disse: "Nada tenho a oferecer além de sangue, trabalho árduo, lágrimas suor." Depois, diante da Câmara dos Comuns:

> Se vocês me perguntarem qual é nossa política, respondo: Lutar, por mar, terra e ar, com todo o nosso poderio e toda a força que Deus possa nos conceder; estamos engajados numa guerra contra a tirania de Hitler,

> uma tirania monstruosa, jamais ultrapassada no sombrio e lamentável catálogo de crimes contra a humanidade. Eis a nossa política.
>
> Se vocês me perguntarem qual é nosso objetivo, posso responder em uma única palavra: vitória. Vitória, custe o que custar, apesar de todo o terror; vitória, não importa quão longa e pedregosa seja a estrada. Porque, sem vitória, não haverá sobrevivência. Que isso fique bem claro: não haverá sobrevivência para o Império Britânico, não haverá sobrevivência para tudo aquilo que o Império Britânico representa, não haverá vitória para os anseios e impulsos de todas as épocas, para que a humanidade possa avançar rumo a seus objetivos.
>
> Mas assumo minha tarefa com alegria e esperança. Tenho certeza de que nossa causa não perecerá entre os homens. Neste momento, sinto-me na obrigação de pedir apoio a toda a população, e dizer: "É agora, vamos em frente, unidos em toda a nossa força."

Foi então que França, Bélgica e Holanda capitularam às forças nazistas. Na praia de Dunquerque, no início de junho, quase 350 mil soldados ingleses e franceses tiveram de ser resgatados em uma audaciosa e heróica evacuação marítima antes que fossem massacrados pelo avanço do exército alemão, em um episódio conhecido como a Retirada de Dunquerque. Em um discurso dirigido principalmente à Alemanha e à Itália (segundo confidenciou Churchill ao presidente americano Roosevelt), Churchill teve um de seus momentos de maior inspiração:

> "Embora grande parte da Europa e antiqüíssimos e famosos Estados tenham caído ou possam ainda cair nas garras da Gestapo e de todo o odioso aparato do domínio nazista, não haveremos de ceder nem fracassar.
>
> Iremos até o fim: lutaremos na França, lutaremos nos mares e oceanos, lutaremos com crescente confiança e poderio, no ar; defenderemos nossa Ilha custe o que custar.
>
> Lutaremos nas praias, lutaremos nos aeródromos, lutaremos nos campos, nas ruas e nas colinas; jamais nos renderemos."

Segundo Martin Gilbert, "Churchill não prestou atenção ao... destino. Sua decisão já havia sido tomada; o derrotismo dos outros não mudaria suas intenções". Quando ficou óbvio que a França fora totalmente derrotada, Churchill disse:

> A batalha da Inglaterra está prestes a começar. Dela depende a sobrevivência da civilização cristã. Dela dependem nosso modo de vida e a continuidade de nossas instituições e de nosso Império. Em breve, a fúria e o poderio do inimigo se voltarão contra nós. Hitler sabe que terá de nos arrasar nesta Ilha ou perder a guerra. Se pudermos confrontá-lo, toda a Europa estará livre e a vida do mundo poderá se mover para frente em amplos e iluminados solos. Mas se falharmos, então o mundo inteiro, inclusive os Estados Unidos, inclusive tudo que conhecemos e que nos é caro, vai se afundar em um abismo de uma nova Era de Escuridão, talvez ainda mais sinistra, por conta das luzes da ciência pervertida. Vamos, portanto, nos firmar em nossos deveres e ter em mente que, se o Império Britânico e sua comunidade durarem mil anos, os homens continuarão dizendo: "Este foi seu mais grandioso momento."

A Batalha da Inglaterra havia realmente começado. Os aviões alemães começaram a bombardear o leste da Inglaterra, tendo como alvo áreas civis, com alta densidade populacional, espalhando medo e terror entre as massas. Dezenas de milhares de inocentes morreram. Os Estados Unidos só entrariam na guerra um ano e meio depois. A Inglaterra não estava mais sozinha.

Winston Churchill, porém, era um verdadeiro líder. Uma causa maior guiara todos os seus passos e a confiança de um homem que sabe que estava destinado àquele momento no tempo. Sua força moral, sua confiança, sua determinação e os entusiasmados discursos a seus conterrâneos de alguma forma conseguiram manter o controle da situação. A pequena ilha lutou como um leão na jaula e, de alguma forma, resistiu. Os Estados Unidos acabaram entrando na guerra por causa do Japão, e os países fascistas foram sendo derrotados, um a um, pelos aliados.

Como escreveu Martin Gilbert: "A inspiração pessoal de Churchill foi um elemento importante para a capacidade inglesa de guerrear." *Isso* é liderança.

A liderança também pode ser reconhecida pelos resultados que gera. Churchill reuniu um Gabinete de Guerra muito eficaz e aumentou eficientemente a capacidade de seu país produzir munição e equipamentos bélicos. Forjou acordos secretos de fornecimento com os Estados Unidos. Gilbert escreveu: "Havia um notável instrumento de fazer guerra; Churchill, com sua magnífica energia, sua longa experiência e sua implacável fé na vitória, lhe conferiu ímpeto." Resultado: a Inglaterra de Churchill resistiu aos violentos e implacáveis ataques dos alemães. *Isso* é liderança.

Um legado duradouro também é uma prova de liderança. Os historiadores, de um modo geral, concordam que os anos da Segunda Guerra Mundial, especialmente os primeiros anos, incluindo a Batalha da Inglaterra, são de fato "seu momento mais grandioso". Para um país com uma história tão rica e tão longa, isso realmente transmite uma forte mensagem. Mais uma vez, *isso* é liderança.

O tópico da liderança é profundo e fascinante. Existem líderes de todas as formas e tamanhos, de todas as posições sociais. Ao longo deste livro, explicamos o que é liderança e ensinamos a desenvolvê-la, mas quem deseja um retrato simples de liderança, em vez de todas as palavras aqui apresentadas, basta imaginar a imagem de Winston Churchill, de pé em meio aos destroços de uma Londres praticamente em ruínas, aos sessenta e poucos anos, desafiador, o charuto preso entre os dentes, acenando confiantemente a mão no ar, em sinal de vitória. Oferecendo uma imagem mental do futuro desejado, mobilizando os outros em prol de um objetivo comum, influenciando-os a seguir em uma direção produtiva, rumo à concretização de uma visão, Churchill foi o exemplo perfeito da convicção e caráter de um líder.

# O QUE O LÍDER PROPORCIONA

CAPÍTULO 2

# As qualidades básicas

*Estude enquanto os outros dormem; trabalhe enquanto os outros folgam; prepare-se enquanto os outros brincam; e sonhe enquanto os outros desejam.*

– William A. Ward

A jornada até o âmago do conceito de liderança mal começou. Tudo o que discutimos até agora pode ser visto como um mapa, que indica onde se pode descobrir o verdadeiro significado da liderança. Ao chegar a esse lugar, é preciso abrir uma porta para uma estrutura que apresente a liderança como os degraus de uma escada. Este capítulo trata de ter acesso à base dessa escada. No entanto, para que uma pessoa possa começar a subir os degraus do sucesso na liderança, precisa estar de posse da combinação correta que lhe permitirá abrir a porta.

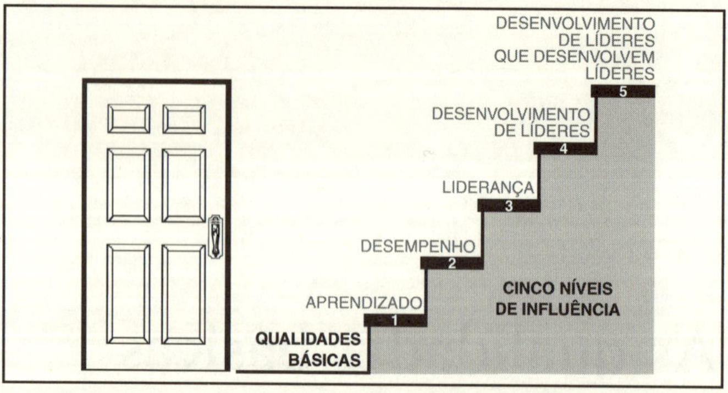


Tal combinação de acesso é formada por três fatores: três características que constituem a "matéria-prima" para um líder. São elas:

1. Ter o desejo de liderar
2. Ser capaz de se aperfeiçoar
3. Ser honrado

Essas são as qualidades básicas de um líder, as quais o futuro líder precisa ter como pré-requisito para seguir em frente. De nada adianta prosseguir no desenvolvimento da liderança se tais características não estiverem presentes. Não se pode começar a subir os degraus da escada sem antes entrar na sala onde se encontra a escada.

## Qualidade básica 1: Ter o desejo de liderar

O líder é movido pelo desejo de mudar o *status quo*. Como discutimos no capítulo anterior, o líder não está apenas descontente com as coisas como estão; ele tem necessidade de fazer alguma coisa para mudá-las para melhor. Essa insatisfação produz a ambição ou motivação para seguir em frente e lutar pela mudança. Há quem lhe dê o nome de desejo de vencer. O escritor John MacArthur escreve: "Todos os líderes talentosos parecem ter um desejo inato de vencer. Os que não possuem o instinto de vencer não são se tornam líderes eficazes."

O desejo de liderar é uma das facetas mais importantes da liderança. É o que fornece a energia para começar, a resistência para persistir e o desejo de concluir um esforço. É o que dá origem à liderança. A liderança não vem de berço, como se acreditava na Europa à época da Idade Média, tampouco é determinada pela posição que a pessoa ocupa, como muitos acreditam atualmente; ao contrário, é determinada pela influência e pelo desempenho. A causa é que é o desejo de liderar.

**O desejo de liderar é uma das facetas mais importantes da liderança.**

Aqui está uma equação análoga à idéia do desejo de liderar:

Trabalho = Força x Distância

Essa fórmula representa entidades físicas na natureza e descreve com precisão como elas atuam. O Trabalho realizado resulta da Força multiplicada pela Distância ao longo da qual a Força funciona. No caso da liderança, o Trabalho realizado pode ser visto como o Resultado. A Força seria o esforço despendido pelo líder e por seus seguidores, e a Distância poderia ser considerada o Escopo ou Alcance da liderança ao longo do tempo ou sobre as pessoas. Assim, aplicando-se a terminologia da liderança a uma lei da física, teríamos:

Resultados ou Influência = Esforço x Escopo ou Alcance

Podemos ver que o Esforço desempenha um papel vital, e o Esforço é resultado direto do desejo de liderar envolvido. Quanto maior o Esforço, maiores os Resultados ou a Influência. Se um indivíduo está apenas marginalmente comprometido com a concretização de uma determinada meta, é bem provável que essa meta nunca se concretize. O esforço precisa ser significativo, e esforços significativos são realizados apenas por pessoas que tenham um desejo significativo de liderar.

Conta-se a lenda de um jovem escudeiro que estava a serviço de um grande cavaleiro. A ambição do escudeiro durante toda a sua vida fora um dia tornar-se, também ele, um cavaleiro. Ao longo dos anos, o cavaleiro treina o escudeiro nas técnicas da batalha e do manejo de armas. Por ser muito jovem, o escudeiro é impaciente, por isso vive perguntando ao cavaleiro se ele, o escudeiro, já está pronto para se tornar oficialmente um cavaleiro. Cansado de ouvir a pergunta tantas vezes, o cavaleiro envia o escudeiro às montanhas à procura de um velho sábio que já fora o maior de todos os cavaleiros. Depois de uma longa e penosa viagem, o jovem escudeiro finalmente encontra o sábio.

– Meu lorde enviou-me para que ouvisse seus conselhos. Disse-me que o senhor poderia me dizer se sou digno de me tornar um cavaleiro.

O sábio responde com silêncio, fazendo sinal para que o escudeiro o siga até as margens de um grande lago nas montanhas. Em silêncio, eles entram em um pequeno bote e remam até o centro do lago.

– Mergulhe na água – ordena o misterioso sábio.

– Como assim, pular na água? – pergunta o escudeiro.

O sábio anui com a cabeça. O escudeiro salta do bote nas águas gélidas do lado. No entanto, antes que ele possa vir à tona, o sábio enfia a mão na água e o impede de subir à superfície, mantendo sua cabeça dentro da água. O escudeiro luta ferozmente, agarrando-se ao braço do sábio, mas não consegue se livrar. Os segundos se transformam em minutos, e finalmente o escudeiro pára de se debater. Naquele instante, o sábio puxa o jovem de volta ao bote.

Furioso, ofegante, temeroso e exausto, o escudeiro olha para o sábio e pergunta:

– Por que tentastes me matar?

– Não tentei matá-lo. Se tivesse tentado, teria conseguido.

– O que fazias, então? – perguntou o escudeiro, incrédulo.

– Ensinando-lhe.

– Uma lição e tanto! O que exatamente eu deveria aprender – que és um velho louco?

– Sim, isso e muito mais. O sábio anuiu serenamente com a cabeça. – Deixe-me fazer uma pergunta. Quando impedi que voltasses à superfície, o que lhe passou pela mente?

O escudeiro refletiu por um momento, esperando a raiva passar.

– Ar, pensei. Ar. Preciso de ar ou morrerei. Foi só o que pensei.

– Exatamente, jovem escudeiro. Quando quiseres ser um cavaleiro com tanta intensidade quanto querias ar, tu te tornarás um.

Essa história é um exemplo preciso do que poderíamos chamar de "desejo significativo". Com certeza, o escudeiro teve a motivação da ameaça à sua sobrevivência. Embora o exemplo da história seja um tanto exagerado, a moral fica bastante clara. Para que seja possível realizar algo sublime, é preciso estar significativamente motivado. Eis uma representação gráfica da ambição ou desejo de liderar:

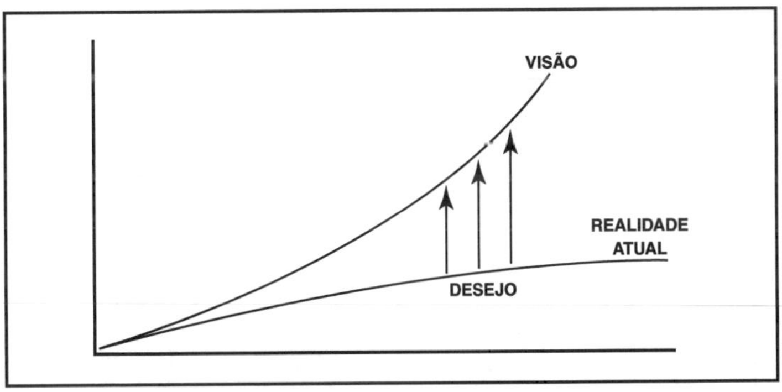


Na ilustração, a realidade atual é a curva de baixo, enquanto a visão do líder sobre o que constitui uma realidade melhor é a curva de cima. O espaço entre as duas é o desejo de liderar. A ilustração mostra claramente que o desejo aumenta como uma semente plantada no solo do descontentamento, esticando-se na direção de uma visão melhor do amanhã como uma planta na direção do sol.

## O desejo como disciplina

Os que assumirem a responsabilidade ativa de estimular regularmente sua motivação terão melhor desempenho do que os que não o fizerem. Cabe ao líder manter seu desejo aceso. Napoleon Hill, autor mundialmente famoso do livro *Think and Grow Rich*, disse: "É preciso entender que todos os que acumularam grandes fortunas inicialmente sonharam um pouco, esperaram, desejaram e planejaram *antes* de ganhar dinheiro."

Toda liderança começa pelo desejo de liderar. Em qualquer dado momento no tempo, quando perde esse desejo, o líder deixa de atuar como líder. Lembre-se, um líder leva as pessoas a algum lugar. No momento em que deixa de se mover, ele deixa de liderar. E é preciso ambição para continuar se movimentando.

Imagine o sucesso como uma estrada que leva a seus sonhos:

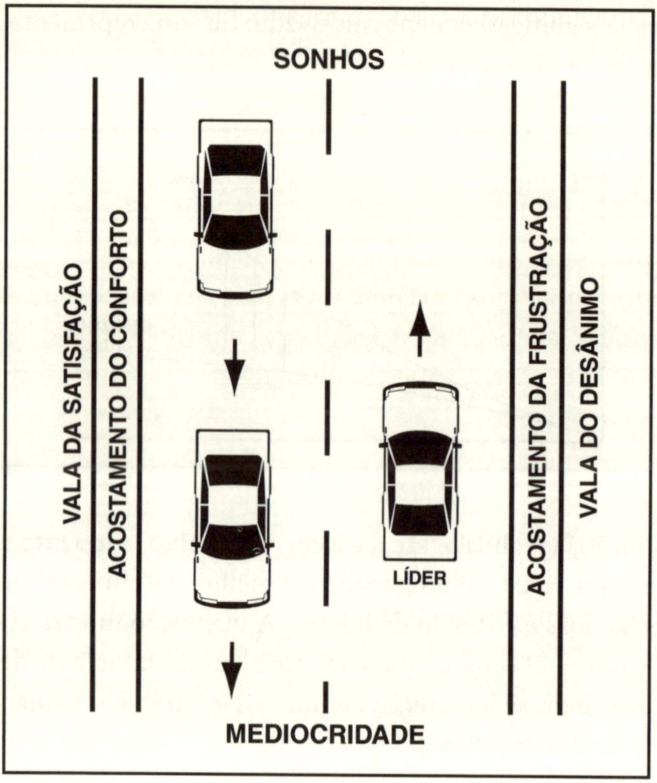


De cada lado da estrada encontram-se os acostamentos. Muitas vezes, o acostamento não é de asfalto, e sim de terra. Se o motorista sair da pista sem querer, o som dos pneus ao sair da estrada de asfalto e entrar no acostamento de terra serve como advertência de que terá de corrigir o curso para voltar a trafegar em segurança na estrada. Por outro lado, às vezes, ao entrar no acostamento em velocidade, o motorista pode perder a direção e cair em valas ao lado da estrada.

No acostamento do lado esquerdo encontra-se o *conforto*. Em pequenas doses e em algumas áreas da vida, conforto é bom, mas, como a estrada de terra, também pode servir como uma advertência. Lembre-se: a ambição floresce no descontentamento com o *status quo*. Insatisfação e conforto não podem coexistir. Se um líder torna-se demasiadamente confortável, a ambição morre, fazendo com que ele acabe sendo jogado na Vala da Satisfação. O dicionário define satisfação como "autocontentamento acompanhado da falta de consciência dos perigos ou deficiências reais". A satisfação barra o líder na estrada para o sucesso e impede sua viagem rumo a seus sonhos, como ocorre quando um carro cai em uma vala na lateral da estrada.

Existe outro perigo de se trafegar próximo demais do acostamento, do lado do conforto: o tráfego na direção oposta. Na vida, muitos buscam o caminho mais fácil. Querem conforto e pagam o preço da mediocridade para obtê-lo, por isso correm como vacas para o curral na hora da comida. Se o líder tentar liderar de uma posição de conforto, baterá de frente com o tráfego vindo na direção oposta, afastando-se dos sonhos e aproximando-se da mediocridade.

Os líderes, porém, afastam-se do conforto e buscam a excelência. São adeptos da teoria sustentada pelo escritor Al Kaltman: "Sem um trabalho significativo, a vida não presta." Eles trafegam pela pista da direita da figura, desviando-se do tráfego do lado oposto. A pista da direita nunca fica cheia demais. Sempre parece haver escassez de líderes, e um excesso de pessoas indo na direção oposta. Isso é uma das coisas que torna o líder tão especial. Observe também que ser líder significa trafegar próximo ao Acostamento da Frustração. Na verdade, esta é a marca do verdadeiro líder. Ser um líder é um estudo sobre o controle da frustração. Como se pode ter ambição de um futuro melhor sem se frustrar com a realidade atual? Como um líder pode estar em guerra com o *status quo* e, ao mesmo tempo, não se frustrar? A resposta, é claro, é que nenhum líder consegue isso. Qualquer líder de verdade que trafegue pela Estrada do Sucesso rumo a seus sonhos encontrará frustração em algum ponto ao longo do caminho. A frustração pode ser saudável, mas, assim como o acostamento do outro lado da estrada, o chão de terra do acostamento desse lado da estrada também tem suas armadilhas. O excesso de frustração pode sinalizar para o líder que sua atitude poderá levá-lo à Vala do Desânimo. O desânimo drena a esperança do líder. Desprovido de esperança, o líder fica preso na Vala do Desânimo e não mais avança rumo a seus sonhos.

A única maneira de se afastar do tráfego que vem na direção oposta, do Acostamento do Conforto e da Vala da Satisfação – e a única maneira de trafegar próximo à Vala da Frustração, mas longe da Vala do Desânimo – é manter o foco nos sonhos que estão bem à sua frente. O foco nos sonhos mantém o líder com segurança na Estrada para o Sucesso. A melhor maneira de manter o foco é administrar o desejo.

Assim, na realidade, manter o desejo de liderar é uma disciplina. A palavra disciplina pode ser definida como "treinamento que corrige, molda ou aperfeiçoa as faculdades mentais". O desejo de liderar certamente é uma faculdade mental; observe que tem de ser treinado, moldado e aperfeiçoado. Os verdadeiros líderes entendem isso e tomam regularmente as medidas necessárias para suprir seu desejo de liderar com os cuidados necessários. Muitas vezes, os líderes não precisam saber mais sobre *o que* deve ser feito; eles precisam encontrar mais alavancagem para si, a fim de fazer o que já sabem fazer. Mas como, exatamente, se faz isso?

## Os três níveis de motivação

Existem três níveis de motivação em que o desejo de liderar é estimulado e nutrido. O primeiro não tem tanto poder quanto o segundo e o segundo não tem tanto poder quanto o terceiro.

### *Nível de motivação 1: Sucesso material*

A primeira categoria é composta de todas as coisas materiais que estimulam nossos sentidos e nos encorajam a seguir adiante. Para muitos, um dos aspectos mais atraentes de atuar como líderes em sua área são os ganhos materiais ou financeiros que podem acompanhar esse sucesso. Não é preciso procurar muito para encontrar "coisas" que possam ser objeto de nossos desejos. A sociedade comercial moderna está repleta de entretenimento, armadilhas, recompensas e seduções que requerem dinheiro. Há quem goste de carro e sonhe em comprar aquele novo conversível com bancos de couro. Há quem sonhe em construir a casa de seus sonhos em um local aprazível. Outros, ainda, desejam viajar para lugares exóticos onde possam conhecer pessoas interessantes e provar a culinária regional. Assistir a um show de camarote, ter dinheiro suficiente para quitar as dívidas, ter segurança financeira ou aposentar-se cedo são sonhos comuns. Esses sonhos e uma lista interminável de recompensas materiais podem e devem ser estimulantes. O entusiasmo por ganhar dinheiro para fazer desses sonhos uma realidade pode servir como um nível de motivação e estimular a ambição. O escritor e palestrante Anthony Robbins nos diz: "Munido de uma boa razão, é possível descobrir os meios de chegar lá."

## CONTRIBUIÇÕES E DOAÇÕES PARA INSTITUIÇÕES DE CARIDADE

Uma discussão sobre motivação nesse nível estaria incompleta se não mostrasse que "recompensas materiais" também podem aumentar as doações para instituições de caridade. Trata-se de uma categoria estimulante para todos que se importam com causas dessa natureza. Existem pessoas necessitadas o tempo todo; basta olharmos ao nosso redor. Talvez estejamos preocupados com a situação dos sem-teto, das crianças que passam fome na África, das mulheres cujos maridos morreram nas guerras, dos órfãos ou dos deficientes físicos. Talvez o foco de nossa preocupação sejam as três crianças pequenas daquela casa no fim da rua cujos pais não terão dinheiro para lhes comprar um único presente de Natal. Talvez você queira doar dinheiro para uma igreja. Todas essas causas requerem duas coisas: pessoas que se importem com elas e dinheiro.

Com o sucesso material nas mãos de pessoas que se importam, é possível fazer a diferença. Todos que têm um sonho a realizar deveriam incluir nesse sonho um investimento de tempo na categoria de doações para instituições de caridade. Diz a Bíblia: "É dando que se recebe." (Atos, 20:35.) O sucesso material nas mãos de pessoas boas que se importam aumenta a oportunidade de se vivenciar essa incrível lei da vida. Saber das necessidades dos outros é uma forma muito importante de concretizarmos nossos sonhos.

## MOTIVAÇÕES NEGATIVAS

Nem sempre o nível 1 de motivação é direcionado por recompensas positivas. Pode surgir também de realidade negativas. Anthony Robbins fala das forças igualmente motivacionais da dor e do prazer.

Voltando a nosso exemplo do ímã, por exemplo, vemos que as motivações negativas às vezes podem ser tão produtivas quanto as positivas, pois nos afastam das realidades que desejamos mudar. Ainda falando em questões materiais, podemos ver como a falta de dinheiro pode ser um fator de motivação. Outras pessoas sentem-se motivadas a ter mais sucesso por terem muito pouco tempo com os amigos, a família ou a comunidade. Algumas são tão oprimidas pelas dívidas e pelo fluxo de caixa negativo que se sentem suficientemente motivadas. Estão cansados de pegar dinheiro emprestado com João para pagar a José. A advertência aqui, porém, consiste em não se basear demais nessas motivações negativas. Não queremos induzir ninguém à depressão! Estudos clínicos provaram que a depressão não motiva.

### *Nível de motivação 2: Reconhecimento e respeito*

O próximo nível de motivação é composto de reconhecimento e respeito. Trata-se de um nível mais profundo e mais forte do que o do sucesso material.

#### RECONHECIMENTO

É fato que, em muitos casos, as pessoas não se sentem apreciadas. Muitas anseiam pelo reconhecimento vindo de outros; a necessidade de ser notado e valorizado pelos outros faz parte da natureza humana. Em praticamente qualquer livro da categoria "habilidades para lidar com pessoas" haverá parágrafos ou capítulos inteiros que abordam motivos para agradar os outros e fazer com que se sintam importantes. William James escreveu: "O princípio mais profundo da natureza humana é o desejo de ter seus feitos reconhecidos." Charles Schwab, o milionário especialista no trato com as pessoas durante a era do aço de Carnegie (não confundir com o gênio financeiro de hoje), disse: "Ainda estou para encontrar o homem, seja qual for sua situação, que não tenha feito melhor trabalho e nele posto maiores esforços sob um espírito de aprovação do que se tivesse de fazê-lo sob o espírito da crítica."

Não é segredo que todos precisam de estímulo. Por isso, o reconhecimento pelos outros é outra saudável fonte de motivação. Talvez a pessoa deseje alcançar um nível de realização nos negócios ou no trabalho porque sua atividade mexe com o reconhecimento público. Talvez deseje o título que acompanha a maior responsabilidade no trabalho ou queira ganhar o troféu mais cobiçado naquela área. Essas e outras formas de reconhecimento podem e devem ser usadas como motivações do desempenho, desde que a necessidade de afirmação de uma pessoa não se torne demasiadamente forte. Como em todas as outras coisas, há limites.

> **"O princípio mais profundo da natureza humana é o desejo de ter seus feitos reconhecidos."**

RESPEITO

Existe, porém, um nível mais profundo nessa categoria de motivação. Esse nível mais profundo se chama respeito. Muito mais forte do que a necessidade de simples reconhecimento é o desejo de que alguém que se respeita também nos respeite.

Talvez a pessoa queira que um grupo de colegas de trabalho observe e respeite suas conquistas. Muitas pessoas são motivadas a obter o respeito de mentores, pais, professores ou chefes. Outras, ainda, buscam o respeito dos cônjuges. E, talvez no nível mais profundo dessa categoria, existem os que lutam pelo auto-respeito. Às vezes a vida pode tratar mal as pessoas. Elas lutam e fracassam repetidamente. Economizam para os dias de chuva, mas a chuva se transforma em inundação. Sobem a escada do sucesso apenas para constatar que a mesma estava apoiada na parede errada. E, com o tempo, as pessoas acumulam um enorme desejo de vencer, de realizar algo que prove, até mesmo para si, que são valorizadas, que podem chegar lá. Jane Haddam disse: "Em minha época, não tínhamos auto-estima, tínhamos respeito próprio, e cabia a cada um de nós conquistá-lo." E, de acordo com Axle Munthe: "Um homem suporta muitas coisas, desde que suporte a si próprio." Esses axiomas se aplicam a muitos.

Outra categoria de respeito poderia ser chamada de "silenciar os críticos". É fácil ver os aspectos motivacionais dessa categoria. Quantos realizadores ambiciosos já foram sufocados pelos críticos? Quantos grandes personagens da história tiveram críticos belicosos que os atormentaram continuamente? A resposta? Quase todos!

Quando jovem, George Washington foi criticado internacionalmente quando uma cópia de seu diário pessoal foi encontrada durante um conflito com os franceses. Seu conteúdo foi publicado em jornais de toda a Europa, com o objetivo de humilhá-lo. Henry Ford recebeu o apelido de "dedos oleosos". Benjamin Franklin foi criticado primeiro pelos colonos, por ser europeu demais, depois pelos europeus, por defender a causa da liberdade para as colônias. Ronald Reagan foi chamado de velho, senil e economicamente imprudente, foi acusado de cochilar durante as reuniões do gabinete e de não entender as complexidades das crises geopolíticas. Diziam que Fred Astaire "não sabe atuar, não sabe cantar, está ficando careca e dança um pouco". Um agente de Hollywood disse, a respeito de Lucille Ball: "Não preste atenção nela. Nas festas, é ótima, mas não vejo futuro algum para ela nos filmes." Napoleão disse, a respeito do Duque de Wellington, que viria a derrotá-lo em Waterloo: "É um péssimo general e os ingleses são péssimos soldados." Gary Cooper disse que Clark Gable seria "um fiasco" no filme *E o vento levou*. O gerente do Grand Ole Opry disse a Elvis Presley: "Você não vai chegar a lugar algum, é melhor voltar a ser motorista de caminhão!" O Munich Technical Institute disse, a respeito de um jovem candidato chamado Albert Einstein: "Não mostra promessa alguma." Um homem de negócios milionário disse a respeito de Charles Lindbergh e seu vôo sobre o Atlântico: "Ele nunca vai conseguir. Está fadado ao fracasso." Quando Abraham Lincoln candidatou-se à reeleição, em 1864 – pouco antes de derrotar seu adversário – o editor de um jornal disse: "Lincoln já perdeu. Jamais será reeleito." Foi dito a respeito do presidente Theodore Roosevelt: "Roosevelt foi o primeiro presidente cuja principal característica pessoal foi a mentira, o primeiro fanfarrão, o primeiro traidor de um condenado à 'mentira perpétua', seu tratamento desavergonhado às mulheres indefesas... e a contenda civil que quase inevitavelmente se seguiria da resistência patriótica à usurpação por um gênio meio louco no comando do proletariado."

A crítica é um fato da vida; o fato de uma pessoa dizer que você não pode ou não deve fazer algo pode ser uma excelente motivação. Porém, mais uma vez, por mais que consiga realizar, você não terá o respeito dos críticos. Por quê? Porque essa não é a função deles. Eles são críticos. Se pararem de criticar, por definição deixarão de ser críticos; deixarão de existir. E ninguém quer deixar de existir. Sendo assim, siga em frente e faça seu trabalho. Prove que os críticos estão errados. Use as dúvidas e o negativismo deles como motivação. Mas busque o respeito apenas naquele que você respeita. Ignore os críticos. Ou, melhor ainda, veja as críticas como sinal de que você está no caminho certo!

Esse anseio pelo respeito que estamos discutindo pode ser uma forte motivação. Pode nos levar a um desempenho em um patamar além do Nível 1: Sucesso material. Na verdade, diz-se que as pessoas fazem mais por respeito e admiração do que por dinheiro. Assim, encontre pessoas a quem admira, que estejam em uma posição na vida que você deseje estar, que estão vivendo de uma maneira que você deseje emular, e lute para conquistar o respeito pelo que você está fazendo. Esse é um dos melhores caminhos para o sucesso. Pois, quando conquistar o respeito das pessoas que se encontram onde você deseja estar, estará no caminho certo para onde elas se encontram e para o que já conquistaram.

Uma advertência: Nunca se preocupe demais em obter a aprovação dos outros. Em última análise, sua aprovação ou negação é algo que não controlamos. Recomenda-se apenas que os líderes busquem a aprovação de pessoas de sucesso que deram um bom exemplo, e que se importem com eles e com seu sucesso. Isso pode ser feito de uma maneira produtiva quando as coisas estão equilibradas.

**Busque o respeito apenas das pessoas que você respeita.**

Por fim, a busca do respeito por si mesmo vem atrás apenas de agradar a Deus. Seus esforços geraram a paz de espírito que só pode vir do conhecimento de que você fez o melhor possível?

## *Nível de motivação 3: Propósito, destino e legado*

### PROPÓSITO

As recompensas materiais podem ser estimulantes. Reconhecimento e respeito podem estimular ainda mais, porém a motivação mais duradoura, importante, profunda e durável vem de uma noção de propósito. Para a nossa bússola interior, emocional e mental, o propósito é o verdadeiro "norte". O propósito nos tira do âmbito de viver apenas para nós e nossos desejos egoístas e nos lança em um plano maior. O propósito envolve sacrifício por um bem maior, contribuição para fazer uma diferença maior, e energias direcionadas a uma visão de longo prazo.

Já foi dito que "nosso propósito na vida é encontrar um propósito na vida". Estamos aqui por um motivo. Nosso nascimento e desenvolvimento não foram equivocados, não resultam de uma série de acidentes cósmicos do acaso. O mundialmente renomado macrobiólogo e escritor Edgar Andrews disse em *From Nothing to Nature*: "O acaso é o oposto do propósito." Lá dentro de cada um de nós existe um desejo de realizar algo; em essência, de cumprir o nosso propósito. J. Douglas Holladay disse: "Todos nós buscamos viver uma vida que valha a pena. A pergunta que atormenta a todos é: 'Como nossa vida realmente pode fazer diferença?'"

Viktor Frankl disse: "Nós não determinamos nosso propósito, apenas o detectamos." Um homem comparou esse processo à descoberta de um importante artefato arqueológico. O cientista remove cuidadosamente camadas de sujeira do objeto recém-descoberto. Durante esse trabalhoso processo, partes cada vez maiores do artefato vão se tornando visíveis; o cientista aprende cada vez mais sobre ele, até que o objeto possa ser totalmente exposto ao mundo. Individualmente, nosso propósito na vida se assemelha muito a esse processo. Às vezes, podemos passar anos escavando em busca dele. Em geral, é um processo lento e trabalhoso. Porém, se formos perseverantes, acabamos descobrindo pequenas partes do que Deus nos preparou e equipou para descobrir. Quanto mais exploramos, mais nosso propósito vai se esclarecendo. E, se nos dedicarmos a procurar as respostas, acabaremos encontrando o propósito e abraçando-o. Isso é de importância vital. Como disse o general Douglas Mac Arthur: "Todos deveriam se sentir constrangidos em morrer sem antes realizar algo realmente grandioso neste mundo."

**"Nós não determinamos nosso propósito; apenas o detectamos."**

## DESTINO

O destino leva o propósito adiante, incorporando o componente espiritual. O destino diz que fomos criados, criados para um propósito, e as habilidades e oportunidades singulares que encontramos em nossa vida são dádivas de Deus. Quem você é, onde vive, os dons com os quais nasce, as oportunidades que tem e que surgirão em seu caminho – tudo isso faz parte de um quadro maior, quadro no qual você foi inserido para desempenhar apenas o papel que pode desempenhar.

Talvez, por acreditar que a vida é apenas um conjunto de eventualidades, você tenha certa dificuldade em aceitar isso. Entendemos tal ceticismo e respeitamos o direito de as pessoas serem céticas. Mas como diz nosso amigo Tim Marks: "É importante que você saiba por que acredita no que acredita." Nosso estudo da história mostrou repetidas vezes que, como Benjamin Franklin disse na Convenção da Constituição que deu forma aos Estados Unidos, "Deus governa os assuntos do homem." George W. Bush disse que se sentia sendo chamado a assumir a presidência, onde tinha um "dever a cumprir". No livro *A Charge to Keep*, Bush disse que foi inspirado pelas palavras de um hino escrito por Charles Wesley:

> A charge to keep I have,
> A Got to glorify,
> A never dying soul to save,
> And fit it for the sky.
> To serve the present age,
> My calling to fulfill;
> O May it all my powers engage
> To do ma Master's Will!*

Winston Churchill, entre a Primeira e a Segunda Guerra Mundial, quando sua sorte política estava em baixa, disse: "Minha convicção de que meu maior trabalho ainda está para ser feito é tão forte dentro de mim que sigo tranqüilamente o vendaval." Em outro momento, citou o duque de

---

**Nota da Tradutora*: Tenho um dever a cumprir/Um deus a idolatrar/Uma alma imortal a salvar/E ao céu encaminhar. Servir ao presente/Ao meu chamado atender/Que com todas as minhas forças eu possa/Cumprir a vontade do meu Senhor!

Marlborough: "Neste exato momento, enquanto reflito, as coisas estão sendo resolvidas pelo destino." Mesmo depois de se ter tornado um herói famoso por liderar a Inglaterra na vitória na Segunda Guerra Mundial como seu primeiro-ministro e depois ter sido destituído do cargo, Churchill declarou: "Sei que estou destinado a ser primeiro-ministro novamente. Sei disso." E o foi. O escritor Steven Hayward nos diz: "A noção de destino costuma ser uma característica bastante forte da vida interior dos grandes líderes. O destino realmente desempenha um papel real no chamado à liderança, quando a mesma se faz necessária." Segundo a escritora Loraine Boettner, em *The Reformed Doctrine of Predestination*:

> Heróis e conquistadores muitas vezes são tomados pela noção de um destino que se sentem obrigados a cumprir. Essa idéia de destino, uma vez abraçada, é o efeito natural da noção de poder, que, por sua vez, em muito o engrandece. A pessoa, logo que se vê como predestinada a alcançar algum grande objetivo, age com determinação e constância muito maior rumo à sua concretização: não se deixa assolar por dúvidas ou enfraquecer pelo medo: acredita que cumprirá seu objetivo e essa crença é sua maior aliada para o sucesso. A idéia de um destino, em uma extensão considerável, se cumpre.

Todos esses comentários da história sustentam a profunda noção compartilhada pela maior parte das pessoas de que estamos aqui por uma razão, uma razão muito específica, e que temos um destino a cumprir. Pense no poder que você poderia ter com tal sistema de crença. O que faria se soubesse que não pode fracassar? Como se sairia se realmente acreditasse que o que está fazendo é exatamente o que está destinado a fazer? Este, na verdade, é o denominador comum entre todos os grandes nomes da história. Eles se sentiram atraídos pelos eventos da época em que viviam. Sentiram-se criados para o momento que estavam vivenciando, naquele contexto, e desempenharam sua função. Em outras palavras, sentiram-se destinados àquele papel.

William H. Murray disse: "No momento em que a pessoa se compromete, a Providência age junto. Ocorrem coisas para ajudar a pessoa que, de outra forma, jamais teriam ocorrido. Surge um fluxo inteiramente novo de eventos da decisão, levando a toda uma série de incidentes, encontros e ajuda material imprevistos que ninguém jamais imaginaria possível." Falando em possibilidades... É o conceito das ações da Providência que examinamos aqui. O que poderia motivar mais do que saber que você está fazendo o que está destinado a fazer e que a Providência estará a seu lado para ajudá-lo?

O destino é o mais profundo nível de motivação que existe. Entendê-lo pode ser a força mais motivadora, estimulante e duradoura de sua vida. Respeite-o, nutra-o, medite sobre ele, ore por ele e busque-o. Afinal, é seu destino. Que você possa viver para cumpri-lo a cada dia!

## LEGADO

Benjamin Franklin escreveu: "Se não quiser ser esquecido logo após a sua morte, escreva algo que valha a pena ser lido ou faça coisas sobre as quais valha a pena escrever."

O legado resulta de entender nosso propósito no quadro maior de nosso destino e vivê-lo com toda a intensidade. O que temos e o que nos foi dado não são tão importantes quanto nossa contribuição e o que deixamos para os que vêm depois de nós. A vida é curta. Estamos aqui apenas por um breve momento no tempo. Diz a Bíblia: "Aos homens está ordenado morrerem uma só vez, vindo depois o juízo" (Hebreus, 9:27), e nenhum de nós pode evitá-lo. Quando chegar nossa hora, perguntaremos o que significou nossa vida. O que realizamos nela? Qual foi nossa contribuição? Quem se importará com nossa morte? Quando acabar o funeral e os parentes voltarem para casa, o que dirão a nosso respeito?

Todas essas perguntas dizem respeito ao legado. Stephen Covey chama essa discussão de "começar tendo um fim em mente". E se vivêssemos como se fôssemos morrer? Marco Aurélio disse: "Não viva como se tivesse mil anos a viver." Deveríamos seguir seu conselho.

O legado é a resposta a todas essas perguntas. Independentemente de o que fazemos ser positivo, a serviço do outro, ou destrutivo, egoísta, prejudicial ao próximo, deixaremos um legado. E nunca é cedo ou tarde demais para começar a pensar no legado que é construído com nossas ações cotidianas. Ter um propósito maior, entender nosso destino pessoal e ser fiel a ele são os melhores componentes de um legado válido. Como diz a famosa citação: "Minha vida é minha mensagem."

## Reconsiderações sobre os três níveis de motivação

Existe outra maneira de considerarmos esses Três Níveis de Motivação. A motivação mais superficial seria o Sucesso, que incorpora as recompensas materiais e o respeito pelos outros. O próximo nível mais importante seria o Significado, que incorpora o destino e, talvez, o legado deixado por nós. A terceira e mais profunda forma de motivação seria a Obediência e o Sacrifício em nome de uma visão que nos foi dada por Deus.

Introduzimos essa nova classificação para exemplificar outra maneira de descrever a progressão dos níveis de motivação. No entanto, a semântica não importa tanto assim. O que importa é que se entenda a importância do desejo de liderar em suas mais variadas formas, como descobri-lo, reacender seu fogo e colocá-lo em prática. E, como qualquer líder logo descobrirá, as realizações verdadeiras e duradouras provêm basicamente dos níveis de motivação mais "profundos". De fato, uma forte noção de propósito, a compreensão de nosso destino pessoal e o desejo de deixar um legado duradouro e positivo, que esteja de acordo com a visão de Deus para nós, são de longe os tipos mais fortes de motivação. Os líderes precisam cultivar regularmente essas fontes de motivação como combustível para o desempenho, mantendo-as acesas no longo prazo.

Cada atitude que tomamos nos aproxima ou nos afasta de nosso destino. Lembre-se: muitos começam a jornada. Poucos a terminam. Só os que são movidos pelo *desejo* de liderar chegam lá.

## Qualidade básica 2: Ser capaz de se aperfeiçoar

Pode-se definir aperfeiçoar como "tornar mais preciso, intenso ou eficaz". A segunda qualidade básica de um líder consiste em ser capaz de se aperfeiçoar, ter uma atitude que permita isso.

Como diz o ditado: "Você não sabe o que não sabe." Além disso, aos poucos esquecemos o que sabemos. Assim, se não sabemos o que não sabemos e se nos esquecemos do que sabemos, provavelmente seria uma boa idéia continuar aprendendo. Assim, pelo menos saberíamos alguma coisa!

O grande Sócrates afirmou que, se era o homem mais sábio de Atenas, só podia ser por ter assumido, sozinho, não ter todas as respostas. A questão é que o aprendizado nunca acaba. Para o líder, a educação nunca acaba. Precisamos viver como se fôssemos morrer amanhã e aprender como se fôssemos viver para sempre. Quando o líder continua disposto a aprender, seu potencial é ilimitado. Com isso em mente, vejamos os vários obstáculos que o líder precisa evitar constantemente.

### *Arrogância*

Ser capaz de aprender é, antes de tudo, uma atitude. A atitude de quem se acha "dono da verdade" é o atestado de óbito das realizações. Nas palavras de F. A. Hayek: "Nada é abrigado com mais segurança do que a ignorância dos especialistas."

A vida é dinâmica. Nosso mundo está em constante mudança. Ninguém pode se dar ao luxo de se iludir, acreditando saber de tudo, por mais experiência que tenha. Arrogância produz ignorância e, para um líder, a ignorância não é bem-vinda. Um verdadeiro líder sabe que, por mais que tenha conquistado, ainda tem muito mais a aprender.

O oposto da arrogância é a humildade. A quem o líder deve mostrar sua humildade? Resposta: a quem tenha algo a ensinar. Em primeiro lugar, isso significa ser humilde para com os mentores (voltaremos a isso mais adiante, nos próximos capítulos). Em segundo lugar, significa ser humilde para com os colegas e, finalmente, significa agir com humildade para com os subordinados. Os líderes podem aprender com qualquer pessoa, em qualquer posição, e devem ter uma atitude humilde que permita tal aprendizado. Os líderes arrogantes só aprendem quando já é tarde demais, se é que aprendem.

### *Desinteresse*

O aprendizado requer energia. Essa energia vem do desejo que discutimos anteriormente. Na área do aprendizado, a ambição do líder se torna evidente. O líder precisa se interessar sinceramente em aprender mais e regularmente. Desinteresse ou apatia levam a conhecimentos obsoletos e capacidade decisória inadequada. Nenhum dos dois pode existir por muito tempo sem resultados fatais na vida do líder.

### *Pressupostos equivocados*

O líder pode estar aberto e interessado no aprendizado, mas ao mesmo tempo pode estar cego pelos pressupostos errados. Às vezes, os que estão mais envolvidos com uma dada situação não conseguem ver algo que é óbvio para uma pessoa que está vendo de fora a mesma situação. Como gostava de dizer o presidente Ronald Reagan ao premier soviético Mikhail Gorbachev: "Confie, mas verifique." Os líderes precisam ter mente aberta e inquisitiva e não tirar conclusões precipitadas baseadas em pressupostos anteriores.

### *Hábitos arraigados*

Todos nós somos produtos de nossos hábitos. Os hábitos podem ser bons, mas também podem nos prejudicar. Os hábitos são nossos amigos quando nos guiam pelos aspectos mundanos da vida, como se estivéssemos no piloto automático. Você já imaginou como seria se tivéssemos de nos lembrar de respirar ou pensar para amarrar os sapatos? Portanto, muitos hábitos são úteis. No entanto, o que os líderes precisam fazer é evitar liderar por hábito, sem aprender nada de novo, fazendo o que sempre fizeram, da maneira que sempre fizeram. É nesse momento que o líder deixa de ser líder e passa a ser gerente. Os hábitos arraigados que proíbem o processo de aprendizado são um veneno. O bordão "Sempre fizemos as coisas dessa maneira por aqui" não deve ser pronunciado por um líder em momento algum, em lugar algum.

> **Os hábitos arraigados que proíbem o processo de aprendizado são um veneno.**

### *A síndrome do "não foi inventado aqui"*

A síndrome do "não foi inventado aqui" poderia, de fato, ser considerada uma forma de arrogância. Quando um líder resiste a aprender algo de novo porque não foi idéia dele, seu processo de aprendizado foi sacrificado no altar do orgulho. As boas idéias podem vir de qualquer parte, e normalmente é assim que ocorre. Os grandes líderes aceitam e abraçam esse fato e lutam para aprender o que podem, independentemente de quem tenha sido a idéia original. Ray Kroc, fundador da McDonald's Corporation, ficou famoso por seu entusiasmo pelas idéias das pessoas. Se uma ótima idéia como o Big Mac era lançada por uma determinada loja de sua cadeia de franqueado, ele fazia com que fosse testada naquela loja. Se desse certo, Kroc e seu pessoal mergulhavam nela, aprendiam o que pudessem sobre ela e a implementavam na empresa como um todo. Assim, uma corporação enorme poderia utilizar as idéias e inovações de milhares de indivíduos ao redor do mundo. Um líder deve estar aberto a aprender novas idéias, de onde quer que elas venham.

### *Prioridades erradas*

Às vezes, o líder pode ter uma atitude saudável a respeito do aprendizado, mas ter uma compreensão equivocada das prioridades. Isso normalmente ocorre quando o líder está ocupado com as coisas erradas. Os líderes precisam viver no domínio do que é *importante*, não do que é *urgente*. Existem, sim, problemas urgentes que surgem regularmente na vida de cada líder, mas se viver para as urgências for uma condição crônica, o líder terá muito pouco tempo para tratar das questões mais importantes. Normalmente, funciona da seguinte maneira: um líder começa a investir seu tempo em questões importantes, sendo interrompido por assuntos urgentes. Aos poucos, os assuntos urgentes acabam devorando o tempo que o líder tem para trabalhar nos assuntos importantes. Quanto mais isso acontece, mais surgem os assuntos urgentes, pois as coisas importantes não estão sendo abordadas. O líder acaba então sendo engolido por crises urgentes e não tem tempo para problemas importantes e vitais.

A essa altura, o líder já está acabado. Encontrou outro caminho da liderança para a gerência. Não mais lidera o fluxo de acontecimentos; passa então a reagir a eles e a tentar administrá-los. Nessa situação, como pode um líder ter tempo e energia

> **Os líderes precisam viver no domínio do que é *importante*, não do que é *urgente*.**

para aprender coisas novas? Ocupar-se das prioridades erradas é um obstáculo muito comum ao aprendizado. Os líderes devem estar cientes disso e não deixar que as responsabilidades cotidianas ofusquem sua capacidade de aprender e de crescer.

### *Ceticismo*

Como ocorre com muitos desses obstáculos ao aprendizado, o ceticismo tem muito a ver com atitude. Pode ser definido como "condição de desconfiar desdenhosamente da natureza e dos motivos humanos". Ceticismo não pode ser exagerado. Uma pequena dose de ceticismo é saudável em um líder, podendo proporcionar certa proteção contra erros ingênuos, mas se tomar conta da perspectiva do líder, o cético se torna cínico.

Os líderes abordam situações e desafios com a mentalidade de aprendiz, ou seja, de aluno, não de crítico. A tendência a fazer julgamentos de valor é um dos atributos muito comuns dos fracassados, que não hesitam em apontar as falhas dos outros ou o lado negativo de uma situação. Qualquer tolo é capaz de encontrar falhas, mas só os vencedores encontram soluções. Ou, em outras palavras, os perdedores resolvem a culpa, enquanto os vencedores resolvem problemas. Os líderes precisam abordar o aprendizado com uma curiosidade positiva e nunca deixar que suas responsabilidades ou limitações estraguem sua disposição.

> **Qualquer tolo é capaz de encontrar falhas, mas só os vencedores encontram soluções.**

O líder deve evitar a qualquer custo cada um dos obstáculos ao aprendizado acima, lutando para manter sua disposição de aprender. O aprendizado pode ser uma das coisas mais recompensadoras da vida, quando aplicado à impressionante oportunidade de crescer e florescer como líder, uma das maiores bênçãos da vida. No caso do líder, porém, ser capaz de aprender vai além do prazer e da bênção: trata-se de uma exigência. Um líder que não tem capacidade de aprender está fadado ao fracasso.

## Qualidade básica 3: Ser honrado

Integridade pode ser considerada a condição de "não fazer o que é errado". Caráter pode ser definido como fazer a coisa certa, apenas por ser a coisa certa, mesmo que seja difícil e impopular. Juntos, caráter e integridade formam a honra. O escritor Jeff O'Leary, em *The Centurion Principles*, escreveu: "'Honra' engloba as virtudes da integridade e da honestidade, desprendimento, lealdade e humildade diante das autoridades que estão acima de nós, bem como justiça e misericórdia para com aqueles que estão abaixo de nós."

Honra é uma palavra tão pouco usada em nossa época que parece um pouco obsoleta. Porém, ter uma vida de integridade e caráter é atemporal e, para o líder, absolutamente necessário. Diz respeito a escolhas, e as escolhas que uma pessoa faz na vida a seguem até o túmulo.

Estamos querendo dizer com isso que uma pessoa precisa ser perfeita para ser líder? Claro que não. É impossível alcançar a perfeição nesta vida, e nós, os autores, certamente não somos exceções. No entanto, o líder deve lutar continuamente por ela, ainda que sabendo que nunca poderá exatamente alcançá-la. É uma questão básica. Os líderes mais eficazes ao longo da história lideraram com coração, confiança e honra. Se o líder saltar etapas, usar as pessoas ou representar equivocadamente a verdade, começa o tique-taque da bomba-relógio. Um dia, em algum lugar, a bomba explodirá. É óbvio que, em nosso tempo, isso acontece com muita freqüência: figuras públicas, no auge do poder e da fama, caem e queimam, em uma nuvem de vergonha imposta por elas mesmas. Dos escândalos políticos às fraudes nas empresas, essas calamidades são provocadas pela falta de honra da liderança.

A diferença entre os líderes que repugnamos e os que elogiamos está em seu nível de honra individual. Na verdade, a honra é a força que mantém a ambição do líder sob controle. Sem ela, a ambição desmedida assume o leme, servindo apenas a interesses egoístas. Honra é o componente que torna a ambição produtiva ao líder. Na verdade, o que estamos descrevendo aqui é apenas outra palavra "obsoleta": dever. George Washington disse o seguinte a respeito do dever: "A felicidade humana e o dever moral estão intimamente conectados." Assim, a liderança cresce pelo desejo e pela ambição, mas é controlada pela honra. Com essa combinação,

> **"A felicidade humana e o dever moral estão intimamente conectados."**

os líderes encontram felicidade no cumprimento de seu dever para com os outros.

Já foi dito que o caráter de um homem é a única coisa que permanecerá após sua morte no coração das pessoas que o conheciam. Este é o legado do líder. As atitudes de um homem devem condizer com suas palavras. Diz-se que "um homem vale tanto quanto suas palavras". Andy Stanley, autor de *The Next Generation Leader*, afirma: "Para se tornar um líder digno de ser seguido, é preciso dedicar tempo e atenção ao homem interior. Para deixar um legado que vá além das realizações, em si, o líder precisa dedicar-se às questões do coração." O caráter é desenvolvido nos altos e baixos da vida, permitindo a uma pessoa superar obstáculos e lidar com o sucesso. Abraham Lincoln observou: "Praticamente qualquer homem pode lidar com a adversidade, mas se você quiser realmente testar o caráter de um homem, dê-lhe poder." O caráter conecta a pessoa com o que é certo e verdadeiro. Se reputação é o que as pessoas pensam de você, caráter é o que Deus sabe a seu respeito.

Este conceito de honra é importante para o líder porque as pessoas só o seguirão se sentirem que podem confiar nele. Ninguém segue um líder no qual não confia. Segundo R. Ruth Barton, "prepararemos os jovens líderes para o fracasso se os estimularmos a pensar no que podem fazer antes de considerarem o tipo de pessoa que deveriam ser". Warren Bennis nos diz: "Na arena da liderança, o caráter conta. Não digo isso casualmente. Minhas convicções a respeito da liderança baseada no caráter vêm de anos de estudos, observações e entrevistas com líderes e pessoas próximas deles... Nunca vi uma pessoa fracassar em uma posição de liderança por falta de competência técnica. Mas já vi muitas fracassarem por falhas de julgamento e de caráter." E, como disse Heráclito, "o caráter de um homem é seu destino".

Finalmente, devemos lembrar que um dos principais componentes da honra é a coragem pessoal. Sem coragem para fazer o que é certo porque é certo, independentemente das conseqüências pessoais, ninguém merece ser chamado de líder.

## Desejo de liderar, capacidade de aperfeiçoamento e honra

Eles estavam algemados uns aos outros como animais, enfileirados sobre as pranchas de madeira. Eram centenas deles, alinhados em longas fileiras, que iam de um lado a outro do navio. Chefes tribais africanos os haviam arrebatado de suas vilas, vendendo-os em Zanzibar aos traficantes de escravos europeus que, agora, os transportavam pela infame Passagem do Meio, o trecho mais longo da travessia do Atlântico para o Caribe. Lá, eles serviriam como mão-de-obra escrava nas plantações de açúcar. Para isso, porém, tinham de sobreviver à viagem, e muitos não conseguiam. As condições eram indescritíveis. Herman Melville escreveu que "os escravos eram empilhados, como se fossem toras de madeira; na manhã seguinte, tiravam-se as algemas dos que morriam sufocados, separando-se os mortos dos vivos". Os navios negreiros que se encaixam nessa descrição se perfilaram no Oceano Atlântico durante centenas de anos.

Tal violação desesperada e vil de tudo que há de decente nos instintos da humanidade seria inimaginável hoje. Lorde Brougham, contemporâneo e ávido inimigo do comércio de escravos, considerou a escravidão "o pior dos crimes já perpetrados pelo homem". Como eliminar uma instituição terrível como essa? Quem teria força suficiente para aboli-la? Mais importante, quem o faria? Dos lábios ressecados dessas pobres almas transportadas pelo oceano em total desesperança, ouvia-se o clamor por um líder.

Em seu diário pessoal, no dia 28 de outubro de 1787, um inglês desconhecido de 28 anos respondeu a esse chamado. Ele escreveu: "Deus Todo-poderoso colocou diante de mim dois grandes objetivos: o fim do comércio de escravos e a reforma do moral." Em *Character Counts*, o escritor J. Douglas Holladay escreveu: "Um reformista incansável, supremo abolicionista do odioso comércio de escravos britânico, Wilberforce certamente liderou o movimento mais eficaz contra o mal e a injustiça de toda a história." Wilberforce e seus seguidores escreveram livros e panfletos, deram palestras e trabalharam dentro do Parlamento para iluminar a barbaridade do comércio de escravos africanos. Persistiram ano após ano, mantendo a realidade da prática na vanguarda do discurso público.

William Wilberforce trabalharia mais de 47 anos para ver sua visão do fim do comércio de escravos se realizar, sacrificando a própria saúde, carreira política (muitos haviam apostado que seria o futuro primeiro-ministro) e reputação. O biógrafo John Pollock descreve a luta de Wilberforce: "A batalha realmente foi longa e custosa. Wilberforce foi atacado duas vezes. Certamente, tornou-se o homem mais vilificado da Inglaterra. Para piorar as coisas, foi confrontado por alguns dos maiores heróis da Inglaterra, inclusive a família real, pela maior parte do gabinete e por poderosos interesses ocultos." Certa vez, um amigo lhe escreveu dizendo: "Espero a qualquer momento ler a notícia de que você foi carbonizado pelos plantadores das Índias Ocidentais, virou carne para churrasco dos traficantes de escravos ou comida para os capitães da Guinéia, mas não se intimide – redigirei seu epitáfio!"

Tratado com desprezo pela enormidade de seu chamado, Wilberforce e seu grupo de "Santos" (como seus inimigos ironicamente os tratavam) continuaram a aplicar pressão sobre a sociedade e o governo britânico ao longo de toda a vida. A Inglaterra era especialmente importante na eliminação do comércio de escravos porque a marinha do país era a única força no mundo capaz de deter um empreendimento altamente lucrativo como esse. Embora tivesse sido abolida em 1722 na Inglaterra, a escravidão prosperava em outras partes do império britânico e em outros países. Por fim, por intermédio dos esforços de Wilberforce e de seus seguidores, a maré da opinião popular mudou.

Já em 1819, a marinha britânica começou a se concentrar em interceptar os navios negreiros em mar aberto, libertando seus prisioneiros. Em 1833, três dias antes da morte de Wilberforce, o Parlamento inglês proibiu o comércio de escravos em todo o império britânico, inclusive nas Índias Ocidentais. A marinha britânica começou até mesmo a aplicar a proibição do comércio de escravos em todos os outros países, capturando navios e condenando-os por levar a bordo até mesmo utensílios usados no comércio de escravos. O governo norte-americano havia começado a capturar os próprios navios e, por fim, sob a administração de Abraham Lincoln, concordou em seguir os ingleses na busca de qualquer navio americano suspeito de transporte de escravos. Em *To Rule the Waves*, Arthur Herman escreveu: "O último mercado de escravos aberto nas Américas, em Havana, finalmente foi fechado em 1869, graças, mais uma vez, à pressão britânica. A essa altura, a marinha britânica estava eliminando a escravidão também ao longo da costa leste da África." O comércio de escravos chegara ao fim.

Se já houve exemplo de um líder com as qualidades básicas de liderança, esse líder foi William Wilberforce. Foi um homem com desejo de aprender o que quer que lhe fosse útil em seu chamado, ambicioso além da razão e um homem de caráter. J. Douglas Holladay descreveu alguma das qualidades básicas de Wilberforce:

> Wilberforce e seus colegas foram motivados por uma enorme crença pessoal em um Deus vivo, preocupado com a vida humana, com a justiça e com a transformação das sociedades. Em seu âmago estava uma profunda noção da presença e do poder de Deus, dando-lhes visão, coragem e a perspectiva necessária para escolher suas posições e contrariar os poderosos interesses alinhados contra eles. Wilberforce tinha uma profunda noção de seu chamado... [e] estava comprometido com a importância estratégica de um grupo de amigos que pensavam como ele, dedicados a trabalhar juntos nos caminhos escolhidos... e acreditava profundamente no poder das idéias e das crenças morais.

William Wilberforce é um excelente exemplo de que os líderes precisam se armar de uma profunda noção de motivação, até mesmo de um chamado que os impulsione diante dos inevitáveis desafios que surgirão em seu caminho, mesmo que esses desafios apresentem riscos físicos e venham dos "poderosos". (*O líder precisa ter desejo de liderar.*)

A medida do caráter de um líder é essencial para influenciar outras pessoas, como demonstram as denúncias da imoralidade da escravidão feitas por Wilberforce ao longo de sua vida. Suas ações não teriam peso algum se a própria moralidade de Wilberforce apresentasse falhas. (*O líder precisa ser honrado.*) A honra de Wilberforce, a profundidade de seu chamado e o comprometimento de suas energias para com o aprendizado e seu trabalho formam a base de sua liderança. (*O líder precisa ser capaz de se aperfeiçoar.*) Os apelos dos oprimidos finalmente foram respondidos.

## Resumo

As três qualidades básicas do líder são necessárias para que se tenha acesso à capacidade de liderança. Ter o desejo de liderar, ter capacidade de se aperfeiçoar e ser honrado são qualidades necessárias para abrir as portas à base da escada que leva ao sucesso na liderança.

# O QUE O LÍDER FAZ

CAPÍTULO 3

# O ciclo de realizações

*O que conta não é o número de horas que dedicamos a algo, mas o quanto nos esforçamos durante essas horas.*

– Anônimo

Definidas as qualidades básicas, o processo de desenvolvimento da liderança pode começar. Segundo Bill George, em *Authentic Leadership*, "embora as pessoas possam nascer com potencial para liderança, todos nós precisamos nos desenvolver para nos tornarmos bons líderes".

É no processo de desenvolvimento da liderança que o líder inicia seu trabalho, usando essa experiência para adquirir habilidade e conhecimentos. É esse trabalho que impele o líder a evoluir para níveis de influência. Isso acontece de acordo com o Ciclo de Realizações, como mostra o diagrama.

Como disse George Barna, autor de *A Fish Out of Water*: "Os líderes fazem as coisas certas pelos motivos certos, nas horas certas." Isso não é tão fácil quanto parece. Para se tornar capaz de tal desempenho, os líderes devem evoluir e devem fazê-lo deliberadamente. Passar repetidamente pelo Ciclo de Realizações obriga o líder a crescer em habilidade, entendimento, experiência, discernimento e sabedoria.

## Visão

O Ciclo de Realizações começa com a visão. A visão é a realidade de amanhã expressa como uma idéia hoje. Os líderes devem ter primeiro uma visão do ponto ao qual desejam chegar e daquele para o qual desejam levar sua organização. Kouzer e Posner escrevem: "Os líderes inspiram uma visão compartilhada. Eles enxergam além do horizonte do tempo, imaginando as oportunidades que encontrarão quando eles e seus companheiros chegarem a um destino distante. Os líderes têm o desejo de fazer algo acontecer, de mudar as coisas, de criar algo que ninguém jamais criou. Em alguns aspectos, os líderes vivem de trás para frente. Visualizam mentalmente como serão os resultados mesmo antes de iniciarem seus projetos, como o arquiteto que faz uma planta baixa ou o engenheiro que constrói uma maquete."

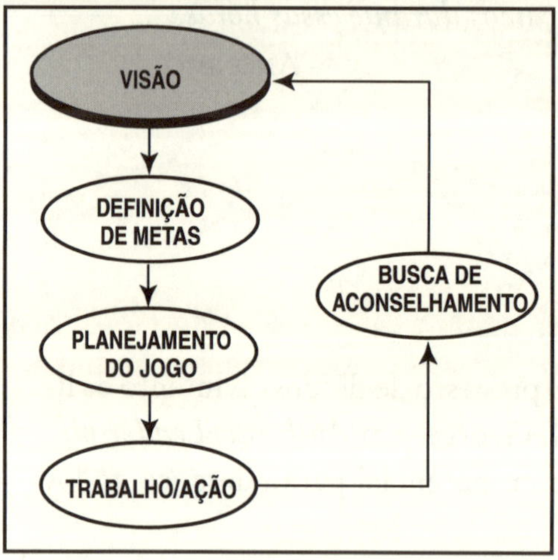


Em seguida, os líderes devem projetar a visão de maneira consistente diante das pessoas que influenciam. George Barna escreveu: "A única maneira de os líderes conseguirem que seus grupos sustentem sua energia no longo prazo é oferecer-lhes uma visão que justifique um compromisso duradouro. Os líderes eficientes fazem com que as pessoas se apropriem da visão como se elas mesmas a tivessem pensado e esclarecem como os dons e capacidades dos indivíduos contribuirão para transformar a visão em um legado especial. A visão, então, é um retrato de um futuro melhor de cujo desenvolvimento podemos participar."

A visão vem da imagem de um sonho na mente do líder. Nem sempre conseguimos o que queremos e nem sempre conseguimos o que merecemos, mas, em geral, *conseguimos* o que imaginamos. Ter um quadro mental nítido é a visão que o líder carrega e distribui. Alguns chamam esse processo de visualização. É nele que o exercício de construção do sonho pode ser útil, servindo para construir e manter uma visão clara na mente do líder.

A visualização é uma técnica adotada nas indústrias e no mundo esportivo. Os esquiadores de provas de montanha muitas vezes conseguem ver o local de uma corrida de olhos fechados, mexendo as mãos para trás e para frente enquanto se imaginam fazendo o percurso. Estão realizando a corrida mentalmente, visualizando um desempenho perfeito. De uma maneira muito parecida, os líderes de qualquer esforço devem ser capazes de ver um resultado futuro antes que ele possa ser visto pelos outros. Os líderes vêem mais além do que os outros e, em seguida, definem como farão para liderá-los até lá.

**Nem sempre conseguimos o que queremos e nem sempre conseguimos o que merecemos, mas em geral *conseguimos* o que imaginamos.**

Quando Walt Disney estava perto de morrer, alguém observou que era uma pena que ele não vivesse para ver seu sonho, a Disneylândia, se concretizar. A esposa de Disney respondeu que, se ele já não o tivesse visto, nunca teria começado. Ele já o tinha visto mentalmente. Isso é a visão do líder. Isso é visualização.

A Bíblia diz: "Onde não há visão, as pessoas perecem." (Provérbios 29:18.) Os líderes oferecem essa visão como o primeiro passo em sua influência.

## Definição de metas

É importante ter vontade e ambição para mudar o *status quo*, com uma visão clara do que acontecerá, mas essa energia deve ser direcionada a alguma coisa específica. É onde entram as metas. David Schwartz, autor de

*The Magic of Thinking Big*, escreve: "Uma meta é mais do que um sonho; é um sonho colocado em ação." Nas palavras do grande jogador de hóquei Wayne Gretzky: "Você perderá 100% dos lances que não fizer." Imagino que ele estava se referindo aos lances a gol. Sem metas específicas para as quais direcionar energias e ambições, todos os esforços serão direcionados, na melhor das hipóteses, a generalidades. Henry David Thoreau escreveu: "Não basta estar ocupado, as formigas também estão. A pergunta é: com o que nos ocupamos?" Um líder deve conhecer a meta de seus esforços. Um líder deve saber claramente o que deve ser alcançado. Resumindo: os líderes usam o processo de definição de metas.

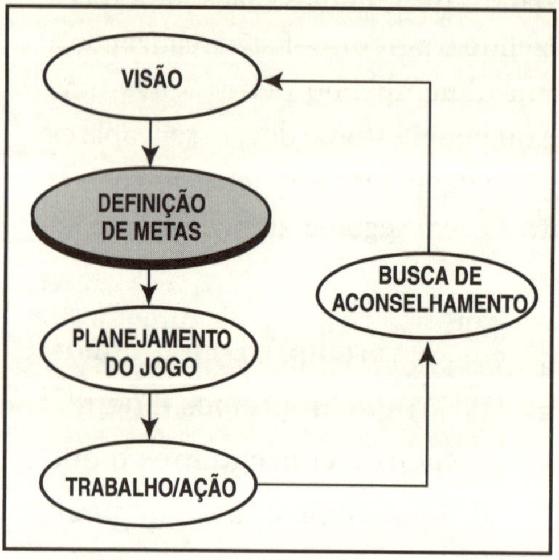


Conta-se a história de dois homens que resolveram alcançar resultados semelhantes. Um esforçou-se adequadamente para definir metas; o outro não. Ao cabo de algum tempo, ambos tinham trabalhado diligentemente, mas o que definira uma meta específica superou o outro em larga escala. Isso porque tudo que o homem que definira a meta fez foi se direcionar, inconscientemente, à sua meta. Se havia algo a ser feito, primeiro ele determinava se isso o ajudaria a alcançar sua meta. Se ajudasse, ele o fazia. Caso contrário, não o fazia. Veja bem, o homem que definira as metas tinha a vantagem das prioridades sobre aquele que não as definira. Tinha também a vantagem de direcionar seus esforços de maneira mais eficaz por meio da força do foco. A cada dia há uma quantidade de coisas "boas" para se fazer, mas há apenas algumas coisas "ótimas" para se fazer. E apenas uma delas é a "melhor" coisa a se fazer. Um líder sabe e faz as "melhores" coisas habitualmente.

Assim como o desejo, a definição de metas é uma disciplina. Jamais deve ser um assunto casual. Tom Garriga, presidente do Tang Wei Martial Arts Institute, nos diz: "Uma meta é um inimigo a ser derrotado com uma estratégia de batalha e o compromisso de um guerreiro. O processo de liderança se baseia em resolução e compromisso." Com isso em mente, há vários componentes para a definição adequada de metas que todo líder deve incorporar.

### *As metas devem ser específicas*

As metas devem ser claras e exatas. O líder não pode perseguir com muita paixão algo demasiadamente geral. Como exemplos de metas específicas adequadas, temos: "Vencer a maratona de Boston" ou "Vender o correspondente a US$1 milhão em mercadorias este ano". São metas claras e precisas. Exemplos de metas que talvez não sejam suficientemente específicas são: "Ser um pai melhor" ou "Melhorar na capacidade de liderança" ou "Aumentar meu desempenho no trabalho". São sentimentos gerais do que poderia ser realizado, mas expressões como "pai melhor" ou "melhorar a capacidade" ou "aumentar" não são específicas o bastante para obrigar o líder a entrar em ação. Expressões vagas como essas fornecem certo "espaço de manobra" para o líder. Como podemos saber se ele realmente se tornou um pai melhor ou melhorou sua capacidade ou a aumentou? Ser específico com as metas não apenas dá ao líder um alvo claro a ser atingido, como também não deixa espaço para dúvidas sobre a concretização da meta. É isso que significa ser específico.

### *As metas devem ser colocadas no papel*

Uma meta não é uma meta sem que o líder a tenha escrito. Isso pode soar banal, mas é extremamente importante. Como no caso das metas não-específicas, as metas não-escritas deixam o líder com espaço de manobra se as coisas não saírem como planejadas. No caso da meta escrita, é difícil evitá-la.

### *As metas devem ser talhadas em pedra*

O primeiro propósito da meta é organizar os pensamentos do líder ou proporcionar algo específico pelo qual se esforçar. A definição de metas deve ter o apoio do compromisso; caso contrário, todo o processo desmorona. Portanto, as metas devem ser "talhadas em pedra". Uma vez decididas, não devem ser modificadas. Há um ditado que diz: "As metas são talhadas em pedra, mas os planos são desenhados na areia." Como mostraremos no "Planejamento do Jogo", talvez seja necessário modificar os planos usados para se atingir uma meta, mas a meta em si deve permanecer firme. O compromisso diz que a meta pode ser alcançada usando-se o Plano A ou o Plano Z, mas ela permanece.

### *As metas devem ser mensuráveis*

Para que a meta exerça uma força motivadora sobre o líder, é necessário um método claro, mensurável, para determinar quando o objetivo foi alcançado. Ele pode ser medido? Como? Com que facilidade e por quem? Com que rapidez? São os tipos de perguntas a que se deve responder quando se define uma meta para garantir que o líder saiba quando e como uma meta é atingida. A capacidade de medir o progresso em direção a uma meta também permite realizar correções no meio do caminho e desenvolver capacidade de o líder confrontar a dura realidade em relação a seu progresso.

Nos esportes, há um placar, mostrando de maneira bastante visível e óbvia para jogadores e torcedores o andamento do jogo. Ele está presente o tempo todo com uma atualização mensurável constante e específica de como está o desempenho dos participantes em relação à meta da vitória. As metas para os líderes devem ser igualmente claras e mensuráveis.

### *As metas devem ser realistas*

Um líder não é um líder sem a visão de uma realidade melhor, mas na área da definição de metas isso pode ser levado longe demais. Uma coisa é ter uma visão grandiosa de uma realidade futura melhor, e não há problema algum se essa visão parecer louca a todos, exceto para o líder, mas a maneira adequada de usar a definição de metas para realizar a visão de algo grandioso é por meio de etapas graduais. Cada uma das etapas é representada por metas realistas e concretizáveis. Se a meta estiver distante demais do alcance do líder, ele acabará exasperado pelo fracasso repetido das tentativas de alcançá-la. As metas devem ser realistas o bastante para que o líder acredite que são alcançáveis e tenha a energia necessária para fazer o que estiver a seu alcance para realizá-las.

### *As metas devem oferecer motivação*

Por um lado, as metas devem ser realistas, mas por outro devem servir de inspiração para o líder. Devem ser desafiadoras. Devem causar desconforto ao líder e oferecer-lhe ímpeto para um melhor desempenho. A melhor maneira de definir uma meta é ter certeza de que ela está entre dois extremos: o "enorme demais" de um lado e o "fácil demais" do outro. O líder deve acreditar que pode atingir a meta e, ao mesmo tempo, sentir-se pouco à vontade com o nível crescente de desempenho exigido para tanto.

### *As metas devem estar alinhadas com as prioridades e os valores*

Na luta pela realização, sempre estaremos tentados a desistir ou abrir mão de nossas crenças. Pode haver conflitos de interesse que se manifestam ao longo do caminho, mas sob circunstância alguma um líder deve definir metas que não sejam coerentes com suas verdadeiras prioridades e valores na vida. Como diz a Bíblia: "Pois, que aproveitaria ao homem ganhar todo o mundo e perder sua alma?" (Marcos 8:36) Todo líder deve tomar cuidado ao definir metas, para assegurar que a própria meta não tenha propósitos que interfiram em suas crenças mais profundas, nem que o que seja exigido para alcançar a meta comprometa sua honra.

**Uma meta esquecida é uma meta não-concretizada.**

### *As metas devem ser proeminentes*

O líder deve desenvolver maneiras sistemáticas de lembrar regularmente a meta a si mesmo. Para tanto, pode lançar mão de lembretes ou placares espalhados pela casa, local de trabalho ou mesmo no carro. Isso pode significar relatar ao cônjuge ou a um amigo ou colega de trabalho qual é sua meta, para que possa incluí-la sempre na conversa. (Essa etapa, no entanto, deve ser realizada com cautela. A Bíblia adverte contra "jogar pérolas aos porcos" [Mateus 7:6], o que significa ter cuidado com quem você divide seus pensamentos mais importantes, como suas metas pessoais. As metas devem ser compartilhadas apenas com as pessoas mais próximas e confiáveis.) Algumas músicas ou pensamentos podem estimular um líder a se concentrar novamente na meta. A questão é que o líder deve planejar métodos de manter a meta diante de si até que a mesma seja alcançada. Uma meta esquecida é uma meta não-concretizada. Os grandes líderes sabem como pressionar a si mesmos para desenvolver lembretes criativos dos compromissos a serem alcançados.

### *As metas devem ter um prazo específico*

Depois que o líder define uma meta específica, coloca-a no papel, compromete-se com sua realização, determina como medi-la, tem certeza de que ela é realista e motivacional e que está de acordo com suas prioridades e valores, e desenvolve métodos de torná-la proeminente, é importantíssimo definir prazos específicos para sua concretização. Quando a meta é definida sem prazos para a concretização, ela se torna nada mais do que um desejo ou fantasia. O prazo exerce uma pressão final sobre o líder, como o tique-taque de um relógio durante uma corrida. Os corredores de motocicleta dizem: "Quando é dada a largada, acaba a conversa." O mesmo acontece com as metas assim que se estabelece um prazo. A pressão do relógio é necessária para se evitar o antigo ditado: "Quando tudo tiver sido dito e feito, em geral há mais a dizer do que fazer!"

## Planejamento do jogo

Implementados esses nove detalhes da definição das metas, o líder está focado, energizado e pronto para agir. Quase.

Voltando mais uma vez ao diagrama do Ciclo de Realizações, vemos que há outra etapa a ser cumprida antes da ação, etapa que garante que o trabalho leve diretamente à realização da meta: a formulação de um plano

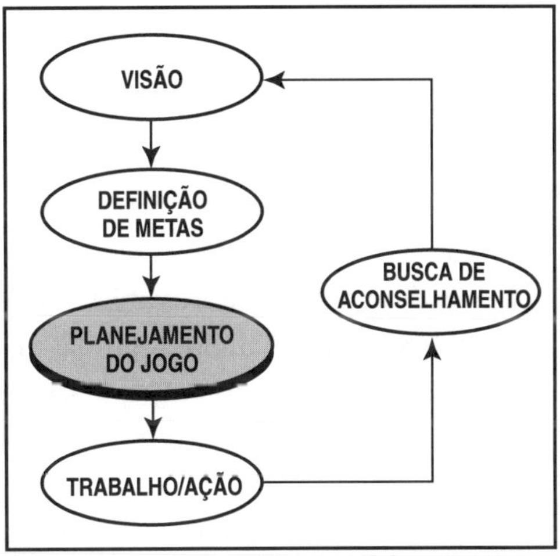


de jogo. Um líder com uma meta, mas sem plano de jogo, é como um arqueiro sem alvo e sem arco e flecha. O plano de jogo é a estratégia, o mapa do líder. Indica o caminho a ser tomado até a meta. Apresenta a maneira certa de realizar a meta. É nesse ponto que a criatividade do líder pode florescer. É aqui que um líder desenvolve a capacidade de pensar estrategicamente, fazendo um *brainstorming* sobre os métodos de ataque. É aqui que a experiência e o aprendizado podem ser de grande ajuda. Se o Desejo fornece o "porquê" a Meta é "o quê" e o Plano de Jogo é o "como".

## *Os planos de jogo são definidos na areia*

O pensamento estratégico é importante, e montar um plano bem pensado para a realização de uma meta é vital. Mas o líder jamais deve permitir que o plano do jogo se transforme em uma obra-prima em si. O plano de jogo deve ser fluido, adaptável às condições de mudança e passível de modificação rápida, caso não esteja funcionando. Nenhum plano sobrevive inteiramente à colisão com a realidade. Como foi mencionado anteriormente, muitas vezes é necessário que um líder desenvolva vários planos de jogo ao longo do tempo para que uma meta possa ser alcançada. A meta é talhada na pedra; o plano é escrito na areia.

## *Os planos de jogo levam à priorização de tarefas*

Uma das maiores vantagens de um plano de jogo é que ele leva ao processo de definição de prioridades. O líder deve refletir sobre esta questão: O que é importante em seguida?

Um professor procurou demonstrar aos alunos o impacto da priorização em um trabalho. Pegou um jarro de vidro e colocou-o sobre a mesa, ao lado de algumas pedras grandes, alguns seixos, um pouco de areia e um jarro de água. Avisou aos alunos que o exercício consistia em colocar o máximo do material que estava sobre a mesa dentro do jarro de vidro, criando a combinação mais densa. Colocou primeiro o máximo que coubesse de pedras grandes dentro do jarro, pedindo à classe para confirmar se o jarro estava "cheio". Em seguida, colocou as pedras menores no jarro em torno das pedras maiores até a classe verificar que não caberiam mais pedras dentro do jarro. Em seguida, jogou a areia no meio das pedras até que não coubesse mais dentro do jarro. Por fim, derramou água na areia que estava no jarro até que o jarro ficasse totalmente cheio e nada mais coubesse ali.

"Agora o jarro está cheio", disse o professor. "Se não priorizássemos o que deveria ser colocado primeiro dentro do jarro, não caberia tanta coisa dentro dele e não teríamos obtido o resultado mais denso."

"Não entendi", disse um aluno, "como isso pode nos ensinar a priorizar?"

"Bem", respondeu o paciente instrutor, "se tivéssemos começado pelos itens menores, como a água ou a areia, não haveria lugar para as pedras maiores. Devemos lidar da mesma maneira com os projetos que encontramos na vida. Coloque as pedras maiores em primeiro lugar, depois coloque as coisas menores".

Essa é a lição das prioridades. Para o líder, o planejamento do jogo é a etapa em que isso acontece. Sem ele, o líder perderá tempo com coisas que são "boas" de fazer, mas não as "melhores" a fazer. O líder sabe colocar primeiro as pedras grandes.

**Um líder sabe colocar primeiro "as pedras grandes".**

Ed Koch, autor de *The 80/20 Principle*, escreve: "O princípio do 80/20 afirma que uma minoria de causas, entradas ou esforços costuma gerar a maioria de resultados, saídas ou recompensas. Levado ao pé da letra, isso significa que, por exemplo, 80% do que conseguimos no trabalho vêm dos 20% do tempo gasto. Portanto, para propósitos práticos, quatro quintos do esforço – sua maior parte – é irrelevante." Ao longo do tempo, a capacidade do líder nessa área o leva até a excelência ou, ao contrário, à mediocridade. Lembre-se de que um líder é mais valorizado onde acrescenta o maior valor. Andy Stanley, autor de *The Next Generation Leader*, escreveu: "A capacidade de identificar as poucas coisas necessárias e concentrar-se nelas é a marca registrada dos grandes líderes."

### *Os planos de jogo são desenvolvidos nos níveis macro, mini e micro*

Um parente próximo do tópico de priorização é a classificação de tarefas ou de objetivos em níveis diferentes com base em seu porte, tamanho ou importância. É útil para o líder entender que os problemas podem ser classificados em pelo menos três categorias. Elas são:

1. Macro
2. Mini
3. Micro

O nível Macro é o que está acima de tudo. Nele, estão todas as coisas importantes, as questões de alta prioridade ou as que terão o maior impacto para uma tarefa específica. No nível Mini, que vem logo abaixo do Macro, as questões são menores e não tão importantes assim. Finalmente, o nível Micro é o nível com detalhes mínimos e com questões bem menos importantes.

É essencial entender como os conceitos de Macro, Mini e Micro se encaixam na idéia das prioridades discutida anteriormente. O diagrama a seguir mostra como um líder tem um conjunto de prioridades que são organizadas de acordo com o princípio "O que é importante a seguir". Associadas a cada uma dessas prioridades estão as questões macro, mini e micro. Esses são dois conceitos que, juntos, mostram ao líder exatamente onde se concentrar para causar o maior impacto no sentido de atingir a meta. Um líder verdadeiramente eficiente estrutura um plano de jogo com a mais alta ordem de prioridades e as questões macro associadas com aquela tarefa. À medida que elas são concluídas, o líder passa a trabalhar nas próximas tarefas de menor prioridade e com as questões relacionadas com as tarefas que vão do macro ao micro.

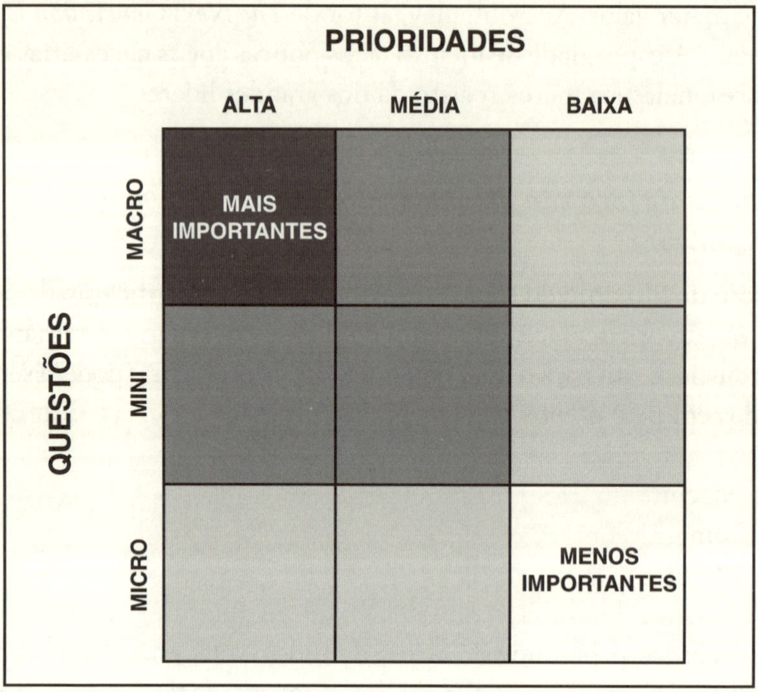


Observe que esse quadro é apenas uma maneira de classificar o trabalho a ser realizado pelo líder. Raramente é necessário lidar com todas as prioridades ou resolver todas as questões. Muitas vezes, pode-se alcançar uma meta antes que esse nível de detalhe seja necessário. Por isso, é importante que os líderes revejam continuamente suas prioridades e questões, para que se possa ter o maior impacto possível à medida que as condições mudam e o progresso é alcançado.

### *Os planos de jogo são melhores quando o pensamento eficaz é usado em primeiro lugar*

A qualidade de pensamento de um líder tem muito a ver com o sucesso daquele líder. Há um poder enorme no pensamento eficaz voltado a uma meta e como ela deve ser atingida.

*Brainstorming* é o processo no qual o ato de pensar é realizado de maneira descontraída, omitindo-se qualquer julgamento prévio sobre o mérito das idéias que surgem. A avaliação das idéias pode vir depois. O *brainstorming* tem por objetivo extrair todas as boas idéias da cabeça e colocá-las no plano de jogo.

Napoleon Hill ficou famoso por causa do livro *Pense e Enriqueça*. Sua premissa básica era que a verdadeira riqueza de cada um de nós reside no poder de nossos pensamentos. A Bíblia diz: "Porque, como um homem pensa em seu coração, assim é ele." (Provérbios, 23:7) Dennis Waitley, ex-piloto do Blue Angels e escritor e palestrante de sucesso, disse que, em nossa época, começamos uma "batalha de mentes". Não estamos mais na Era Industrial, mas na Era da Informação. E, na verdade, não será a qualidade da informação, mas a qualidade da interpretação dessa informação, que fará a diferença.

Um preceito importantíssimo que devemos entender ao pensar estrategicamente na concretização de uma meta é imaginar o processo como um jogo de dominó. Para cada meta específica, há uma variedade de tarefas que levam à sua realização. Ao elaborar um plano de jogo, o líder deve perguntar: "Quais peças do dominó irão derrubar todas as outras?" É muito importante concentrar-se primeiro nas tarefas principais. Isso exige previsão e planejamento. Assim que o líder define as etapas de maior importância para a concretização de uma meta, todos os esforços devem ser despendidos para produzir a complementação dessas etapas em especial. Isso acontece antes do envolvimento em assuntos menos preocupantes. São principalmente esses "assuntos importantes" que os líderes têm a responsabilidade de resolver. Eles não dependem de mais ninguém. Muitas vezes, as pessoas não entendem isso e perdem tempo e energia trabalhando em peças de dominós que não derrubam as outras. No final do prazo estabelecido, as metas não foram cumpridas e o líder se frustra. O pensamento eficaz leva a um plano de jogo adequado que previne esse erro comum.

## Trabalho/Ação

Definidas as metas e elaborados os planos de jogo, o líder deve exercer o máximo de influência possível em direção à sua realização. Isso não é feito em um vácuo. A própria definição de líder diz que outras pessoas es-

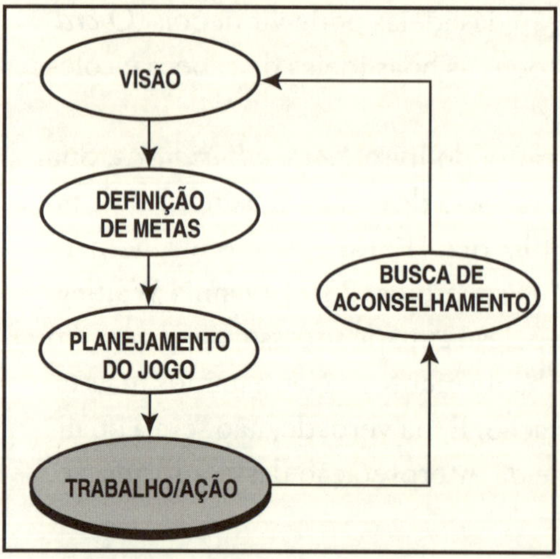


tão envolvidas. Isso significa que o trabalho do líder pode parecer menos direto do que o de seus subordinados. Esta seção tem por objetivo ensinar como deve ser a mentalidade e a atitude dos esforços dos líderes, não os detalhes do verdadeiro trabalho a ser feito. Destina-se a ser o mais abrangente possível, de tal forma que os líderes de todas as áreas a considerem relevante para suas situações particulares.

Quando aplicado ao líder, o termo *trabalho/ação* engloba várias categorias. Cada uma delas é necessária nas ações diárias do líder para gerar eficiência. As pessoas trabalharão com muito mais afinco quando entenderem como seus esforços se encaixam no quadro geral.

### *Trabalho: Definição da visão*

Todo o Ciclo de Realizações começa com a visão do líder, como já discutido. Essa visão deve ser definida diante da organização, para garantir que todos trabalhem unidos e entendam o quadro geral. As pessoas precisam entender como seus esforços se encaixam no quadro maior; já ficou provado que as pessoas são muito mais motivadas por propósitos e causas que por qualquer outra coisa. Cabe ao líder, portanto, ser o amplificador e a lembrança constante da visão da organização.

O especialista em liderança e escritor George Barna disse: "Na maioria das empresas para as quais prestei consultoria, os seguidores não controlam a visão – não têm uma noção de participação pessoal na busca da visão. Os grandes líderes ajudam os indivíduos a definir qual é seu papel na busca da visão."

### *Trabalho: Liderança pelo exemplo*

Abraham Lincoln disse: "O exemplo não é a coisa mais importante para influenciar outras pessoas; é a única coisa." Em primeiro lugar, o líder dá o exemplo. Muitas pessoas parecem acreditar que o líder é alguém em boa posição ou alguém capaz de se expressar bem. Mas o verdadeiro líder dá o exemplo com suas ações no dia-a-dia.

No filme *Fomos Heróis*, Mel Gibson desempenha o papel de um personagem da vida real, o tenente-coronel Hal Moore, um líder dedicado a suas tropas. Em um dos primeiros grandes combates da Guerra do Vietnã, no Vale Ia Drang, Moore cumpre a promessa feita a seus homens de que seria o primeiro a sair do helicóptero e o último a partir no final da batalha. Depois da emocionante tragédia e das situações de batalha, de dificuldade inimaginável, Hal Moore e suas tropas finalmente expulsam o inimigo e estão prontos para o resgate. Quando o último helicóptero decola, Hal Moore finalmente embarca: o último homem a deixar o campo de batalha, como prometera. Ele estava lá ao lado deles em todos os momentos da batalha, liderando pelo exemplo.

### *Trabalho: Demonstração de uma forte ética profissional*

Não há atalhos para o sucesso. Os líderes que procuram um atalho acabam logo eliminados. Embora não seja o único segredo para o sucesso, o trabalho árduo é, com certeza, um componente importante. Às vezes, as pessoas em posição de liderança desejam fugir do trabalho desagradável e, em vez disso, dizer aos outros o que fazer, mas isso não é liderança de verdade. Quando um líder delega alguma tarefa por não desejar realizá-la, está gerenciando, não liderando. A verdadeira liderança está disposta a viver nas trincheiras, onde ocorre a ação, e fazer o quer for necessário.

Não nos leve a mal aqui. O trabalho do líder não é se meter nas tarefas e responsabilidades de seus subordinados. O líder deve apenas estar disposto a fazê-lo, como se não houvesse trabalho que não fosse digno dele. Peter Drucker disse: "Um líder que não ajuda a arrumar as cadeiras não é digno de sua posição à mesa."

> **"A coragem para agir define o líder."**

O mais importante, no entanto, é que o líder deve estar disposto a realizar tarefas específicas, sem esperar o sucesso fácil ou barato. A Bíblia diz: "Se alguém não quiser trabalhar, que não coma também." (Tessalonicenses 3:10) Quando indagado sobre o trabalho árduo envolvido na realização de experiências científicas de sucesso, o grande inventor Thomas Edison disse: "Nada que é bom funciona sozinho, apenas para agradá-lo. É preciso fazer a coisa funcionar."

É preciso trabalhar para se tornar um líder bem-sucedido – pura e simplesmente. Mas não se desespere; o trabalho significativo pode ser uma das maiores bênçãos da vida. A forte ética profissional demonstrada pelo líder traz energia para a organização e impulsiona todos adiante. Como disse Andy Stanley: "A coragem de agir define o líder."

### *Trabalho: Responsabilidade*

Os líderes se responsabilizam por suas ações e decisões. Nem sempre estão certos e nem sempre tomam as decisões mais corretas. Os verdadeiros líderes tomam decisões e depois as tornam acertadas.

Al Kaltman diz: "O [líder] bem-sucedido consegue um desempenho superior ao das pessoas comuns." Isso acontece porque o líder se responsabiliza pelos resultados. Não arruma desculpas. Não se furta ao cumprimento de seu dever. Kaltman continua, dizendo: "Os bons [líderes] percebem que só eles são os responsáveis finais pelo sucesso ou fracasso de seus esforços. Não inventam álibis nem procuram colocar a culpa nos outros."

Assumir a responsabilidade significa manter-se dentro de um padrão de resultados. Os verdadeiros líderes só estão felizes com os resultados. Como diz o antigo ditado: "Se você está falando de seu *esforço,* então seus *resultados* devem ser ruins." Se não gostam dos resultados, os líderes fazem mudanças, responsabilizando-se totalmente por sua implementação. Quando algo sai errado, assumem a culpa. Quando algo dá certo, dividem o crédito. Mas por trás disso tudo o líder assume as rédeas da

> **"Se você está falando de seu *esforço,* então seus *resultados* devem ser ruins."**

situação e determina que "se é para acontecer, então deixe por minha conta!"

O presidente Harry Truman era famoso por sua forma de pensar clara e pela abordagem simples e direta nos processos decisórios. Na juventude, depois da Primeira Guerra Mundial, Truman abriu um armarinho com um companheiro de batalha. O negócio faliu, mas Truman assumiu a responsabilidade e pagou todas as dívidas. Mais tarde na vida, quando presidente, Harry Truman tinha uma placa sobre sua mesa com as seguintes palavras: "A responsabilidade termina aqui." Truman entendia que junto com a liderança vinha a responsabilidade de tomar decisões difíceis.

Truman fora vice-presidente por apenas 82 dias e não fora informado sobre as principais questões enfrentadas pela presidência quando o presidente Franklin Roosevelt morreu. Harry Truman foi lançado no meio da Segunda Guerra Mundial, tendo de tomar decisões monumentais sem se dar ao luxo de ter tempo para estudar os principais problemas. É aí que a capacidade de Truman de fazer escolhas difíceis se revelou. Diante de questões como o uso da bomba atômica, a intervenção comunista na Grécia, o conflito na Coréia e as lutas pelo poder com o general MacArthur, Truman se destacou e aceitou a responsabilidade que acompanhava a liderança. A noção de que a pessoa que está no comando tem de assumir as rédeas da situação parecia certa para o presidente Truman.

Aceitar a responsabilidade é uma das características essenciais de todo líder. Na verdade, a grandeza de um líder é diretamente proporcional à quantidade de responsabilidade aceita. Para o presidente Truman, tudo começava e terminava ao assumir a responsabilidade por suas ações e decisões, não transferindo a culpa para os outros.

Os líderes assumem a responsabilidade e ponto final.

### *Trabalho: Orquestração e alinhamento de recursos*

Um verdadeiro líder assume a responsabilidade pela orquestração e pelo alinhamento dos recursos. Isso envolve equipar os outros ou ter certeza de que os outros estão gerindo os recursos de maneira adequada. Nem a melhor equipe de liderança no mundo funcionará se não houver o necessário para operar.

Há muitas histórias de líderes cujas visões grandiosas fracassaram devido à falta de recursos ou à alocação inapropriada dos mesmos. O grande exército de Napoleão marchou contra a Rússia, sendo derrotado pelo inverno e pela total falta de suprimentos. À medida que as forças francesas avançavam, as forças russas queimavam e destruíam todo sinal de alimentos ou de plantação que pudesse ser usado pelas tropas de Napoleão. Resultado: um exército de quase um milhão de homens aniquilado. Não foi por falta de capacidade ou de treinamento, nem por falta de uma visão forte ou de uma liderança carismática; e sim por falta de recursos. Os líderes se responsabilizam totalmente pela operação adequada de sua organização e pelo fluxo dos recursos necessários.

### *Trabalho: Resolução de problemas e remoção de obstáculos*

Os líderes prevêem os problemas ou obstáculos que obstruem seus planos, para que possam ser resolvidos e eliminados antes que surjam conseqüências negativas. Isso exige engajamento mental ativo. Os líderes devem estar sempre pensando e procurando qualquer coisa que possa surgir no caminho para destruir suas operações. Quando essas coisas são identificadas ou mesmo quando se desconfia delas, deve-se colocar em ação planos estratégicos para erradicá-las. A melhor maneira de lidar com um problema é atacá-lo enquanto ele ainda é pequeno. Não faz sentido derrubar uma árvore grande no futuro quando ela pode ser arrancada hoje, quando ainda é um arbusto.

Os obstáculos para o sucesso da organização de um líder têm duas origens: os elementos internos e as influências externas. Os obstáculos internos estão sob a autoridade do líder e podem ser abordados de frente. Para resolver esses problemas, é preciso ter coragem, uma forma de confronto saudável e uma justiça firme. Os elementos externos podem ou não ser modificados pelo líder, mas cabe a ele encontrar uma maneira de lidar com a situação. Os líderes que ignoram as interferências externas ou que apenas esperam que elas acabem desaparecendo estão condenando suas organizações ao fracasso. Lembre-se: os líderes assumem a responsabilidade pelos resultados. Isso inclui os resultados que são afetados pelos fatores externos, como a economia, as atitudes dos concorrentes, o ataque de grupos com interesses especiais, condições climáticas e as mudanças na lei. Embora não consiga mudar as condições, o líder é responsável pelo sucesso, *apesar* dessas condições. Isso exige vigilância constante, pensamento estratégico e criativo, e ousadia. Will Durant nos diz: "O preço da liberdade é a eterna vigilância. Ame a paz, mas mantenha a munição seca." Os líderes em qualquer campo seriam sábios se prestassem atenção a esse conselho. O sucesso exige vigilância constante. Harmonia e condições operacionais adequadas são maravilhosas, mas os verdadeiros líderes sabem que tais condições são temporárias e permanecem atentos a novas batalhas para proteger a eficácia de suas operações. E podemos ter certeza de que a próxima batalha está sempre surgindo no horizonte. Os líderes estão a postos.

### *Trabalho: Busca de oportunidades*

Os líderes têm olhos atentos. Examinam o mundo em busca de oportunidades o tempo todo. Mais uma vez, as oportunidades, tanto internas quanto externas, aparecem regularmente. É trabalho do líder buscar e identificar essas oportunidades e ajudar a organização a aproveitá-las. É aí que a capacidade de avaliar e se arriscar e a capacidade de priorizar se tornam críticas. É imperativo que as organizações aproveitem as novas oportunidades, mas não todas elas. Ter uma visão clara para a operação e entender bem a missão constituem a base para a avaliação das novas possibilidades. Se uma oportunidade está em consonância com a visão, então os líderes devem levar suas organizações nessa direção – todas as outras possibilidades devem ser deixadas de lado. Cabe ao líder identificar, analisar e decidir quais oportunidades explorar e quais ignorar, ao mesmo tempo em que define e redefine a visão, para que a organização aceite os novos desafios com entusiasmo.

### *Trabalho: Consistência*

Como as ações de um líder são um exemplo para a organização, a consistência de índole e desempenho é uma necessidade. Os líderes devem ser sempre autênticos. Devem ser firmes e ajudar a estabilizar a organização. Devem sempre estar à frente, agindo.

Todos nós já vimos, nos esportes, um time que parece estar no auge em uma semana, derrotando seu maior adversário, mas que perde na semana seguinte para um time aparentemente inferior. Sabemos que os times que exibem esse comportamento não conquistarão o campeonato da temporada. O mesmo ocorre em todas as áreas de liderança. A consistência desenvolve a confiança entre as tropas. Expressa convicção e compromisso. Quando é consistente, o líder demonstra uma maturidade que não é apenas admirável, mas que se reproduz em toda a organização.

Lembre-se: os seguidores copiam o comportamento do líder. Um bom teste da consistência de um líder é o desempenho da organização. Se é errático e imprevisível, isso pode dizer algo sobre a consistência ou a falta da mesma por parte do líder.

Conta a fábula que dois sapos caem dentro de um tonel de leite, onde lutam para nadar e flutuar. Um dos sapos nada furiosamente, cansa-se e afunda. Depois, volta a emergir, apenas para se debater furiosamente mais uma vez. Esse padrão se repete até que ele acaba se cansando e afunda. O outro sapo também se debate, mas o faz de maneira consistente, de maneira ritmada, agitando-se constantemente. Por fim, sua consistência transforma o leite em manteiga e o sapo consegue saltar do tonel.

No líder, a consistência gera o acúmulo de resultados.

### *Trabalho: Manutenção do foco*

A liderança é, em grande parte, uma questão de saber o que deixar de fora e o que incorporar. Para quase todo líder, em qualquer posição, haverá continuamente inúmeras atrações e distrações que disputarão sua atenção. A verdadeira liderança exige capacidade de concentração.

> **A verdadeira liderança exige capacidade de concentração.**

A analogia que nos vem à mente envolve a comparação de uma lanterna com uma lente de aumento. A lanterna dispersa a luz, enquanto a lente de aumento a concentra. Um líder deve ser como uma lente de aumento, concentrando todos os esforços nos pontos principais ou prioridades. Dispersos, os esforços de um líder talvez não façam muito mais do que iluminar a rua, mas concentrados, eles podem fritar formigas!

### *Trabalho: Persistência*

O sucesso está no lado oposto da inconveniência e da luta. Para alcançar as recompensas, o líder deve aprender a persistir. Quantos candidatos a líder falharam apenas porque não persistiram o suficiente! Em muitos casos, o sucesso significa persistir depois que todos desistiram. Samuel Johnson disse: "As grandes obras são realizadas não pela força, mas pela perseverança."

Os líderes reconhecem que devem persistir e continuar a luta, mesmo quando tudo parece estar perdido. Muitas vezes, a vitória está nos esperando ao virarmos mais uma esquina.

### *Trabalho: Ficar à frente do grupo*

Os líderes devem liderar. Isso significa que devem estar à frente, demonstrando as realizações. Os líderes devem "puxar" suas organizações com a força do próprio desempenho. Dissemos puxar, não "empurrar" a organização. Os gerentes empurram; os líderes puxam.

Dwight D. Eisenhower foi o general que comandou a invasão da Normandia durante Segunda Guerra Mundial e o trigésimo quarto presidente dos Estados Unidos. Para explicar a liderança, Einsenhower costumava enfiar a mão no bolso e tirar um fio. "Esse fio ilustra o maior princípio da liderança", dizia. "Empurre-o e você quase não consegue movê-lo. Mas puxe-o e ele o seguirá por toda parte."

### *Trabalho: Elogio e reconhecimento*

Como discutimos na seção sobre motivação, o desejo de reconhecimento é universal. Todos apreciam um elogio sincero.

Os líderes procuram maneiras de elogiar seus seguidores. Eles se especializam no ato de surpreender as pessoas fazendo as coisas certas e não hesitam em ser generosos com os elogios. Todos os líderes devem viver de acordo com as palavras de Harry Truman: "Você se surpreenderia com o quanto pode realizar quando não se importa com quem recebe o crédito pelas realizações." Napoleão Bonaparte, famoso pela capacidade de inspirar paixão em seus seguidores, disse: "Os homens são mais facilmente levados pelas condecorações do que pela autoridade ou força."

### *Trabalho: Orientação e correção de curso de ação*

Finalmente, o líder age como treinador. O treinador pode nos levar de onde estamos para onde queremos. O líder ou treinador eficiente ajuda as pessoas a irem aos lugares desejados, mas aos quais não conseguem chegar sozinhos. Para isso, o líder oferece orientação e direção. O líder é corajoso ao confrontar problemas que precisam ser resolvidos. Quando os seguidores se afastam do caminho, o líder os corrige. Aprender a fazer tais correções sem ferir os sentimentos ou reduzir o entusiasmo é a marca registrada de um bom líder. O assunto será explorado com mais detalhes no Capítulo 9.

O trabalho é a manivela que dá partida no motor no Ciclo das Realizações. O líder deve trabalhar duro por todos os motivos que acabamos de discutir. A reunião desses componentes proporciona ao líder produtividade rumo às metas definidas. Henry Wadsworth Longfellow escreveu:

> As alturas atingidas pelos grandes homens e mantidas
> Não foram alcançadas em um vôo repentino,
> Ao contrário, enquanto os companheiros dormiam,
> Eles seguiam seu caminho para o alto.

## Busca de aconselhamento

A experiência não é o melhor professor; a experiência de outras pessoas é o melhor professor. Por esse motivo, todo líder deve procurar e encontrar um mentor confiável. Sem recorrer à experiência dos outros, os líderes são forçados a usar um processo de tentativa e erro.

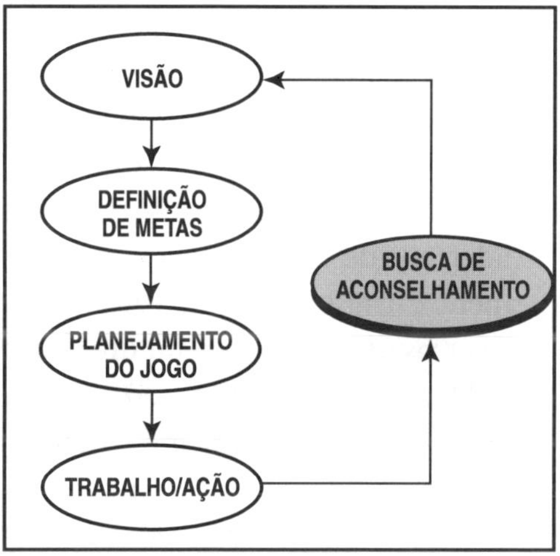


O processo de tentativa e erro não é apenas doloroso e frustrante, como também pode consumir tempo demais.

O sucesso começa com as informações da fonte correta. Portanto, é muito importante que um mentor seja escolhido com base em seu "fruto na árvore". O aconselhamento deve ser feito em pessoa como alguém interessado em dividir sua sabedoria. Pode vir por meio do estudo de figuras históricas que tenham relevância para os empreendimentos do líder. Ou do estudo de material fornecido por um palestrante ou por um escrito que ofereça sabedoria e experiência para o líder. De longe, no entanto, o melhor tipo de mentor é aquele com quem se tem contato pessoal, e que está genuinamente preocupado conosco. Tal mentor não tem preço na carreira de um líder.

Mais adiante aprofundaremos o conceito de aconselhamento, pois todo bom líder também deve se tornar um grande mentor. Neste estágio de nosso estudo, vamos nos concentrar nos propósitos da busca de aconselhamento por parte de um treinador ou mentor, caso em que o líder é protegido de outro líder (o mentor).

## *O líder busca aconselhamento para aprender*

Os líderes sabem que sempre têm mais a aprender. Na verdade, os maiores líderes também são os maiores aprendizes. Buscar aconselhamento de fontes qualificadas é uma das maneiras mais eficazes para um líder aprender. O que o líder pode aprender com o aconselhamento? O líder pode obter informações, aprender comportamentos, julgamentos, estratégias, decisões, prioridades e objetivos. No entanto, talvez isso nunca aconteça sem humildade por parte do líder. O líder deve ser humilde diante de um mentor e concordar em aceitar seus conselhos. O escritor Dennis Rainey perguntou:

"Você deu a seu [mentor] acesso suficiente à sua vida para que ele consiga lhe dizer qualquer coisa que você precise ouvir?" Os mentores não estão aí para fazer os líderes se sentirem melhor ou para inflar seus egos com elogios não merecidos. Os mentores estão acima da simples amizade e oferecem a orientação necessária e direta. Às vezes, isso pode ser constrangedor para o líder em desenvolvimento, mas o preço do constrangimento diante do mentor é muito menor do que o preço do constrangimento que acompanha os erros de julgamento ou um desempenho ruim em campo.

Um simpático ditado diz: "Temos duas orelhas e uma boca, devemos usá-las proporcionalmente." Buscar aconselhamento é uma oportunidade valiosa do líder aprender, mas só acontecerá se o protegido ouvir o que o mentor tem a dizer. Muitas vezes, futuros líderes ambiciosos estão mais interessados em falar do que em ouvir. É certo querer impressionar um mentor, é certo entusiasmar-se diante da perspectiva de passar algum tempo com um treinador, mas é preciso saber ouvir para que o aprendizado aconteça.

Para o líder, o aprendizado não é opcional. Pode ocorrer por meio do estudo e do aconselhamento ou da experiência, mas ocorrerá. Os líderes inteligentes procuram aprender por intermédio do aconselhamento e guardam o aprendizado que ocorre com a experiência para as boas experiências.

## *O líder busca aconselhamento para obter perspectiva*

Uma das coisas mais valiosas para se obter de um mentor é perspectiva. O dicionário define perspectiva como "uma noção das coisas em sua verdadeira relação ou importância". A visão que o líder tem das coisas é muito importante. A definição adequada de um problema, com a perspectiva correta, é, sem dúvida, o principal componente para se encontrar a solução. Muitas vezes, os líderes estão apenas próximos demais de uma situação. Digladiam-se com ela e a enfrentam, mas perdem a perspectiva geral que um mentor pode oferecer. Além disso, em muitos casos, os mentores enfrentaram situações semelhantes e podem oferecer uma perspectiva histórica. De qualquer maneira, os líderes precisam dos insights e das perspectivas que os mentores oferecem. Utilizadas de maneira adequada, essas perspectivas podem melhorar radicalmente o desempenho de um líder, salvando-o da frustração e da perda de tempo.

## *O líder busca aconselhamento para fazer correções no meio do caminho*

Mesmo quando um líder tem certeza dos objetivos e implementa um plano de jogo bem pensado, as coisas podem dar errado. Às vezes, o progresso é menor do que o planejado. Quando esses contratempos acontecem, os mentores podem oferecer insights inestimáveis sobre mudanças no plano de jogo que ainda permitirão a concretização do objetivo.

Imagine uma pessoa vagando por um enorme deserto, como mostra a figura a seguir:

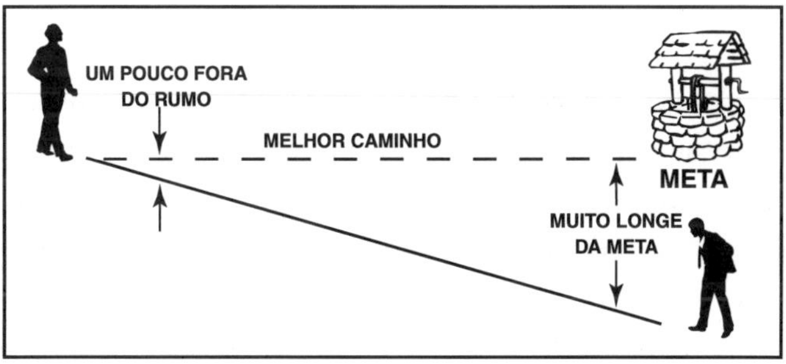


A meta da pessoa é chegar ao poço de água fresca, que se encontra a vários quilômetros de distância. O poço é pequeno e não pode ser visto pelo viajante, mas ele sabe que direção geral deve tomar. Observe como o viajante pode sair apenas um pouco do curso no início da jornada. Observe também como isso aumenta ao longo da jornada até o ponto em que o viajante se afastou o bastante para alcançar o poço, mas ainda está muito longe dele. Agora vamos dar uma olhada em outro viajante procurando a mesma água fresca:

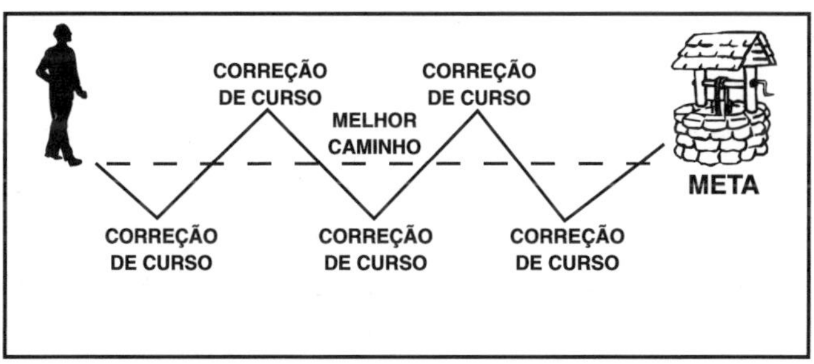

Um guia ou mentor que esteve no poço antes acompanha esse viajante. De tempos em tempos, ao longo do caminho, o mentor faz pequenas correções na direção do viajante. No final da jornada, o mentor não apenas fez o viajante economizar muitos passos inúteis, como também garantiu que o viajante chegasse até o poço e sobrevivesse para caminhar mais um dia. E o mesmo acontece na vida de um líder. Os mentores oferecem essas correções tão importantes ao longo do caminho para evitar que o líder perca o rumo inteiramente e a situação acabe em desastre.

### *O líder busca aconselhamento para receber feedback*

Como um aluno que recebe o boletim, os líderes obtêm dos mentores feedback sobre seu desempenho. A liderança pode ser complicada. Em alguns casos, os líderes podem ficar confusos com relação a seu desempenho. Às vezes, pode ser difícil saber se o progresso em direção aos objetivos totais está sendo obtido. Os mentores superam a confusão e esclarecem a situação, oferecendo ao líder feedback sobre seu desempenho. Um mentor pode oferecer um ponto de vista positivo no qual o líder vê apenas os próprios fracassos. O mentor também pode evitar dores de cabeça para o líder em desenvolvimento, lançando luz sobre áreas que podem ser aperfeiçoadas. É nesse ponto que é de grande ajuda as metas estarem definidas corretamente e os planos de jogo serem claros e bem estruturados. Os mentores podem fornecer feedback sobre como o desempenho do líder está de acordo com as prioridades, sobre a decisão e o comportamento do líder e sobre seu progresso em direção às metas.

### *O líder busca aconselhamento para ser responsabilizado pelos resultados*

Como foi o desempenho do líder para alcançar seus objetivos? Até que ponto o líder aumentou seu entendimento e experiência? A capacidade e o caráter do líder estão progredindo? As respostas a todas essas perguntas, embora avaliadas pelo mentor, são de responsabilidade do líder. Lembre-se: liderar é assumir responsabilidade. Não há desculpas ou esconderijos. Quando um líder se aconselha com um mentor, é hora de se abrir e relatar honestamente os resultados. Quando esses resultados são ruins por um motivo ou por outro, os líderes se colocam à disposição dos mentores para ajudá-los a melhorar. Às vezes isso é difícil. Ninguém gosta de parecer ruim ou fracassar diante de alguém que respeita. Mas os líderes devem resistir à tentação de "enfeitar" seu desempenho. Ao contrário, devem se abrir e ser inteiramente honestos com seus mentores. Não é hora de um protegido se preocupar em impressionar o mentor. É hora de obter respostas. Apenas com tal sistema de responsabilidade o desenvolvimento da verdadeira liderança pode ser aperfeiçoado.

### *O líder busca aconselhamento para crescer pessoalmente*

A meta total do aconselhamento é fazer o líder crescer. É ótimo melhorar o desempenho do líder e ajudá-lo a alcançar algumas metas, mas esse é apenas o campo de jogo no qual o atleta se fortalece. A verdadeira meta é fazer o líder vivenciar um crescimento pessoal significativo. Finalmente, não há crescimento sustentável nos resultados sem o crescimento do líder. Os líderes devem crescer pessoalmente. A necessidade de aperfeiçoamento dos líderes é um fato da vida. E eles devem se comprometer a crescer em bases regulares. Costuma-se dizer que a velocidade do líder é a velocidade do grupo. Os mentores estão ali para oferecer orientação e dar ênfase contínua ao crescimento pessoal.

### *O líder busca aconselhamento para conquistar respeito*

Ser respeitado por quem é respeitado é o desejo de todo líder. Em outras palavras, ser abençoado pelos melhores supera todo o resto. Dinheiro, fama, poder e prestígio – tudo isso pode ter certo charme, mas não há nada como conquistar o respeito de alguém que serviu de instrumento no ensino e na orientação de nosso próprio crescimento e sucesso. Os líderes sabem disso e anseiam em conquistar o respeito de seus mentores.

## O Ciclo de Realizações: "Hoje é o dia", de Mel Fisher

A Espanha era a maior superpotência do mundo, inquestionável em terra no continente europeu e mestre no comércio marítimo mundial. A cada ano, uma enorme frota de navios partia dos portos do Novo Mundo, no Mar do Caribe, com destino a Madri, carregando a bordo barras de ouro e prata obtidas nas minas do México e do Peru. A riqueza das "colônias espanholas" mantinha o rei Felipe III à frente dos inimigos e financiava sua enorme força militar.

No domingo, 4 de setembro de 1622, a frota Tierra Firme, composta de 28 navios, partiu do porto de Havana, Cuba. Estava lotada de tesouros que iam para a Espanha e carregava seu novo rei, Felipe IV. Durante a temporada dos furacões, velejar ficava cada dia mais arriscado. A partida fora adiada por semanas, e mais de cem mil moedas de prata e mil lingotes de prata foram embarcados. Outros atrasos ocorreram, enquanto mais moedas e barras de prata, além de vinte mil pesos em barras e discos de ouro, eram colocados a bordo. No entanto, o tesouro nunca chegaria a seu destino.

Exatamente no dia seguinte, um furacão atingiu a frota e oito navios foram lançados sobre um rochedo no estreito da Flórida. O mais importante era o *Nuestra Señora de Atocha*, um navio de 110 por 33 pés, abarrotado de tesouros. De todas as 265 pessoas a bordo, apenas cinco sobreviveram para contar a história. O tesouro se espalhou por mais de 15km de extensão no oceano, quando outra grande tempestade, apenas alguns dias depois, empurrou o navio naufragado para longe do rochedo, deixando-o em pedaços. Durante séculos, os caçadores de tesouros tentaram localizar e resgatar a fortuna perdida. Por quase 363 anos, ninguém conseguiu.

Foi então que um veterano da Segunda Guerra Mundial e entusiasta do novo esporte denominado mergulho com cilindro sentiu-se fascinado pelo resgate do tesouro. Vendeu uma bem-sucedida loja de produtos para mergulho na Califórnia e mudou-se com a família para a Flórida, determinado a procurar o *Atocha* e outros navios naufragados. Ele havia desenvolvido um equipamento próprio, aperfeiçoando-o constantemente para suprir as mudanças nas condições. Precisou ser o pioneiro nas técnicas de busca e mapeamento para cobrir uma extensão de oceano tão grande. Passaram-se anos sem quaisquer resultados significativos, e Fisher mantinha o moral de sua tripulação alto declarando enfaticamente a cada dia: "Hoje é o dia!"

Depois de três anos de uma busca caríssima e meticulosa, Mel Fisher descobriu que, como resultado de um erro de interpretação geográfica, estivera procurando no local errado. Mudou de lugar e logo descobriu uma âncora que, acreditava-se, havia pertencido ao *Atocha*. Encontrou também duas barras de ouro e uma corrente do mesmo material. Nesse ponto, o governo colocou agentes em seus barcos e cobrou as despesas de Fisher. Exigiu também que ele melhorasse as condições de trabalho em seus barcos. A imprensa ouviu falar da descoberta da âncora e acusou Fisher de fraude. Os especialistas na área de resgate de tesouros disseram que Fisher só estava fingindo que descobrira algo para conseguir financiamento para sua operação. Os concorrentes, famintos por encontrar eles mesmos um tesouro, entraram em cena e começaram a vigiar o trabalho de Fisher. Mas, a cada novo desafio, Fisher inovava e melhorava suas técnicas, além de estimular sua tripulação com a mesma frase: "Hoje é o dia!"

Seus recursos financeiros sempre foram escassos, o que logo levou Fisher a vender sua casa e mudar-se com a família para uma garagem de barcos dilapidada. Todos os membros de sua equipe original – exceto um – haviam desistido, voltando para casa, desanimados. Passados cinco anos, Fisher e sua tripulação encontraram três barras de prata. Dessa vez, porém, o governo as confiscou. Em seguida, cancelou suas licenças de exploração; um senador chegou até a fazer um gesto obsceno ao se afastar em um barco do governo com as barras de prata confiscadas. Os concorrentes de Fisher alegaram que as barras de prata eram mais uma fraude. A imprensa da Flórida fez dele um criminoso. Fisher contratou bons advogados e continuou sua luta. Acabou recuperando suas licenças. Enquanto isso, continuou aperfeiçoando os equipamentos e técnicas, e acreditando em seu objetivo dia após dia, ao declarar: "Hoje é o dia!"

Fisher enfrentou mais obstáculos quando seu barco antigo, no interior do qual funcionavam seu museu e escritório, afundou perto do cais. Em seguida, a Comissão de Valores Mobiliários dos Estados Unidos iniciou uma devassa sobre as ações de sua empresa. Enquanto isso, outros concorrentes entraram em cena com táticas de intimidação, como ataques ao barco e armas apontadas para Fisher e sua tripulação, mas Fisher e sua equipe continuaram e logo descobriram sete canhões, que foram analisados e confirmados como sendo parte do *Atocha*. Fisher estava chegando perto.

As regras mudaram quando o governo decidiu tomar posse do tesouro resgatado no estado da Flórida. Fisher entrou com uma ação legal que acabaria vencendo, junto com um total de quase 150 ações legais! Então seu filho, uma parte importante da operação de Fisher, se afogou. Podemos imaginar como foi difícil para Fisher ou qualquer outra pessoa continuar a acreditar que "Hoje é o dia".

Fisher encontrou o *Santa Margarita*, outro navio da mesma frota do *Atocha*, carregado com ouro, prata, cobre, índigo e cerca de seis mil quilos de tabaco. Essa descoberta trouxe não apenas os recursos financeiros tão necessários, mas também a validação dos métodos e equipamento de Fisher. Isso provou que eles estavam realmente chegando perto de descobrir o *Atocha*.

Foi nesse momento que um dos sócios mais chegados de Fisher o traiu e tentou roubar alguns dos tesouros recentes do *Margarita*.

E então Fisher recebeu o diagnóstico de câncer.

Finalmente, no entanto, em 20 de julho de 1985, depois de 17 anos de buscas, veio o chamado do rádio de um dos barcos de busca de Fisher: "Deixem as cartas marítimas de lado. Atingimos o veio principal!" O *Nuestra Señora de Atocha* fora encontrado. Entre o tesouro recuperado estavam 1.041 barras de prata pesando mais de 35kg cada, mais de 230 mil moedas de prata, US$400 milhões em moedas e barras de ouro e prata, três mil esmeraldas colombianas, correntes de ouro, artefatos e jóias. Até hoje, o *Atocha* é o navio de tesouro mais rico jamais encontrado. Na época em que este livro estava sendo escrito, o tesouro ainda estava sendo recuperado do local diariamente! É dizer pouco que a persistência e a tenacidade de Fisher valeram a pena.

A história de Mel Fisher e da descoberta do *Atocha* é um exemplo claro do Ciclo de Realizações. Fisher tinha uma visão clara do que desejava realizar e criou um entusiasmo imensurável nos corações daqueles à sua volta quando falava sobre o tesouro do *Atocha* e da certeza que tinha de que seria possível encontrá-lo. Isso é que é visão! Em seguida, definiu metas específicas e desenvolveu um plano de jogo eficaz de mapeamento oceânico e de técnicas de busca para tornar a meta uma realidade. Fisher, então, fez o trabalho com um comportamento incrível, declarando "Hoje é o dia" quando muitos teriam dito "Vamos dar o fora daqui!". Leu e aprendeu tudo que pôde, ao longo do tempo, sobre resgate de tesouros e sua tecnologia, em rápido desenvolvimento. Consultou especialistas em documentos na Espanha para ajudar na interpretação dos manifestos de antigos navios. Ajudou muitos caçadores de tesouro experientes na costa da Flórida e envolveu muitos em sua busca, desenvolvendo parceria com um deles, que tinha uma experiência muito maior do que a sua (Busca de aconselhamento). E fez ajustes e inovações ao longo do caminho, melhorando constantemente à medida que rodava várias vezes, ano após ano, pelo Ciclo de Realizações.

A maioria dos líderes não se dedicaria a questões tão variadas e perigosas, nem tão decepcionantes como as que Mel Fisher enfrentou. Mas todo líder enfrentará uma série de desafios e oportunidades. Ao aplicar os princípios do Ciclo de Realizações, como fez Mel Fisher, o líder em desenvolvimento será capaz de realizar sua visão gradualmente e atingir seu próprio "veio principal" de sucesso.

## Resumo

É o loop iterativo do Ciclo de Realizações que os líderes empregam em seu ataque planejado ao *status quo*. Entender cada uma das partes e usá-las como um mapa permite que os líderes melhorem continuamente o próprio desempenho. O Ciclo de Realizações dá aos líderes uma maneira de descrever esse processo de aperfeiçoamento e os mantém no caminho certo à medida que passam pelo ciclo repetidas vezes. Cada vez mais, o líder melhora, avança e se aperfeiçoa.

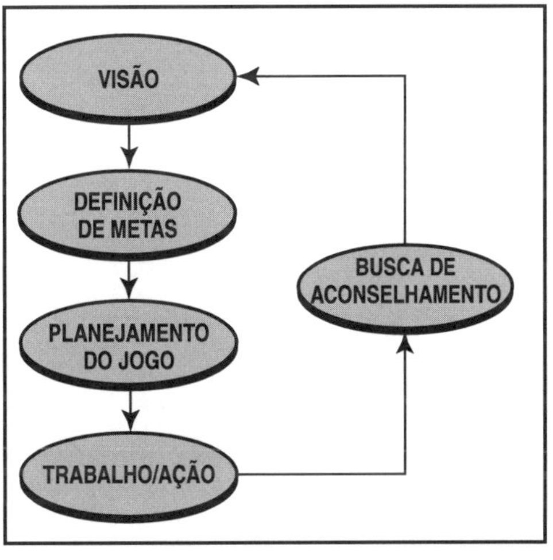

# COMO O LÍDER CRESCE PESSOALMENTE

CAPÍTULO 4

# O Método Trilateral Leadership Ledger®

*Não conheço nada mais estimulante do que a inquestionável capacidade do homem de melhorar a vida por meio de feitos conscientes.*

– HENRY DAVID THOREAU

Hugo Grotius foi um advogado, escritor, teólogo e estadista holandês que viveu nos século XVI e início do século XVII. O presidente James Madison o chamou de "pai do moderno código das nações". Sobre o assunto de autogoverno (self-government), Grotius resumiu a idéia de liderança, aplicando-a ao nível do indivíduo. Disse: "Não pode governar um reino aquele que não sabe administrar uma província; tampouco sabe controlar uma província aquele que não consegue pôr ordem em uma cidade; não pode pôr ordem na cidade aquele que não sabe regular uma vila, ou administrar a vila se não puder guiar a família; e não pode governar a família aquele que não pode governar a si mesmo." Os escritores Mark Beliles e Stephen McDowell simplificaram ainda mais a questão: "Quem não governa a si próprio não pode governar os outros." Muitas vezes, vemos pessoas que mal conseguem se orientar tentando influenciar outras. Rich DeVos disse: "Antes de tentar consertar o mundo, arrume o próprio quarto."

Para tornar-se líder, é preciso aprender a dominar a si, algo que só pode ser feito por meio de um programa de crescimento pessoal intencional.

Philip Crosby, autor de *Quality is Free*, escreve: "Diz uma teoria do comportamento humano que as pessoas retardam subconscientemente o próprio crescimento intelectual. Utilizam clichês, instituem hábitos. Quando alcançam a idade de conforto pessoal com o mundo, param de aprender e sua mente torna-se ociosa pelo resto da vida. Podem progredir na organização, podem ser ambiciosas e ávidas, podem até trabalhar dia e noite. Mas param de aprender. Os fanáticos, os intolerantes, os obstinados e os perpetuamente otimistas pararam de aprender."

Para os líderes, o crescimento não pode ser opcional. Só podemos acompanhar as responsabilidades cada vez maiores aumentando nossas habilidades. O crescimento, portanto, deve se dar em duas categorias:

1. Pessoal
2. Influência junto aos outros

O presente capítulo concentra-se na primeira categoria, o lado do crescimento pessoal do desenvolvimento da liderança, enquanto os próximos seis capítulos abordam a questão da influência. O crescimento pessoal vem em primeiro lugar porque a capacidade de um líder influenciar os outros vem de suas habilidades pessoais.

O crescimento pessoal é *interno*, ocorrendo no âmago do líder. Muitas vezes, quando embarcam na jornada de se tornarem líderes, as pessoas ficam frustradas com a falta de resultados externos que reflitam seus esforços. No entanto, o processo de tornar-se líder começa com muito esforço, o que gera avanços que o mundo externo ainda não pode ver. Os ganhos são internos, ocorrem dentro da pessoa. Só mais tarde o esforço pelo crescimento e aperfeiçoamento pessoal se manifesta sob a forma de resultados externos. Stephen Covey afirma: "As vitórias internas precedem as vitórias externas."

**"As vitórias internas precedem as vitórias externas."**

Tomemos o exemplo da construção de um arranha-céu. O tempo que um arquiteto leva para desenvolver o projeto, o tempo que os engenheiros investem no desenvolvimento dos sistemas principais, o tempo que os construtores gastam reunindo-se com as autoridades para obter as licenças necessárias, o enorme esforço envolvido na limpeza e preparação do terreno para receber o alicerce, tudo isso ocorre antes de os resultados estarem visíveis aos olhos de um transeunte que por ali passe casualmente. Então, quando começa a construção em si, a altura da estrutura avança em uma velocidade inacreditável. O que antes era um terreno vazio de uma hora para outra se transforma em uma enorme estrutura. As habilidades pessoais e as características de liderança funcionam da mesma maneira.

Como o crescimento pessoal é interno e os resultados externos só se manifestam bem mais tarde, descobrimos ser útil proporcionar aos líderes uma maneira de realizar uma auto-avaliação de sua eficácia e monitorar seu progresso. Para isso, utilizamos um método chamado Trilateral Leadership Ledger, apresentado na figura a seguir.

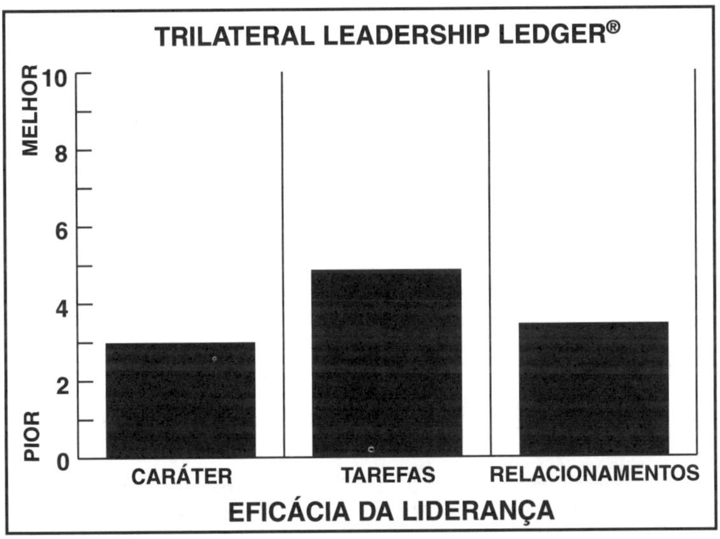


Na figura, a escala vertical à esquerda classifica a eficácia do líder, sendo 10 = perfeito e 0 = péssimo. Na escala horizontal encontram-se as categorias de eficácia da liderança. O objetivo do líder deve ser aprimorar-se em cada uma dessas áreas.

## As três categorias de eficácia pessoal

### *Caráter*

Discutimos o caráter e o conceito de honra no Capítulo 2, mas vale a pena alongarmos um pouco mais a discussão aqui. Nunca é demais repetir que uma pessoa sem caráter jamais terá sucesso na posição de liderança.

Uma das primeiras coisas que uma pessoa na jornada pelo desenvolvimento da liderança deveria entender é que existe um valor intrínseco no desenvolvimento do caráter, mesmo que jamais obtenha resultados externos por seus esforços. Isso porque suas conquistas como ser humano são mais importantes do que suas realizações.

Para os objetivos da utilização do Trilateral Leadership Ledger® e da avaliação do crescimento pessoal, o conceito de caráter, conforme aqui utilizado, inclui:

1. Honestidade
2. Integridade
3. Coragem
4. Valores próprios baseados em verdades absolutas
5. Fé
6. Humildade
7. Paciência com os outros
8. Disciplina
9. Domínio de si mesmo

Em *What to Say When You Talk to Your Self*, Shad Helmstetter escreve: "Para adquirir o domínio de seu futuro, é preciso começar dominando a si próprio." John MacArthur observa: "O autocontrole é absolutamente vital para o sucesso duradouro em tudo que se pretenda fazer na vida. Muitas pessoas alcançam os objetivos desejados e conquistam posições de destaque apenas pela força de seu talento. Mas os verdadeiros líderes são os que

> **"O autocontrole é absolutamente vital para o sucesso duradouro em tudo que se pretenda fazer na vida."**

se dedicam à disciplina pessoal e aproveitam ao máximo seu talento." É exatamente disso que trata a categoria de eficácia pessoal.

### *Tarefas*

A categoria das tarefas representa a capacidade de realizar as coisas. Abrange todos os conceitos de "Trabalho" que discutimos no Ciclo das Realizações. Nenhum líder pode ter sucesso sem capacidade de executar tarefas. A fim de avaliar a eficácia do líder e monitorar o crescimento, a categoria de tarefa inclui:

1. Aceitação da responsabilidade
2. Ética profissional
3. Disponibilidade
4. Disponibilidade de investir tempo
5. Tenacidade
6. Perseverança
7. Execução

Yitzhak Rabin, primeiro-ministro de Israel por dois mandatos e incansável defensor da paz mundial, afirmou a respeito de sua infância: "Nosso lar era permeado por uma noção de missão. O trabalho era considerado um valor em si." A categoria da tarefa é a própria incorporação de tal declaração.

### *Relacionamentos*

A categoria de relacionamentos mede a capacidade de se relacionar com as pessoas, formando elos duradouros. Nenhum líder vivencia o sucesso sozinho. Tal situação é um obstáculo ao próprio conceito de liderança. Os líderes precisam realizar as coisas por meio de, com e para as pessoas e isso só pode ocorrer caso exista a capacidade de desenvolver relacionamentos. A categoria de relacionamentos inclui:

1. Aceitar as pessoas
2. Aprovar as pessoas

3. Valorizar as pessoas
4. Ver a parte boa das pessoas
5. Estimular as pessoas
6. Cuidar das pessoas e importar-se com elas
7. Colocar os outros em primeiro lugar
8. Buscar acordos nos quais todos saiam ganhando
9. Ajudar as pessoas a realizar suas tarefas
10. Viver a "Regra de ouro"

Henry J. Kaiser disse: "As pessoas raramente realizam muito sozinhas. Precisam da ajuda dos outros." Esse é o foco da categoria de relacionamentos.

## Usando o Trilateral Leadership Ledger

Um líder pode começar sua jornada rumo ao crescimento pessoal realizando uma avaliação pessoal no método do Trilateral Leadership Ledger. É um ótimo ponto de partida. À medida que o líder avança na utilização dos princípios aqui ensinados, haverá acentuada melhora, que podem então ser estimadas usando-se o método apresentado. Assim, o líder pode manter-se na linha e garantir não apenas que haja crescimento, mas que haja crescimento em todas as três categorias.

Eis como funciona. Digamos que determinado líder, o Senhor A., tenha tido uma classificação inicial relativamente alta em caráter, atribuindo a si a classificação 4. Em seguida, sabe que é muito concentrado, tendendo a adiar as obrigações e a inventar desculpas para não realizá-las; por isso atribui a si mesmo a classificação 1 na categoria Tarefa. Por fim, o Senhor A. se considera uma pessoa com habilidades razoáveis de construir e manter relacionamentos, por isso se atribui a classificação 3 na categoria Relacionamentos. Multiplicando-se todas as três classificações, tem-se um total de 12. O Senhor A. utiliza esse total como pontuação inicial de Eficácia da Liderança.

Cabe aqui uma advertência: em geral, as pessoas tendem a exagerar positivamente na classificação atribuída a si mesmas. Muitas vezes, a lacuna entre auto-avaliação e realidade é enorme. Recentemente, uma pesquisa realizada entre gerentes nos Estados Unidos perguntou se havia ou não uma crise gerencial no país. Mais de dois terços dos gerentes responderam que sim, havia de fato uma crise gerencial no país. Mais adiante, o questionário perguntou se o participante da pesquisa fazia parte dessa crise por apresentar falhas em seu desempenho como gerente. A maioria dos entrevistados respondeu que não; eles não se consideravam parte da crise. Dois terços tinham certeza de que havia uma crise, mas quase todos estavam convencidos de que não tinham participação alguma nela!

**Muitas vezes, a lacuna entre auto-avaliação e realidade é enorme.**

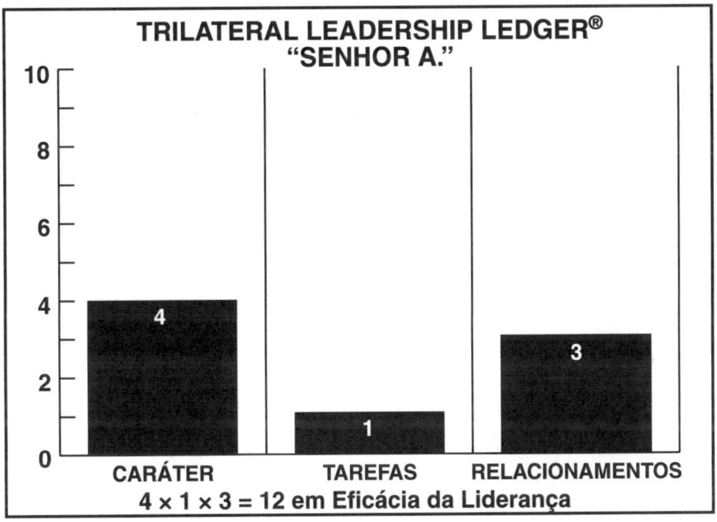


A melhor forma de uma pessoa que esteja na jornada de desenvolvimento da liderança utilizar o método Leadership Ledger consiste em realizar uma avaliação honesta de sua pontuação inicial. Jim Collins chama esse processo de "confrontar a brutal realidade". Pedir a opinião de um mentor sobre sua auto-avaliação pode torná-la mais realista. Somente quando os líderes têm a coragem de enfrentar os fatos como eles realmente são é que podem estar à altura do desafio e reagir da maneira apropriada. Os líderes só podem melhorar depois que decidem fazê-lo. E não conseguirão melhorar se não souberem quais são seus pontos fortes e fracos. Não controlamos o ponto no qual a jornada começa, mas controlamos, sim, o que fazemos depois de iniciada a jornada. O objetivo é utilizar nossos dons e talentos, e fazer deles o melhor uso possível.

Um líder mais novo provavelmente será relativamente fraco em algumas categorias. A multiplicação dos resultados nas várias categorias não gera resultados muito animadores. Além disso, quanto pior o resultado inicial do líder, mais baixas suas classificações em todas as categorias. Isso significa que se faz necessário um esforço maior para causar impacto na pontuação geral. Por exemplo, digamos que o Senhor A. melhore sua capacidade de construir relacionamentos de 3, sua avaliação inicial, para 4. Ao recalcularmos sua pontuação total, teríamos 16 em Eficácia da Liderança, comparados aos 12 iniciais.

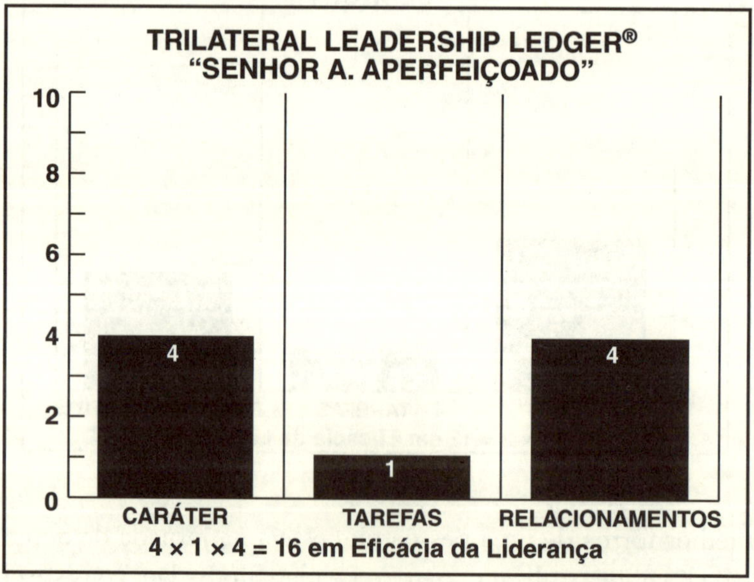


Quando consideramos que a Eficácia da Liderança perfeita seria uma pontuação de 1.000 (10 x 10 x 10), passar de 12 para 16 não é lá grande coisa. Por isso dizemos que os candidatos a líderes precisam de paciência e perseverança. Melhorar a ponto de tornar notáveis as diferenças externamente exige tempo e esforço. No entanto, usando o Trilateral Leadership Ledger como parâmetro de comparação, o Senhor A. passou de 12 a 16, uma melhora de 33% na pontuação geral da Eficácia da Liderança!

Em termos relativos, é uma melhora e tanto. Talvez o mundo ainda não saiba, mas o Senhor A. está chegando lá.

Já ouvimos dizer que as pessoas devem concentrar-se em seus pontos fortes, pois os pontos fracos se resolverão sozinhos. O Trilateral Leadership Ledger mostra que não é bem assim. Vejamos a pessoa que gera pontuações razoáveis em duas categorias, mas uma pontuação muito baixa na terceira. O Senhor B. atribui a si mesmo nota 3 em Caráter, 6 em Tarefas e 0 em Relacionamentos. Multiplicando-se os números, podemos ver que, por melhor que seja seu caráter ou por maior que seja o número de tarefas por ele realizadas, ele está condenado a não ter Eficácia da Liderança, pois sua pontuação em relacionamentos é tão baixa que ele não consegue manter relacionamentos. Uma coisa vezes zero é igual a zero.

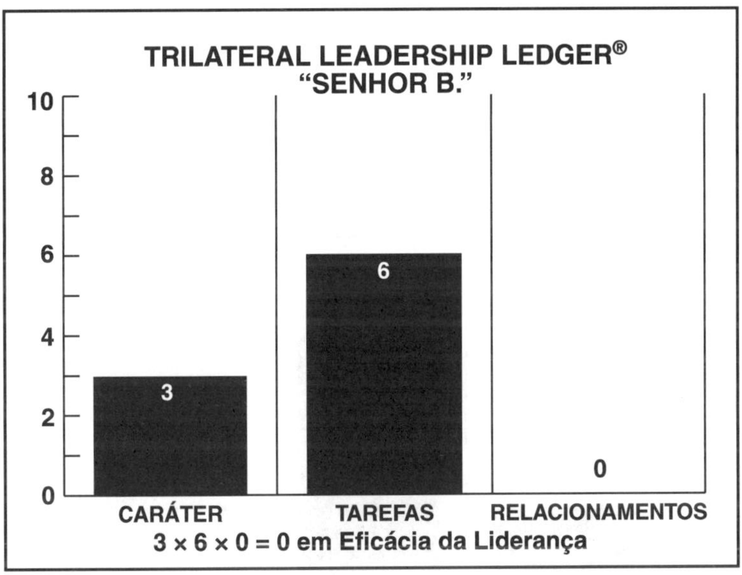

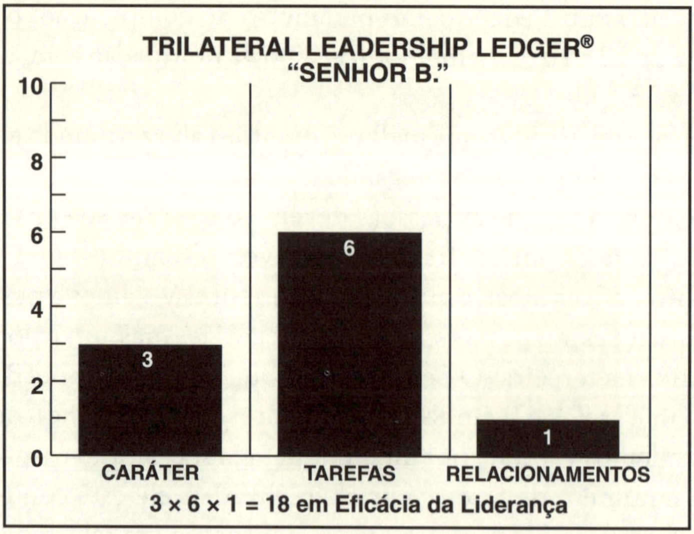


E se o Senhor B. aumentar suas habilidades de relacionamentos para 1? Sua pontuação na Eficácia da Liderança continuaria sendo 18, em possíveis 1.000.

E se melhorasse seu ponto mais forte, Tarefas, de 6 para 8? Seria um aperfeiçoamento impressionante, mas mesmo assim a pontuação final não passaria de 24!

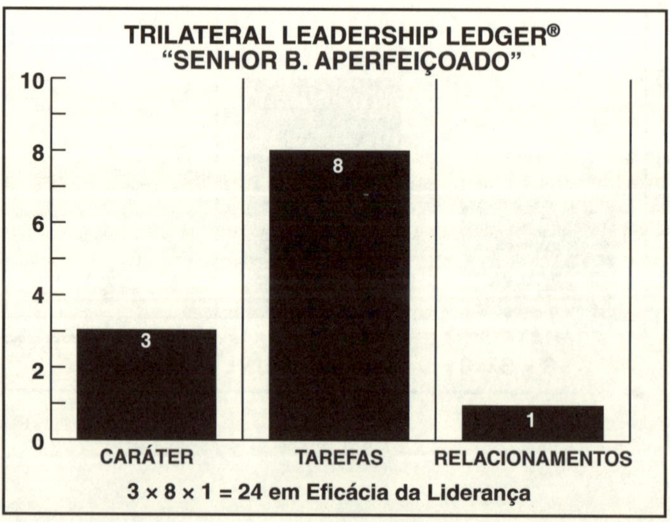

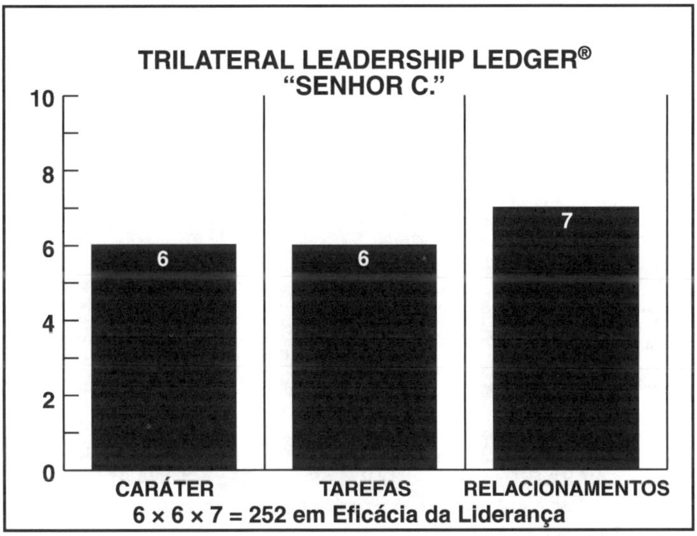


Neste exemplo, fica óbvio que pessoas como o Senhor B., com pontos fracos importantes, não progredirão se não se aperfeiçoarem nessa área. Não basta se concentrar somente nos pontos fortes; é preciso também abordar os pontos fracos. Os líderes não podem se dar ao luxo de serem fracos em uma dessas categorias, pois seus efeitos sobre os resultados seriam catastróficos. Para ser líder, é preciso ser forte em todas as três categorias e ponto final. Isso exige trabalho, mas o objetivo final deve ser esse. Caro contrário, os pontos fracos anularão os pontos fortes. Um famoso treinador de basquete, Mike Krzyewski, observou certa vez: "Nunca deixe que o ponto fraco de uma pessoa seja um obstáculo no caminho de seus pontos fortes."

Quando o líder entende esse conceito de crescimento pessoal e assume a responsabilidade total por sua posição no Leadership Ledger, é apenas uma questão de tempo até que o efeito multiplicador da melhora entre em ação e os resultados externos se manifestem.

Um terceiro exemplo: já há algum tempo o Senhor C. vem se dedicando a se tornar um líder. Seguiu o processo de desenvolvimento apresentado neste livro e tomou decisões conscientes para melhorar em todas as três áreas. No ano passado, o Senhor C. atribuiu a si mesmo uma classificação de 6 em Caráter, 6 em Tarefas e 7 em Relacionamentos. Sua pontuação foi 6 x 6 x 7, perfazendo um total de 252.

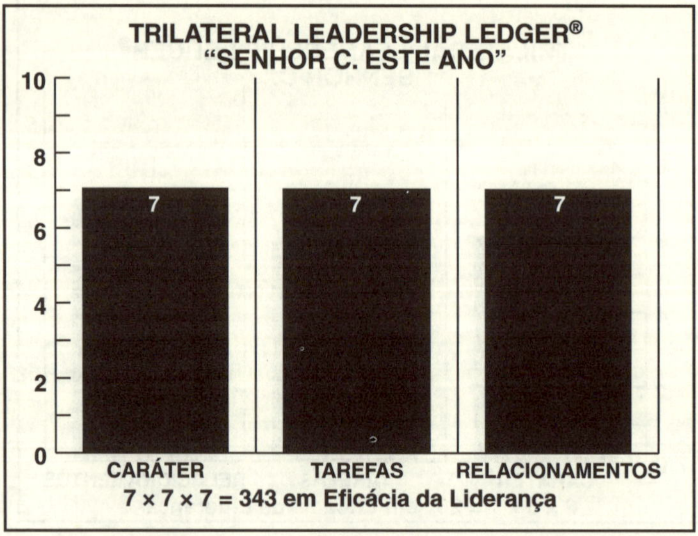


Esforçando-se para melhorar em todas as três categorias, o Senhor C conseguiu aumentar apenas um ponto nas categorias Caráter e Tarefas, mas não melhorou sua capacidade em Relacionamentos. Sua pontuação agora é de 7 vezes 7 vezes 7, perfazendo um total de 343 em Eficácia da Liderança!

O Senhor C. elevou sua pontuação em 91 pontos, ou 36%, e isso aumentando apenas um ponto em duas categorias. O que ele obteve foi o efeito composto de seu esforço acumulado. A liderança tem um esforço composto. É o retorno exponencial sobre o esforço obtido por um grupo de pessoas alinhadas em torno de um objetivo em comum que realiza mais do que a soma de todos isoladamente.

O esforço composto é a própria razão pela qual os líderes influenciam outras pessoas. O Trilateral Leadership Ledger é uma maneira de demonstrar e monitorar o aperfeiçoamento do líder e seu escopo de influência.

Às vezes, observamos líderes que exercem enorme influência, tendo como prova resultados externos impressionantes. Esse é o poder dos resultados combinados aplicados à energia humana. Os grandes líderes da história, que realizaram tanto e deixaram profundas marcas neste planeta e em seu povo, utilizaram esse efeito composto que só a liderança pode oferecer. Alguns o fizeram por meio da força, outros pela persuasão, outros, ainda, por altruísmo e preocupação com a humanidade; no entanto, para todos eles, as grandes realizações exigiram grande influência. O mais importante a ser observado é que esse efeito multiplicador está disponível a todos. Trata-se apenas de uma decisão de seguir o processo de desenvolvimento da liderança, melhorando e crescendo em todas as categorias.

Muitas pessoas ficam curiosas para saber qual seria sua classificação usando o método Trilateral Leadership Ledger. Como dissemos antes, inicialmente os líderes têm uma pontuação bastante baixa em todas as categorias. Na verdade, a maior parte das pessoas que se avaliam pela primeira vez fica muito mais perto de 0 do que de 10. Além disso, muitos líderes em potencial têm uma influência geral nula porque recebem um zero em uma das categorias. Pense nas questões de caráter dos líderes da Enron, da Tycon e dos escândalos dos últimos anos. Por mais inspiradores que os estilos de liderança desses indivíduos tenham sido, sua influência no longo prazo foi nula em razão de seus problemas de caráter. Uma deficiência da mesma magnitude nas categorias de tarefa ou de relacionamento também impede que a pessoa avance na pontuação, saindo do 0.

Às vezes, porém, o maior problema de um candidato a líder na utilização do método é a decepção consigo mesmo. Até certo grau, todos os seres humanos sofrem desse mal – não nos vemos exatamente como o mundo nos vê. Na verdade, um dos maiores obstáculos ao crescimento e ao aperfeiçoamento do líder é sua incapacidade de enxergar os próprios "pontos cegos". Vimos isso repetidas vezes em nossos vários anos de prática em coaching de empresários. Um indivíduo se acha competente em uma determinada área quando, na verdade, tem enorme necessidade de melhorar exatamente naquela categoria. Costuma-se dizer que tendemos a enxergar nossos pontos fortes e ver as falhas dos outros. Reverter essa tendência é uma necessidade fundamental para o crescimento de um líder. Precisamos enfrentar nossa própria realidade e, mesmo correndo o risco de parecer redundantes, enfrentar a realidade como ela realmente é! Sem uma verdadeira avaliação, como poderemos crescer, melhorar e progredir?

A metodologia aqui apresentada é uma ferramenta que permite iniciar este processo, por vezes tão doloroso. Quando considerado honestamente, pode invalidar a decepção, que impede tantos de progredirem a caminho de sucessos maiores na vida. Se for cuidadosamente analisada, a metodologia apresentada permite aperfeiçoar áreas que requerem atenção específica, identificar áreas que exigem melhoria e chamar atenção para os pontos fortes existentes. A boa notícia é que a identificação do problema já é metade do caminho andado para sua resolução. Quando há uma área que está impedindo uma pessoa de atingir seu potencial, é possível desenvolver um plano para melhorar. Na verdade, é exatamente essa a intenção deste livro.

Talvez algumas estimativas específicas nos sejam úteis. Descobrimos que um indivíduo com uma pontuação geral entre 50 e 100 pontos é capaz de liderar pequenos grupos. Tal líder tem o caráter a ser seguido, uma sólida ética profissional e a capacidade de se dar bem com os outros. Uma pontuação de 100 a 300 é para poucos. Neste nível, a pessoa é capaz de liderar grupos maiores de pessoas (observe que não usamos a palavra *gerenciar*), tem um caráter praticamente impecável e uma ética profissional que inspira os outros, além de capacidade de gerar visão e moldar um grupo, transformando-o em uma equipe sólida. Uma pessoa com uma pontuação geral de 300 ou mais é um líder muito procurado pelas empresas e por grupos de voluntários, pois sua capacidade de influenciar as pessoas é reconhecida. Pouquíssimos chegam a esse nível, mas qualquer um que estiver disposto a desenvolver a arte e a ciência da liderança é capaz de chegar lá.

Como líderes e seres humanos que somos, nunca atingiremos a perfeição. Ninguém consegue chegar a uma pontuação de mil, mas nunca devemos desistir de buscá-la, tentando regularmente eliminar a lacuna entre o ponto no qual nos encontramos e a perfeição. Se acreditarmos ter chegado ao "suficientemente bom", por um momento sequer, nosso progresso cessa. Pior ainda, podemos até regredir. Conhecemos muitas histórias de líderes que desenvolvem tremenda influência apenas para regredir rapidamente em razão de reversões de caráter, esforço ou preocupação com os outros.

## Crescimento pessoal: Benjamin Franklin e a perfeição moral

Benjamin Franklin foi um dos mais notáveis fundadores dos Estados Unidos. Teve uma vida longa e próspera, começou pobre e terminou rico, falava vários idiomas, conhecia embaixadores e filósofos, foi publicado em vários países, desfrutou de fama mundial e foi um dos únicos signatários tanto da Declaração de Independência quanto da Constituição dos Estados Unidos (assinou também o Tratado de Paris, por meio do qual o Reino Unido reconheceu oficialmente a independência dos Estados Unidos). Franklin foi o principal arquiteto da aliança entre um país jovem, os Estados Unidos, e a segunda maior superpotência mundial, a França, e ao fazê-lo, criou uma maneira de ganhar a guerra com a Inglaterra. Foi criador e escritor do *Poor Richard's Almanac*, uma das publicaçoes anuais mais lidas do Novo Mundo. Inventou os óculos bifocais, o popular aquecedor de Franklin e até mesmo um instrumento musical para o qual Mozart compôs uma música específica. Seus experimentos em eletricidade impressionaram o mundo, dando início a uma época de descobertas e aplicações elétricas. Fundou a American Philosophical Society, foi essencial para a criação da primeira biblioteca nas colônias e trabalhou para organizar os primeiros corpos de bombeiros da Filadélfia.

Podemos dividir a vida de Franklin em três fases. Na primeira, foi pintor, escritor e homem de negócios. Nessa época, aprendeu a se tornar um cavalheiro (ainda que não tivesse origens "adequadas", algo muito importante na época) e acumulou uma fortuna que o sustentaria pelo resto da vida, sobrevivendo a ele dois séculos depois. A segunda fase foi o tempo que passou como "filósofo natural" ou cientista e inventor. Foi durante essa época que sua fama adquiriu proporções internacionais, culminando com sua participação na English Philosophical Society. Por fim, na última parte de sua vida, foi estadista, representando algumas das colônias inglesas no litoral da América do Norte e, em última análise, os recém-formados Estados Unidos da América.

Mas como conseguiu realizar tanta coisa em tão pouco tempo? Como subiu tão alto, conquistou tanto poder e respeito no mundo inteiro? As respostas caberiam em livros e mais livros. A mais óbvia, porém, é que ele era um gênio. Porém, até os gênios precisam seguir as leis do sucesso e, além disso, os feitos notáveis de Benjamin Franklin resultaram de seus esforços intencionais. Não foi sorte. Ele se esforçou, incansavelmente, durante toda a vida.

O próprio Franklin conta uma história em sua autobiografia sobre sua dificuldade de se relacionar com as pessoas quando era jovem. Certo dia, um amigo o chamou de lado e teve a audácia e a bondade de lhe contar a verdade: as pessoas não gostavam dele. Embora ele fosse um homem brilhante, ninguém se importava. Não suportavam ficar a seu lado. Suas opiniões eram fortes demais, ele questionava demais. Seu informante chegou a lhe dizer que as pessoas atravessavam a rua quando avistavam Franklin vindo na direção oposta para evitar contato com ele. Franklin ficou arrasado. Mas sua reação à verdade nua e crua talvez tenha sido um dos componentes mais importantes de seu meteórico sucesso. Ainda jovem, decidiu tomar uma atitude a respeito.

Primeiro, começou se conter, para que as pessoas não se ofendessem com seus comentários. Esforçou-se para se tornar menos dogmático em sua escolha de palavras e tons de voz. Depois, alguns anos mais tarde, quando viajava da Inglaterra de volta às colônias, assumiu para si "o projeto audacioso e árduo de chegar à perfeição moral", comentando: "Fiquei surpreso ao constatar em mim um número muito maior de defeitos do que eu imaginava." Assim, Benjamin Franklin fez o que estamos discutindo neste capítulo: investiu deliberadamente em um programa de crescimento pessoal. Selecionou 13 virtudes que considerou dignas de sua atenção e organizou um programa intensivo de melhoria e monitoramento. Trabalharia em cada virtude durante quatro semanas, registrando seu progresso (ou a falta dele), depois passaria para a próxima, repetindo o ciclo diversas vezes ao longo de vários anos. Com relação a seus defeitos, que tanto o haviam surpreendido, ele "teve a satisfação de vê-los diminuir". Na velhice, disse a respeito de seu projeto: "De um modo geral, embora nunca tenha chegado à perfeição, que eu tanto almejava, mas da qual nunca consegui sequer chegar perto, o esforço fez de mim um homem melhor e mais feliz do que eu poderia ter sido, se não o tivesse tentado; como aqueles que almejam a perfeição por meio da imitação, embora nunca cheguem à excelência desejada, sua mão se aperfeiçoa com a própria cópia, e é tolerável enquanto continua considerável e legível."

As 13 virtudes de Benjamin Franklin estão enumeradas a seguir. Nós as rotulamos de acordo com sua adequação às três categorias do Trilateral Leadership Ledger.

1. Temperança (Caráter)
2. Silêncio (Caráter, Relacionamentos)
3. Ordem (Tarefas)

4. Resolução (Tarefas)
5. Frugalidade (Caráter, Tarefas)
6. Esforço (Tarefas)
7. Sinceridade (Caráter, Relacionamentos)
8. Justiça (Caráter, Relacionamentos)
9. Moderação (Caráter)
10. Limpeza (Caráter)
11. Tranqüilidade (Caráter)
12. Castidade (Caráter)
13. Humildade (Caráter, Relacionamentos)

Assim como descrevemos que a jornada do crescimento pessoal para o líder envolve a auto-avaliação, a mudança consciente e a medição do progresso, Benjamin Franklin e suas 13 virtudes seguiram os mesmos princípios.

Como um lembrete de que o aperfeiçoamento e o crescimento são uma missão que nós mesmos devemos guiar, ele disse: "Podemos aconselhar, mas não podemos ditar a conduta." Cada líder deve assumir para si a tarefa do crescimento pessoal, exatamente como fez Benjamin Franklin. E, se valeu a pena para um homem de tamanha genialidade, imagine qual não seria seu valor para os menos dotados?

## Resumo

O crescimento pessoal não é uma opção para um líder. Diz a Bíblia que Deus dá o frio conforme o cobertor. Assim, se quisermos mais, devemos desenvolver a capacidade de lidar com mais. O Trilateral Leadership Ledger é uma ferramenta tanto para a instrução sobre os importantes princípios do aperfeiçoamento pessoal quanto um mecanismo de acompanhamento para a aplicação real. À medida que os líderes entenderem que sua conduta cabe a eles e que a ampliação de seus talentos naturais é de sua responsabilidade, teremos aberto o caminho do crescimento pessoal e da maior eficácia. Depois de assumirem o controle de seu aperfeiçoamento pessoal, os líderes podem começar a abraçar a idéia de aumentar sua influência junto aos outros.

# COMO A INFLUÊNCIA DO LÍDER AUMENTA

CAPÍTULO 5

# Os cinco níveis de influência

*O verdadeiro líder inspira os outros a se liderarem.*

– ARI D. KAPLAN

Liderança progressiva tem a ver com a crescente habilidade do líder de expandir sua *influência*. À medida que o líder aperfeiçoa essa habilidade, sua influência também cresce; no entanto, o processo não é automático. Se o líder quiser maximizar seu potencial e sua influência, o processo tem de ser intencional. A expansão da influência do líder ocorre pelo crescimento do líder em si.

Os Cinco Níveis de Influência são uma maneira conveniente de mapear a jornada do líder do início até as tão desejadas realizações. O líder cresce em envergadura e em capacidade de influenciar as pessoas subindo cada um desses degraus. Quanto mais alto o nível, maior a influência, e maior o aproveitamento da capacidade do líder, ampliando-as em um espectro mais abrangente.

## Níveis de liderança

O conceito dos vários níveis de liderança (e, portanto, de influência) é encontrado em diversas fontes, mas duas delas se destacam.

A primeira é o renomado especialista em liderança, John C. Maxwell, no livro *Developing the Leader Within You*. Maxwell sugere também que existem Cinco Níveis de Liderança, apresentados aqui em ordem ascendente de influência:

1. Posição
2. Permissão
3. Produção
4. Desenvolvimento de pessoas
5. Personalidade

Maxwell explica que o Nível 1, Posição, é a liderança baseada apenas no cargo. Esse líder não tem credibilidade, exceto sua autoridade oficial. Em seguida, vem a Permissão, em que ao líder é permitido liderar porque seus seguidores assim o permitem. Produção é quando os seguidores buscam o líder porque ele consegue alcançar resultados. Desenvolvimento de pessoas é quando as pessoas gostam do líder e o respeitam, o que faz com que tenham melhor desempenho ao lidar com aquele líder. Personalidade é a rara condição em que o líder estabeleceu um numeroso grupo de seguidores e conseguiu resultados maciços baseado em seu caráter e em sua longevidade. Esses níveis ajudam a entender a variedade de capacidade de liderança que encontramos diariamente.

A segunda fonte dessa idéia de Níveis de Liderança é Jim Collins, autor de *Empresas feitas para vencer*. Nesse best-seller, Collins apresenta os Cinco Níveis de Liderança a seguir, mais uma vez em ordem ascendente de eficácia:

1. Indivíduo Capaz
2. Membro da Equipe que faz Contribuições
3. Orquestrador Competente
4. Líder Eficaz
5. Executivo

Collins afirma que um indivíduo Capaz (nível 1) é alguém que desenvolveu competências essenciais e habilidades básicas. Um Membro da Equipe que faz Contribuições funciona bem, como parte do esforço do grupo. Um Orquestrador Competente é habilidoso na coordenação dos esforços dos Membros de Equipe que fazem Contribuições. Um líder eficaz tem visão mais ampla e capacidade de orientar os Orquestradores para a concretização de objetivos maiores. E, no nível mais alto da hierarquia da liderança proposta por Collins, encontra-se o executivo, em quem reside a responsabilidade total pelo direcionamento da organização.

Esses especialistas em liderança nos proporcionaram insights que nos ajudam a esclarecer um assunto difícil. Mapear o caminho de um líder rumo à grandeza não é pouca coisa, sobretudo quando o objetivo desse mapa é oferecer uma rota direta para os futuros líderes. Maxwell e Collins fizeram um levantamento do terreno. A intenção deste livro é dividir esse terreno em lotes menores, que possam ser usados. Com base em suas idéias e examinando-as no nível pragmático, poderemos oferecer ao líder em desenvolvimento uma maior clareza quanto ao processo de desenvolvimento da liderança.

## Uma explicação sobre os cinco níveis de influência

O conceito de Níveis de Influência será explorado dentro da estrutura conceitual da seguinte hierarquia:

1. Aprendizado
2. Desempenho
3. Liderança
4. Desenvolvimento de líderes
5. Desenvolvimento dos desenvolvedores de líderes

Como em Maxwell e Collins, esses Cinco Níveis são apresentados em ordem ascendente, mas são ligeiramente diferentes dos propostos por esses dois autores. Um diagrama já apresentado anteriormente pode ser útil aqui. Antes, discutimos as qualidades básicas que um líder deve possuir para entrar no campo da liderança. Em seguida, vieram o ciclo de realizações e o crescimento pessoal. Agora chegou a vez de explorarmos o campo da liderança.

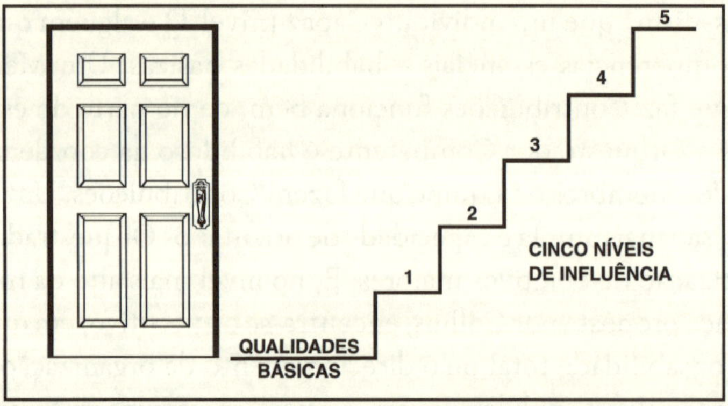


Observe que o terreno não é plano. Assemelha-se mais com os degraus de uma escada. Isso porque, à medida que o líder avança pelo processo de desenvolvimento da liderança, sua influência aumenta e o impacto de seus esforços tem um escopo mais amplo. Além disso, à medida que o líder sobe os Níveis de Influência, cada um dos níveis anteriores permanece com ele. O fato de um nível ter avançado para o nível de Desempenho não significa que ele pare de aprender. Da mesma maneira, o líder que passa para o nível de Líderes em desenvolvimento não pode deixar de liderar em outras áreas, e assim por diante.

Assim, os Cinco Níveis de Influência representam um processo progressivo em que o líder adquire novas habilidades, ao mesmo tempo em que acumula e expande sua influência. Um líder pode estar em vários Níveis de Influência em diferentes áreas da vida. Além disso, as próprias organizações podem existir em níveis diferentes nessa progressão. Por fim, os indivíduos de dentro da organização existem em seu próprio Nível de Influência. Essas constatações são úteis para identificarmos onde se encontram os indivíduos e as organizações, e para desenvolver planos de crescimento e melhoria.

## Vivendo os cinco níveis de influência: Rainha Elizabeth I

Talvez um dos melhores exemplos de um líder que ascendeu aos vários níveis de liderança seja o da rainha inglesa Elizabeth I. Nascida no tumultuado século XVI, filha do infame rei Henrique VIII, Elizabeth provou sua índole inicialmente pelo mero fato de ter sobrevivido. O pai mandara executar sua mãe, e mais tarde Elizabeth envolveu-se em uma complicada luta pelo poder dentro da corte inglesa. Isso levantou suspeitas sobre Elizabeth, que viveu confinada durante todo o reinado de seu primo, Eduardo VI. Mais tarde, quando Maria I, sua meia-irmã, assumiu o trono inglês, Elizabeth viveu sob constante ameaça de morte, por ordem da invejosa rainha, sua adversária religiosa. Durante seu confinamento, porém, Elizabeth não perdeu tempo, utilizando-o sabiamente e tirando todo o proveito possível da educação disponível à realeza na época.

O período de aprendizado e sobrevivência de Elizabeth permitiu-lhe ter a chance de mostrar seu desempenho mais adiante, quando assumiu o trono, após a morte da meia-irmã. Ao se tornar rainha, Elizabeth encontrou um país à beira da guerra civil e, pior ainda, chegou ao poder em uma época e lugar em que as mulheres não eram consideradas aptas a governar. As privações da irmã de nada ajudaram, tampouco. Mas a capacidade de liderança de Elizabeth mostrou-se aparente logo de imediato. Segundo o escritor Alan Axelrod, em *Profiles of Leadership*, "ela logo criou um relacionamento carismático com o povo... Elizabeth deixou claro que sua intenção era devolver à Inglaterra... a grandeza comercial entre as outras nações".

O próximo nível de liderança de Elizabeth foi evidenciado por sua enorme capacidade de se cercar de pessoas com talento real. Axelrod afirma: "Celebrada por sua determinação, Elizabeth conseguiu reunir em torno de si as melhores e mais brilhantes mentes políticas e econômicas da Inglaterra que lhe serviram como conselheiros." Esse crescente círculo de poder acabaria incluindo notáveis como Sir Francis Drake, John Hawkins e Sir Walter Raleigh que, como aventureiros do mar, seriam essenciais na derrota da poderosa Armada Espanhola (com certa ajuda do clima). Durante seu reinado, Elizabeth elevou um país pequeno, brigão e caótico à posição do país mais próspero da Europa.

No mais alto nível de influência da liderança, Elizabeth criou um ambiente político estável e uma tradição que perduraram mesmo após a sua morte. Foi durante o seu reinado de mais de quatro décadas que os ingleses desenvolveram um forte orgulho nacional e a noção de patriotismo. Isso seria herdado pelas gerações vindouras. Assim como qualquer outro líder, a vida da rainha Elizabeth I demonstra os resultados possíveis por intermédio dos níveis ascendentes de influência que estão disponíveis aos líderes.

## Resumo

Nos próximos capítulos, a exploração dos Cinco Níveis de Influência demonstra que a liderança é tanto uma arte (que requer reflexão) quanto uma ciência (que requer ação). Durante séculos discutiu-se se a liderança é uma arte, ou seja, se ela se baseia no talento, podendo ser largamente "identificada" por aqueles que fossem capazes, ou se é uma ciência, ou seja, se é apenas uma habilidade que pode ser "aprendida" por qualquer um. As páginas que se seguem sustentam que a liderança é considerada *tanto* uma arte quanto uma ciência.

Para cada um dos Cinco Níveis de Influência, existem pressupostos, ou mentalidades, necessários para que o desempenho do líder fique naquele nível. É o lado "arte" da liderança. No entanto, os níveis não estariam completos sem as ações, ou o lado "ciência" da liderança. Os pressupostos serão discutidos primeiro, pois a compreensão do raciocínio por trás das ações sempre resulta em ações mais efetivas.

Os próximos capítulos ajudam a desenvolver nos líderes a capacidade de identificar e entender a reflexão ou "arte" envolvida na liderança, ao mesmo tempo em que aprendem e aplicam as ações, ou o lado "ciência".

CAPÍTULO 6

# O primeiro nível de influência: Aprendizado

*Eis um dos maiores segredos de se tornar um grande líder – nunca parar de aprender.*

– JEFF O'LEARY

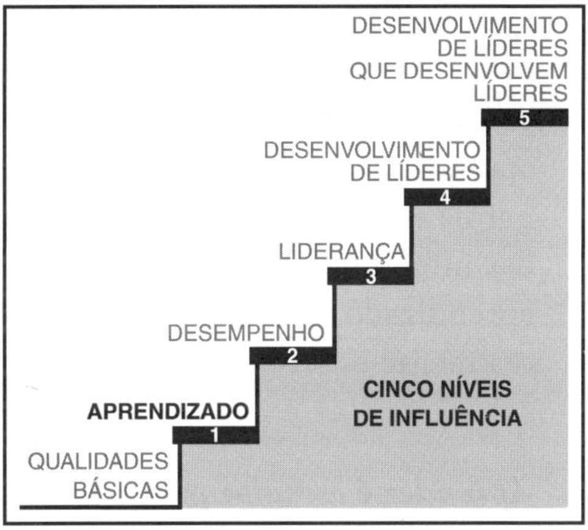


O primeiro Nível de Influência é tornar-se um aprendiz. Ter capacidade de se aperfeiçoar e de aprender com os outros já foi considerado o segredo para o sucesso da liderança, mas aqui o conceito é analisado mais profundamente.

Nesse primeiro Nível de Influência, o líder é como uma criança pequena, que sai correndo em campo para o seu primeiro jogo de futebol. Está animada e entusiasmada, mas tem um baixo nível de habilidades e sabe muito pouco sobre o esporte. Não é hora de se preocupar muito com a vitória. Não é hora de se preocupar demais com a aparência, ou em causar uma boa impressão no treinador. É hora de *aprender*.

Os líderes precisam se apaixonar por aprender. Precisam resistir à tentação de ser excessivamente críticos e opor-se ao fato de ter algo a aprender. Todo grande líder sabe que tem mais ainda a aprender. O escritor Andy Stanley observou: "Os grandes líderes não param de aprender."

Ao assumir uma nova tarefa ou responsabilidade, o líder precisa ser zeloso para aprender tudo que há a ser aprendido. Não se pode esperar que os líderes se tornem especialistas em todas as áreas de operação, mas eles nunca podem parar de buscar informações. George Barna nos diz: "Você deve estar sempre envolvido em algum tipo de estudo intencional e focado que melhore sua capacidade de liderança." Aprender é uma atitude, e os líderes precisam de uma dose saudável dela. E uma atitude adequada com relação ao aprendizado é essencial desde o início do processo de desenvolvimento da liderança. Stanley continua: "No início de sua carreira, o que você aprende é muito mais importante do que o que ganha. Na maior parte dos casos, o que você aprender no início determinará o que você vai aprender mais adiante."

## Pressupostos ou a "arte" do aprendizado

No Nível 1, os aspirantes a líderes precisam entender os processos de raciocínio básicos que abrem as portas à educação. Chamamos esses processos de pressupostos. Sem uma base de raciocínios correta, o aprendizado será difícil e as atividades de aprendizado adequadas serão perdidas, serão objeto de resistência ou, pelo menos, não serão utilizadas inteiramente, mas quando o líder entende o próprio *conceito* de aprendizado e a mentalidade sobre a qual ele se apóia, a educação pode realmente ocorrer.

### *Aprender é a maior prioridade*

A educação inicial e contínua é essencial para o líder. Essa educação não é necessariamente formal. Para o líder, o aprendizado pode ocorrer de diversas maneiras. O essencial é que o aprendizado se torne a base da dieta mental do líder. No Nível 1, os líderes precisam aprender que sua eficácia depende do que aprendem e aplicam.

### *Os líderes podem aprender com qualquer pessoa*

Os líderes devem estar cientes de que existem oportunidades de aprendizado o tempo todo a seu redor. Educação, informação, insight e sabedoria podem vir de qualquer fonte. Ninguém é "inferior" ao líder. Pode-se aprender com todos. Como escreveu Dale Carnegie: "Todos, de alguma maneira, são seus superiores."

### *Os líderes podem aprender melhor com os que apresentam resultados*

Embora seja verdade que é possível aprender com qualquer pessoa, é igualmente verdade que a melhor educação *vem das pessoas que obtêm resultados na vida*, em particular as pessoas que têm sucesso na área em que o líder atua. Não faz sentido aprender como ser médico com um médico de sucesso? Informações sobre como abrir um negócio não fariam mais sentido se viessem de um empresário? Diz o ditado: "O sucesso começa com a informação da fonte correta."

> **A melhor educação vem das pessoas que obtêm resultados na vida.**

## Ações ou a "Ciência" do aprendizado

Partindo dos pressupostos acima mencionados, o aprendiz pode então concentrar-se nas ações ou na ciência do aprendizado. Isso pode ser considerado as *habilidades* de aprendizado, ou aquilo *sobre* o que o líder aprende.

### *Os líderes aprendem sobre pessoas*

Os líderes sabem que a liderança trata basicamente de pessoas, entendendo que os líderes só exercem influência por meio das pessoas. É *com, por meio de* e *para as pessoas* que a liderança existe.

Você já deve ter ouvido falar no clichê: "As pessoas são o recurso mais importante da organização." Na verdade, a declaração poderia ser aperfei-

***É com, por meio de e para as pessoas que a liderança existe.***

çoada da seguinte maneira: "As pessoas *certas* são o recurso mais importante da organização", pois as pessoas certas se encontram no âmago do progresso, enquanto as pessoas erradas são justamente o oposto (e todos sabem que o oposto de "pro-gresso" é "con-gresso"). Portanto, os líderes devem se tornar especialistas em lidar com pessoas, e definir quais são as *melhores* pessoas para contratar, recrutar, treinar e desenvolver. Isso se aplica tanto no sentido geral quanto no mais específico.

Antes de tudo, os líderes precisam ser disciplinados na arte das relações humanas, o que não pode ocorrer apenas no nível superficial. Não há nada pior do que um aspirante a líder rico em habilidades interpessoais mas de alma impura. É exatamente por isso que o caráter é um elemento tão importante. Na verdade, é tão essencial que não se deveria permitir a ninguém que entrasse nesse ramo sem caráter. Portanto, pressupõe-se que um líder que chegou a esse ponto, e está iniciando sua escalada nos Cinco Níveis de Influência, tenha caráter. O motivo é que as pessoas não se importam muito com quanto um líder sabe até saberem *quanto ele se importa*. Se o líder tem caráter, as pessoas confiarão nele e o seguirão. Só então suas *habilidades* para lidar com pessoas entrarão em jogo, e tais habilidades são importantíssimas. Um líder deveria aprender nessa área, de importância crucial, o tempo todo.

Segundo, o líder deve aprender *especificamente* sobre as pessoas que lidera. Isso é uma extensão do desejo de as pessoas quererem saber que o líder se importa com elas. Os grandes líderes têm um interesse ativo e sincero em outras pessoas. Em *Como fazer amigos e influenciar pessoas*, Dale Carnegie nos diz que devemos enxergar todos a quem encontramos como se estivessem usando uma plaquinha invisível pendurada no pescoço dizendo "Faça com que eu me sinta importante". Todos querem ser reconhecidos e aceitos. *Os grandes líderes entendem isso e fazem questão de tratar seus seguidores como pessoas especiais, aprendendo o máximo possível sobre eles*. Isso inclui lembrar-se dos nomes e de detalhes da vida da pessoa. Uma das maneiras mais eficazes de os líderes aprenderem sobre seus seguidores é encontrar algo em comum com eles. Imagine um barco em torno de uma ilha, em busca de um porto no qual possa atracar. Estabelece-se uma conexão quando o barco se aproxima e atraca no porto com segurança. Os líderes precisam se conectar com seus seguidores de maneira semelhante, dando-se ao trabalho de se acercar das pessoas e descobrir um ponto em comum por meio do qual possa fazer contato e iniciar um relacionamento pessoal.

Aprender a lidar com as pessoas de um modo geral, e aprender *sobre* elas de maneira específica, demonstrando preocupação com elas, constitui um processo contínuo para todo e qualquer líder.

### *Os líderes aprendem os aspectos básicos*

Tudo que um líder sabe nos mais altos níveis hierárquicos foi aprendido nos níveis mais baixos. É nessa parte do processo de desenvolvimento da liderança que o líder ganha um complexo conhecimento dos aspectos fundamentais de sua área de atuação. Aprender o básico não é opcional. Um líder bem-sucedido não pode, de modo algum, saltar essa etapa. Ao começar a agir e a cometer erros, o líder cai, levanta-se e tenta de novo. É nesse "loop produtivo" que o líder se torna forte e capaz.

John Wooden, lendário treinador do time de basquete da UCLA que ganhou dez campeonatos e passou oito temporadas consecutivas invicto, conta uma história no livro *A Lifetime of Observations On and Off the Court*. Durante anos, Wooden começava as temporadas com um novo time oferecendo-lhes instruções detalhadas sobre a maneira mais adequada de usar suas meias. O processo envolvia virar as meias pelo avesso e eliminar as bolinhas das costuras laterais que vinham de fábrica como resíduo do processo de fabricação. Aparentemente, essas bolinhas podiam causar bolhas nos pés dos jogadores, o que obviamente teria um imenso impacto negativo sobre o desempenho do jogador. Imagine dedicar tempo a um detalhe secundário! No entanto, Wooden estava reforçando aspectos fundamentais e atemporais pelos quais todo jogador deve começar, e reforçando a importância de dominar tais aspectos básicos.

### *Os líderes aprendem quais são as metas e os objetivos*

Os líderes precisam aprender tudo que puderem sobre as metas e objetivos necessários ou esperados de sua organização. Uma organização não pode atingir uma meta inexistente, e cabe ao líder aprender tudo que há a ser aprendido sobre as exigências do grupo. Isso certamente é importante, pois cabe ao líder também articular na organização uma visão das metas a serem alcançadas.

### *Os líderes aprendem sobre os processos*

Para os líderes, entender os processos envolvidos em suas áreas é uma necessidade. Será responsabilidade do líder avaliar esses processos e, talvez, efetuar alguns ajustes e melhorias, mas tudo isso será prematuro se o líder não tiver se esforçado para dominar o processo. Aprender tudo que há a ser aprendido sobre os processos também dará ao líder credibilidade para lidar com subordinados que possam estar mais próximos e mais envolvidos com os detalhes do dia-a-dia. Então, os líderes podem trabalhar com as pessoas na organização para aperfeiçoar o processo ou garantir a execução adequada dos processos existentes.

### *Os líderes aprendem quais são os parâmetros adotados para medir o desempenho*

Os líderes precisam conhecer totalmente as métricas utilizadas para calcular os níveis de desempenho de suas organizações. Isso é verdade tanto em termos gerais quanto em termos específicos, para cada uma das pessoas que se encontram na esfera de influência do líder. Os líderes não podem se basear unicamente na "intuição". É preciso haver medições concretas de desempenho que ofereçam ao líder feedback contínuo. O milionário Bill Gates, fundador da Microsoft Corporation, chama o processo de "Empresa na velocidade do pensamento". No livro com o mesmo título, Gates afirma que os dados a respeito do desempenho são essenciais para a agilidade e sobrevivência de uma organização. Se os dados forem mais rápidos e mais relevantes, melhores serão as escolhas que poderão ser feitas pelos líderes.

### *Os líderes aprendem quais são as recompensas*

Um líder não pode liderar sem uma sólida compreensão das recompensas do desempenho em sua área de atuação. Isso é verdade para o líder pessoalmente e para as pessoas em sua organização. Isso porque a motivação é essencial ao desenvolvimento adequado, à visão e à maximização do desempenho. Um líder que se descuide de aprender tudo o que há para aprender nessa categoria essencial deixa de lançar mão de uma arma valiosa.

### *Os líderes aprendem sobre o passado*

"Aqueles que não conseguem lembrar-se do passado estão condenados a repeti-lo", disse o filósofo George Santayana. Os líderes precisam interessar-se ativamente pela história de sua organização. Existem valiosas lições a aprender, lições que podem nos poupar tempo e energia. Cego é aquele que as negligencia; as lições voltarão para assombrá-lo. Ignorar as lições do passado também afeta a credibilidade do líder junto a seus seguidores, que podem ter vivenciado alguns eventos.

Boa parte do aprendizado da história de uma organização tem a ver com o aprendizado de seus sucessos. Quem foi o maior responsável pelo sucesso da empresa? Como ele ocorreu? O que foi feito? Existem instruções importantes? Que processos pareceram funcionar melhor? Que inovações foram implementadas? O que poderia ter sido feito para que seu impacto fosse ainda maior? Que armadilhas poderiam ter sido evitadas? Fazer perguntas como essas e estudar os sucessos do passado são atalhos que todos os líderes deveriam buscar.

Já foi dito que aprendemos mais com nossos fracassos do que com nossos sucessos. Isso é verdadeiro também no nível organizacional. Os líderes devem continuamente se indagar o que não funcionou e por quê. Aprender o que não funciona aproxima o líder do que funciona. O fracasso não é fracasso quando se aprende alguma coisa com ele. O *fracasso que ensina uma lição é um aprendizado para o futuro sucesso*. Ao se esforçarem para liderar, os líderes cometerão erros e vivenciarão fracassos. Os líderes astutos sabem como extrair lições de cada erro, entendendo que a lição continua até ser aprendida. Os grandes líderes não são aqueles que nunca cometem erros. Os grandes líderes são aqueles que aprendem com rapidez e maior eficácia com os erros cometidos.

### *Os líderes aprendem sobre o ambiente*

Em *Authentic Leadership*, Bill George escreve: "A função do líder é oferecer um ambiente que estimule a autonomia." Os líderes devem aprender sobre os ambientes em suas organizações e usar esse conhecimento para ampliá-lo e maximizá-lo. Como ocorre em tantas responsabilidades do líder, o aprendizado e a otimização do ambiente da organização nunca estão completos. As pessoas precisam de um ambiente estimulante, positivo, em que os erros possam ser aceitos, desde que sejam uma maneira de se aprender com eles, e o sucesso seja recompensado e os processos façam sentido e gerem resultados. Em tais condições, as pessoas na organização podem prosperar. O segredo de tudo isso é a atitude e a perspectiva do líder. Isso, mais do que qualquer outra coisa, define o tom da organização e cria o ambiente adequado. Os líderes inteligentes nunca deixam de aprender sobre o ambiente de sua organização e as maneiras de aperfeiçoá-lo.

### *Os líderes aprendem quais são os obstáculos*

Existem obstáculos espalhados ao longo de toda a estrada para o sucesso. Os líderes devem ser cuidadosos e atentos em relação a tais armadilhas. Aprender quais são as obstruções no caminho das realizações e defini-las adequadamente constitui uma parte necessária do aprendizado contínuo.

Muitos líderes tendem a continuar martelando no mesmo lugar, sem parar para ver se as atitudes adotadas estão gerando algum efeito. Einstein escreveu: "Insanidade: fazer tudo do mesmo jeito e esperar resultados diferentes." Os líderes precisam tentar entender o que os está impedindo de seguir em frente e quantificar apropriadamente a situação. Só então é possível implementar os planos necessários para eliminar o obstáculo. Lembre-se: a definição adequada do problema é a maior parte de sua resolução. Aprender quais são os obstáculos e desafios no caminho de uma organização também proporciona ao líder informações a compartilhar com mentores na busca de maneiras de resolvê-los.

Com os obstáculos vem a oposição. Muitas vezes, parece que qualquer que seja a iniciativa do líder, sempre haverá algum tipo de oposição. Aprender tudo que é possível fazer para neutralizar a oposição às metas de um líder revela-se essencial para o sucesso da organização. Muitas vezes, porém, o melhor curso de ação consiste em ignorar os adversários. Nenhum líder realizará nada sem que haja oposição. Você já deve ter ouvido dizer que "os líderes estão ocupados fazendo as coisas que os críticos dizem ser impossíveis". Normalmente, o melhor antídoto à crítica é o sucesso. Aprender esse princípio pode ser uma das lições mais importantes do líder.

Quando entender essas *áreas* do aprendizado, ou o que deve aprender, o líder deve tirar total proveito de todos os *métodos* de aprendizado disponíveis, ou de todas as fontes com as quais o líder aprende.

## *Os líderes aprendem com os livros*

Harry Truman disse: "Nem todos os leitores são líderes, mas todos os líderes precisam ser leitores." É fato que a maior parte dos grandes líderes da história foram leitores ávidos. Quando menino, Napoleão lia muito. O presidente Teddy Roosevelt era conhecido por ler pelo menos um livro por dia, às vezes dois, mesmo quando estava na presidência! Thomas Jefferson comprou livros compulsivamente durante sua vida e os leu ainda com mais vigor do que os colecionava. O cantor e compositor Jimmy Buffett disse, a respeito da mãe: "Ela me ensinou que a leitura é o segredo de tudo."

> **"Nem todos os leitores são líderes, mas todos os líderes precisam ser leitores."**

Os livros representam o conhecimento e a sabedoria acumulados de todas as épocas, por um custo relativamente baixo. Os livros preservam os pensamentos mais valiosos, as melhores idéias e os maiores insights da experiência humana. Roy L. Smith disse: "Um bom livro contém mais riquezas do que um bom banco." A leitura de um livro nos coloca em contato com o autor que talvez nunca tenhamos a chance de conhecer pessoalmente, seja pela distância física ou temporal. E a leitura é um dos melhores caminhos para a experiência da liderança. Se a experiência dos outros é o melhor professor, os livros são o melhor transmissor dessa experiência. Os verdadeiros líderes sabem disso, fazendo da leitura parte constante de seu plano para o sucesso. Jim Rohm observa: "Se você ler um livro por semana, em um ano terá lido 52 livros. Em dez anos, 520 livros. Estará entre os 1% melhores de sua área. Ficará mais motivado, mais bem instruído; tornar-se-á um líder em sua área."

William J. O'Neil, fundador da Investor's Business Daily, nos diz: "As pessoas que esperam ter alguma influência sobre o que acontece a seu redor devem desenvolver o hábito de ler bons livros." Ralph Waldo Emerson escreveu: "Muitas vezes, a leitura de um livro mostrou-se essencial para o futuro de um homem."

> **"A leitura é um meio de pensar com a mente de outra pessoa: Força-nos a expandir nossa própria mente."**

Talvez uma das melhores histórias relacionadas à leitura seja a da apresentadora Oprah Winfrey, hoje milionária, e cujo programa de televisão é visto por mais de vinte milhões de telespectadores por dia em mais de 130 países. Cheia de glamour, inteligente e bem-sucedida, seu começo não foi bem assim. Nascida no Mississipi, pobre, filha de mãe solteira, Oprah foi deixada aos cuidados da avó, uma senhora sem instrução; mais tarde, aos seis anos, foi morar com o pai e a madrasta. Foi então que teve acesso inicial a uma biblioteca e foi estimulada a ler. O pai até exigia que ela escrevesse relatórios sobre os livros que lia, limitando seu tempo diante da televisão a, no máximo, uma hora por dia. Quando lhe perguntaram sobre seu sucesso, Oprah respondeu: "Tudo começou porque eu era excelente leitora." Sobre seu amor pela leitura e sua paixão em estimular os outros a fazerem o mesmo por intermédio de seu hoje famoso "clube do livro", afirmou: "Quero ajudar as pessoas a criarem uma visão ambiciosa para sua vida. Uma coisa é ganhar um Emmy. Outra é instilar o hábito da leitura em pessoas que não pegam em um livro desde a época da escola, e assim mesmo só por obrigação, e fazê-las ter uma visão diferente a respeito da vida por causa da leitura."

Às vezes, quando pregamos os benefícios da leitura, as pessoas pressupõem que estamos nos referindo apenas à leitura como entretenimento. Afirma que já lêem vários romances por mês. Certamente a leitura é entretenimento. Mas quando falamos em ler bons livros, não estamos nos referindo ao último suspense de vendagem excepcional que não conseguimos parar de ler, tampouco a livros que podem ser lidos "em uma sentada". Como disse o evangelista e escritor A. W. Tozer: "O melhor livro é aquele que nos coloca em um fluxo de pensamento que nos carrega para longe do livro em si." Nossa leitura deve ser orientada por nossa necessidade e pelo desejo de crescer como líderes, transformando-nos em pessoas melhores. O famoso acadêmico do século XVIII, Dr. Samuel Johnson, certa vez iniciou uma discussão com o Rei da Inglaterra: "Imagino, Dr. Johnson, que o senhor leia muito", disse o rei. Ao que ele respondeu: "É verdade, sua majestade, mas *penso* muito mais do que leio." Nossas leituras não devem ser apenas voltadas ao entretenimento; elas devem servir também para nos estimular pessoal e intelectualmente. A leitura deve levar a pensamentos melhores, que, por sua vez, se transformam em ações melhores, que então levam a melhores hábitos, que então produzem melhores resultados, e, portanto, um futuro melhor.

De líderes como George Washington, Thomas Jefferson, Abraham Lincoln, Theodore Roosevelt e Harry Truman a escritores como Ralph Waldo Emerson, Henry David Thoreau e Ernest Hemingway, passando por artistas como Oprah Winfrey, Jimmy Buffett e Woody Allen, e figuras históricas como Sócrates, Diderot, Gustave Flaubert e Francis Bacon, os líderes são estimulados a fazer da leitura uma parte regular de sua rotina. Como talvez somente Mark Twain pudesse mesmo dizer: "Quem não lê grandes livros não tem vantagem alguma sobre quem não sabe lê-los."

### *Os líderes aprendem com gravações em áudio*

As pessoas ambiciosas estão sempre ocupadas; esta é uma regra praticamente universal. As pessoas que investem tempo na leitura de um livro sobre liderança certamente se encaixam nessa definição. Nesse sentido, qual seria um dos métodos mais eficientes para aprender continuamente em meio a uma vida tão atribulada? Resposta: por intermédio de gravações em áudio.

Em praticamente todas as áreas, existem gravações em áudio em fitas, CDs e outras mídias. São fontes convenientes de aprendizado e inspiração, pois podem ser ouvidos em praticamente qualquer lugar. Muitos dos mais bem-sucedidos líderes de hoje têm o hábito de ouvir gravações em áudio no automóvel sempre que possível. Já foi dito que qualquer pessoa que estude um assunto durante trinta minutos ao dia durante cinco anos se torna especialista no assunto. Se isso for verdade, as gravações em áudio são uma das melhores ferramentas!

As gravações em áudio também têm o benefício adicional de ensinar por intermédio do que o ouvinte escuta. Isso envolve um conjunto de funções cerebrais diferente das envolvidas na leitura. Juntas, formam uma potente combinação. Algumas pessoas aprendem mais visualmente, enquanto outras aprendem mais auditivamente. Uma rotina constante de livros e fitas de áudio mistura esses dois métodos de aprendizado e maximiza a educação do líder.

Por fim, os líderes devem procurar gravações em áudio produzidas pelos melhores profissionais do mercado. Por intermédio desse método, os líderes podem aproveitar o princípio de aprender com a experiência dos outros e, na verdade, aprender com vários mentores ao mesmo tempo. Em alguns casos, essa será a única exposição que os líderes terão aos mentores até terem sucesso em um nível mais alto.

Os grandes líderes sabem que o tempo que dedicam às gravações em áudio não se destina ao entretenimento, e sim à educação. E os verdadeiros líderes aproveitam todas as oportunidades que podem ter, realizando mais de uma atividade ao mesmo tempo. Quando se ouve uma gravação em áudio no carro, durante o banho ou a realização de pequenas tarefas cotidianas, há uma grande economia de tempo. Os líderes entendem o poder da educação passiva por meio de tais gravações e as vantagens a serem obtidas com a realização de múltiplas tarefas simultaneamente como maneira de otimizar suas oportunidades educacionais.

### *Os líderes aprendem com vídeos*

Os vídeos, em sua maior parte, combinam os benefícios da leitura com os das gravações em áudio, na medida em que oferecem algo tanto para as pessoas cujo principal canal de aprendizado é visual quanto para aquelas cujo principal canal de aprendizado é a audição. Os vídeos também podem ser uma forma de comunicação extremamente clara, em que gráficos, figuras, fotografias e outras formas de imagem são benéficos. O famoso treinador de vendas e escritor Zig Ziglar afirmou que mais de dois terços da comunicação é "não-verbal". Os vídeos ajudam o aprendiz a captar os componentes visuais da comunicação, ao lado dos auditivos, ampliando assim a compreensão.

Os líderes aproveitam toda e qualquer oportunidade de aprendizado disponível na busca de maior eficácia da liderança, e isso normalmente inclui vídeos informativos e de aprendizado.

### *Os líderes aprendem associando-se a outros líderes bem-sucedidos*

Diz-se que "pássaros de mesma plumagem voam juntos". Outro ditado diz: "Diga-me com quem andas e te direi quem és." "Somos produto dos livros que lemos, das coisas que ouvimos e das pessoas com as quais nos associamos", diz outro. Todos esses ditados transmitem a mesma verdade: que nos tornamos muito parecidos com as pessoas com as quais escolhemos nos associar. Por isso, os líderes precisam buscar outros líderes e com eles se associar.

Isso pode e deve ser feito de maneira interpessoal, bem como por intermédio de seminários e simpósios nas áreas de liderança e na área específica em que o líder atua. Existe algo de mágico em reunir-se com outros líderes que pensam do mesmo modo e perseguem objetivos comuns. Participar de seminários e conferências reforça as convicções do líder e o ajuda a desenvolver relacionamentos com outros líderes que podem durar para o resto da vida e mostrar-se mutuamente benéficos. O escritor James Autry cita um cliente: "Nosso negócio se baseia em relacionamentos. Sinto [que as pessoas de nossa equipe] têm de se associar com outras pessoas da empresa, têm de ser membros de alguma coisa. Pois, sem essa associação, a noção de que participam de algo ou, dito de outra forma, sem a noção de que participam de um esforço conjunto, a [pessoa] perde o foco naquilo que o grupo está tentando realizar."

Robert Kiyosaki disse: "Sua renda será a média da renda das cinco pessoas com quem você mais anda." Mas a história mais impressionante sobre o poder da associação vem de Mark Victor Hansen, co-autor de um livro muito popular, da série *Canja de galinha para a alma*. No início de sua carreira, ele teve a oportunidade de conhecer um treinador e escritor de sucesso, Tony Robbins. Robbins lhe questionou sobre o nível de renda das pessoas com as quais Hansen se associava mais regularmente para discutir carreiras e compartilhar idéias. Hansen respondeu que a faixa de renda ficava entre US$5 e US$6 milhões ao ano. Robbins respondeu que todos em seu grupo pessoal de afiliação ganhavam em torno de US$100 milhões por ano, o que explicava sua óbvia diferença de renda!

Embora em geral as pessoas não comecem a carreira tendo acesso a indivíduos de sucesso estrondoso, podemos nos esforçar para ler ótimos livros e participar de conferências e seminários dados por pessoas que se tenham saído bem no campo escolhido. Isso nos faz afirmar que só nos associando ao sucesso poderemos começar a entender com mais clareza o raciocínio por trás desse sucesso. Segue-se então que, se tivermos oportunidade de passar mais tempo ao lado das pessoas que se encontram em um nível de sucesso muito acima do nosso, devemos tratar esse tempo com respeito e valor, pela oportunidade de aprendizado que é!

### *Os líderes aprendem com treinadores e mentores*

Já discutimos as muitas razões pelas quais a busca de conselhos é essencial para o crescimento e desenvolvimento de um líder. Treinadores e mentores têm o que podemos chamar de "frutas na árvore", o que significa que fizeram realizações significativas nas áreas em que o líder opera, ou que provaram ser capazes de desenvolver habilidades na área do líder. Andy Stanley escreve em *The Next Generation Leader*: "Você nunca maximizará seu potencial em qualquer área sem a orientação de um treinador ou mentor. É impossível. Você pode ser bom. Pode até ser melhor do que qualquer outra pessoa. Mas sem ajuda externa, nunca será tão bom quanto poderia. Todos nós podemos nos sair melhor quando alguém está observando e avaliando."

Existe uma tênue linha divisória entre os termos "treinador" e "mentor" conforme serão usados aqui. Treinador (*coach*) é alguém que estimula, orienta e desenvolve o *desempenho* de outro. Mentor é alguém que molda e desenvolve a própria composição e caráter de outra pessoa. Os líderes devem buscar e encontrar treinadores e mentores dignos de credibilidade, utilizando-os regularmente como pedra fundamental de seu processo de aprendizado.

### *Os líderes aprendem com a ação*

Os métodos de aprendizado que vimos discutindo podem ser classificados como de natureza teórica, mas a teoria só leva o processo de aprendizado até um determinado ponto. Como diz um velho provérbio: "Não deixe que todo o seu aprendizado leve ao conhecimento; deixe-o levar à ação." A teoria não é instrução em si; é o aquecimento para a experiência real.

Certa vez, um aprendiz perguntou a seu mestre de onde ele havia extraído tanta sabedoria. "A sabedoria vem do bom julgamento", respondeu o mestre. "Mas onde se obtém o bom julgamento?", perguntou o aprendiz. "Só se adquire a capacidade de fazer um bom julgamento depois de se passar repetidamente pelo mau julgamento", respondeu o mestre.

Na basta apenas "vivenciar" as experiências. A sabedoria não é subproduto da passagem do tempo. É na experiência avaliada que a verdadeira educação ocorre. Os líderes devem testar tudo que aprendem com as perguntas "Como posso aplicar isso ao que estou fazendo?" e "Como posso aprender com o que acaba de acontecer?" Segundo Warren Bennis, "os líderes aprendem liderando e aprendem melhor quando estão liderando à frente de obstáculos". A teoria aplicada à experiência ativamente é o melhor professor do líder.

**Não deixe que todo o seu aprendizado leve ao conhecimento; deixe que leve à ação.**

### *Os líderes aprendem controlando o fluxo*

A educação não considera meramente o que deve ser incluído; concentra-se também no que deve ser deixado de fora. Isso se chama "controlar o fluxo". Um líder controla de perto a qualidade do que pode entrar em seu cérebro. Todos os dias, há uma inundação de informações e pontos de vista, opiniões, comentários, fofocas, calúnias, libelos, informações equivocadas, propaganda ou simplesmente "porcaria para o cérebro". Torna-se então necessário filtrar ao máximo possível o que não é adequado ao crescimento. Para isso, talvez seja necessário dar adeus aos velhos hábitos, entre eles televisão, noticiários, jornais e rádio em excesso. Os motivos são muitos.

Em primeiro lugar, os meios de comunicação modernos, em todas as suas variadas formas, tomam muito do nosso tempo. Diógenes, escritor grego do século III, disse: "O tempo é a coisa mais valiosa que um homem pode gastar." Os líderes protegem seu tempo com todo cuidado e sabem que cada hora é preciosa. O tempo desperdiçado com informações inúteis é um tempo que poderia estar sendo dedicado a feitos mais importantes, e certamente é um tempo que poderia ser dedicado ao aprendizado de coisas valiosas. Uma característica dos grandes líderes é a intensidade de seu foco. Foco envolve bloquear as distrações, e concentrar-se no objetivo em questão. O tempo recuperado depois que se desliga a televisão ou o rádio pode ser mais bem utilizado ouvindo-se gravações em áudio, lendo bons livros ou pensando e planejando.

**Foco envolve bloquear as distrações, e concentrar-se no objetivo em questão.**

Segundo, a mensagem predominante transmitida pela maior parte dos meios de comunicação é a de "celebração da mediocridade". Atitudes e normas que são tudo, menos normais, são veiculadas pelas várias mídias atuais e têm um efeito debilitante sobre as nossas atitudes. Começamos a chamar de normal o anormal, e de anormal, o normal. A arma mais forte do líder é a defesa de seu caráter e de seus valores. Permitir sua erosão para fins de "entretenimento" ou de "manter-se informado" é irresponsabilidade. Lembre-se: os líderes têm o futuro dos outros em suas mãos. Se quiserem que sua direção esteja clara, sua mente também deve estar.

Diz a Bíblia: "Quanto ao mais, irmãos, tudo o que é verdadeiro, tudo o que é honesto, tudo o que é justo, tudo o que é puro, tudo o que é amável, tudo o que é de boa fama, se há alguma virtude, e se há algum louvor, nisso pensai." (Filipenses, 4:8) Controlar o fluxo é controlar os pensamentos que assolam nossa mente.

## Aprendizado ativo: Theodore Roosevelt: "Uma campanha de autotransformação"

Ele nasceu rico no leste dos Estados Unidos. Mas era de constituição frágil, a asma o castigava, suas pernas eram finas e pequenas, e seus colegas de escola caçoavam dele incessantemente. Quando ainda era pré-adolescente, o pai lhe disse: "Você tem a mente, mas não tem o corpo, e sem a ajuda do corpo, a mente não pode ir tão longe quanto deveria. É preciso fazer o *corpo*. Tarefa difícil esta de fazer um corpo, mas sei que você vai conseguir."

Foi então que, um dia, ele encontrou um poema intitulado "The Flight of the Duchess", de Robert Browning, que descrevia um jovem duque:

> The prettiest little ape...
> That ever affronted human shape.
> All that the old Duke had been without knowing it
> This Duke would feign know he was, without being it.*

Como disse a um entrevistador mais para o fim de sua vida, esse poema e a imagem de si contida em suas palavras o levaram a agir.

O pai de Theodore Roosevelt montou uma academia em casa para o filho tímido e delicado, que logo começou a trabalhar com vigor. Já interessado em aprender e tendo descoberto recentemente que grande parte do fato de ser atrapalhado tinha a ver com sua necessidade de usar óculos, o jovem logo aumentou a intensidade de seu autodidatismo, chegando a um ritmo vigoroso que continuaria durante toda a sua vida.

---

*Nota da Tradutora*: O mais lindo macaco/A insultar a forma humana. Tudo que o velho Duque foi, sem o saber/Este Duque fingia saber ser, sem o ser.

Não decorreu muito tempo até que o jovem "Teddy" ganhasse força e confiança em si. Seu diário pessoal mostra um declínio acentuado da doença após esse período e, no mês de agosto de 1871, ele parece ter conseguido passar um mês inteiro gozando de boa saúde, o período mais longo em vários anos. Começou subindo montanhas e nadando em corredeiras geladas, e descobriu um enorme interesse por ciência natural. Lia incansavelmente, o que levou um dos amigos da família a considerá-lo "o bruto mais estudioso que já conheci em minha vida". No entanto, um incidente ocorrido com o jovem Theodore Roosevelt lhe mostraria que ele ainda tinha um longo caminho diante de si. Em suas próprias palavras:

> Depois de ter um ataque de asma, fui enviado sozinho para o Moosehead Lake. Na viagem, encontrei outros meninos, mais ou menos da minha idade, porém muito mais competentes e muito maliciosos. Eles descobriram que eu estava predestinado a ser uma vítima, e resolveram tornar a vida insuportável para mim. O pior é que, quando finalmente tentei lutar com eles, descobri que todos eles podiam não apenas me vencer com facilidade, como também me segurar de modo a não me machucar muito e ainda impedir que eu lhes causasse qualquer dano.

Segundo o biógrafo Edmund Morris, ganhador do prêmio Pulitzer, "a humilhação forçou Roosevelt a perceber que seus dois anos de musculação o haviam levado a alcançar apenas resultados simbólicos. Por mais notável que o progresso obtido lhe parecesse, pelos padrões externos ele ainda era um fracote. Foi então que decidiu juntar-se ao que mais tarde chamaria de 'associação dos executores'. Se havia se exercitado antes, agora deveria se exercitar duas vezes mais".

Roosevelt começou a lutar boxe, a caçar e a realizar todo tipo de atividades vigorosas. Quando a doença atrapalhava seus estudos, implorava a seu tutor que dobrasse as lições, para que não ficasse para trás. A família, dispondo de meios materiais, viajou pelo mundo e por meio dessas viagens o jovem Roosevelt adquiriu conhecimentos, andando de barco pelo Nilo ou visitando as grandes pirâmides.

Os esforços de Roosevelt acabaram sendo recompensadores. Ele começou a mostrar sinais dos robustos músculos peitorais que mais tarde o tornariam famoso, e havia adquirido o hábito de ler, aprender e pesquisar, o que o levaria às suas impressionantes conquistas na vida adulta.

Foi então que, aos 22 anos, durante um exame físico de rotina realizado quando ele estava prestes a terminar a faculdade, Roosevelt foi informado de que tinha o coração fraco. Qualquer atividade mais vigorosa poderia ser um grave risco à saúde; o médico o aconselhou veementemente a levar uma vida sedentária. Caso contrário, estaria desafiando a morte. Roosevelt respondeu imediata e abruptamente, dizendo: "Doutor, vou fazer tudo que o senhor está me dizendo para não fazer. Se precisar ter o tipo de vida que o senhor descreveu, não importa que minha vida seja curta."

Roosevelt foi fiel à sua declaração. Esforçou-se ainda mais e logo estava superando os outros em resistência física e capacidade atlética. Um de seus parceiros no box elogiou sua ética no trabalho e determinação, afirmando que Roosevelt era um atleta "fabricado", e não um atleta "natural". O próprio Roosevelt disse: "Por ter sido um menino desajeitado e doente, quando jovem, inicialmente sentia-me nervoso e inseguro, desconfiando de minhas próprias proezas. Tive de treinar dolorosamente e com toda dedicação não apenas meu corpo, mas também minha alma e meu espírito." James M. Strock escreveu no livro *Theodore Roosevelt on Leadership*: "[Ele] assumiu desafios cada vez mais audaciosos. Buscava mais do que exercícios corporais, expressando admiração pelos 'esportes que desenvolvem qualidades como coragem, resolução e resistência'." Em sua autobiografia, Roosevelt escreveu:

> Existem dois tipos de sucesso, ou dois tipos de habilidade exibidos na conquista do sucesso. Primeiro, há o sucesso... que chega para aquele que tem a capacidade natural de fazer o que ninguém mais consegue e que quantidade alguma de treinamento, perseverança ou força de vontade permitirá que outros façam. Esse é o tipo mais impressionante de sucesso e só pode ser obtido pelo homem que tem em si a qualidade que o separa dos outros. Porém, o tipo mais comum de sucesso em todos os níveis da vida e em todas as espécies de esforço é aquele conquistado por quem se diferencia de seus pares não pelo tipo de qualidade que possui, mas pelo grau de desenvolvimento que atribui a essa qualidade. Esse tipo de sucesso está aberto a um grande número de pessoas, desde que elas estejam determinadas a alcançá-lo. É o tipo de sucesso que está

> acessível ao homem comum... que não possui atributos mentais ou físicos notáveis, mas que depende do desenvolvimento das atitudes que ele possui. É somente esse tipo de sucesso que está disponível à maior parte das pessoas. No entanto, alguns dos maiores sucessos da história foram desse segundo tipo.

Com base nesse "segundo tipo de sucesso", a vida de Roosevelt tornou-se uma campanha de autotransformação. Mais tarde, ele diria: "Nunca conquistei nada na vida sem me esforçar muito, sem exercer meu melhor julgamento ou planejar com muito cuidado e bastante antecedência." Em *The Rise of Theodore Roosevelt*, Edmund Morris disse: "Mesmo seus momentos livres eram repletos de atividade mental, física ou social. 'Ele nunca parava', disse um colega de classe. Outro se admirou: 'Nunca conheci ou soube de um homem que tivesse uma gama de interesses tão vasta.' Ao cair na cama, à meia-noite, ou de madrugada, Theodore podia se dar ao luxo do cansaço saudável, satisfeito por não ter desperdiçado um minuto sequer de seu dia."

Elting Morison escreveu: "Ao longo de toda a sua vida, há uma surpreendente determinação. As energias e os talentos que ele possuía não estavam em harmonia desde o nascimento; foram, ao longo dos anos, organizados e direcionados por uma força de vontade esplêndida e duradoura." Segundo James M. Strock, "o aprendizado era, de fato, uma parte vital da liderança de Roosevelt – uma força viva. Sua preparação para a liderança por meio do domínio pessoal começou com livros à cabeceira. Seus anos de liderança foram constantemente informados e ampliados por leituras, escritos, conversas, correspondências e uma busca extraordinariamente ampla... de experiência. A sede de aprendizado de Roosevelt nunca se extinguiu. Como executivo, Roosevelt freqüentemente desenvolvia relacionamentos especiais com... especialistas, indo além da transmissão de informação e conhecimento".

O programa de domínio pessoal e a determinação no aprendizado de Roosevelt geraram uma vida produtiva cuja análise é quase intimidadora. Viajou muito – das pirâmides do Egito à selva amazônica, de castelos europeus a safáris na África e caçadas no Oeste norte-americano. Serviu na Guarda Nacional de Nova York. Mais tarde, formou o próprio regimento durante a Guerra Hispano-Americana e ganhou fama nacional como o destemido comandante que liderou o regimento Rough Rider em um ataque na batalha de San Juan, em Cuba. Adquiriu e administrou um rancho de gado em Badlands, Dakota, quando o Oeste ainda era verdadeiramente "selvagem".

Durante um inverno, bandidos roubaram seu barco do rio que passava pela sua propriedade. No meio de uma tempestade, Roosevelt seguiu os bandidos por vários quilômetros rio acima e os rendeu, amarrando-os e transportando-os de volta para a cidade. Quando não estava nessas aventuras, Roosevelt fundou a National Collegiate Athletic Association e tornou-se presidente da American Historical Association. Escreveu 38 livros. E, de quebra, foi pai e marido dedicado e participativo.

Ocupou diversos cargos públicos: presidente da New York City Police Commission; prefeito da cidade de Nova York; secretário assistente da Marinha; governador de Nova York; vice-presidente dos Estados Unidos e, aos quarenta e poucos anos, tornou-se o mais jovem presidente dos Estados Unidos. Seus esforços como presidente resultaram na criação de reservas e parques nacionais abrangendo 230 milhões de acres de terra, entre eles o Yellowstone, o Grand Canyon e o Yosemite. Foi vital na revolução que levou à criação do Panamá e na posterior construção do Canal do Panamá. Sua administração criou o Departamento de Comércio, o Departamento de Trabalho, o Serviço Florestal dos Estados Unidos, e fortaleceu significativamente a Marinha dos Estados Unidos. Iniciou a criação do Food and Drug Act e o Federal Employers'Liability Act, além de ter reduzido a dívida interna em US$90 milhões. Mediou o Tratado de Portsmouth, encerrando a guerra Russo-Japonesa. Foi o primeiro norte-americano a ganhar o prêmio Nobel e, depois de morto, recebeu o prêmio Medalha de Honra, o que fez dele o único norte-americano a ser agraciado com os dois prêmios.

Certa vez, Roosevelt cumprimentou, uma a uma, 8.150 pessoas em um só dia, o que lhe garantiu um lugar no *Guiness Book of World Records*. Foi também um dos primeiros norte-americanos a voar de avião e um dos primeiros a andar de submarino, e continua sendo a única personalidade do país a levar um tiro no peito à queima-roupa e subseqüentemente fazer um discurso de noventa minutos antes de buscar ajuda médica. (A bala permaneceu em seus músculos do tórax até o dia de sua morte, mais de seis anos depois.)

Depois de ler sua impressionante e diversificada lista de conquistas, é importante lembrar que o próprio Roosevelt atribuiu todos os seus feitos ao "segundo tipo" de sucesso, o tipo que as pessoas buscam deliberadamente. Como concluiu Hermann Hagedorn: "A história de Theodore Roosevelt é a história de um menino que leu sobre grandes homens, decidiu que queria ser igual a eles... e conseguiu." Strock disse: "Roosevelt via-se como um autodidata, um homem que se fez sozinho, na medida em que 'fez' o corpo, fortalecendo simultaneamente a mente e o espírito."

Theodore Roosevelt talvez seja o melhor exemplo disponível do Primeiro Nível de Influência. Avaliou com toda honestidade onde se encontrava em todos os aspectos – intelectual, espiritual, físico e emocional – e percebeu que *não sabia o que não sabia*. Foi então que decidiu fazer algo a respeito. Buscou a educação em todas as suas formas (*Somos tão bons quanto o que aprendemos*), lendo, viajando, aprendendo com muitas pessoas diferentes, buscando o aconselhamento de especialistas, perguntando e ouvindo e, acima de tudo, por meio de sua enorme capacidade de ação, *aplicando* tudo que aprendeu à sua vida cotidiana. Viu o aprendizado como uma das maiores alegrias e privilégios da vida e mergulhou nele com voracidade, continuando a aprender, crescer e mudar ao longo de toda a sua vida enérgica. Preso ao Primeiro Nível de Influência ao longo de sua juventude, ele acabaria ultrapassando seus limites e subindo os degraus da escada da influência, dizendo: "A vida nos traz tanto tristezas quanto alegrias. O que fazemos delas – e não o que elas fazem de nós – é o verdadeiro teste de nossa índole."

## Resumo

Os líderes não concluem o Nível 1 e sobem para os outros níveis sem ter dominado os aspectos fundamentais do aprendizado. Se o líder quiser sobreviver, o aprendizado precisa se tornar um estilo de vida consistente. É nesse Primeiro Nível de Influência que o líder desenvolve e continua a desenvolver as habilidades que o levarão a enfrentar os desafios que estão por vir. Por intermédio do processo de aprendizado, a competência do líder deve se tornar óbvia para todos. E é quando isso começa a acontecer que o líder avança para o Segundo Nível de Influência.

CAPÍTULO 7

# O segundo nível de influência: Desempenho

*Quando seu trabalho falar por si, não interrompa.*

– HENRY J. KAISER

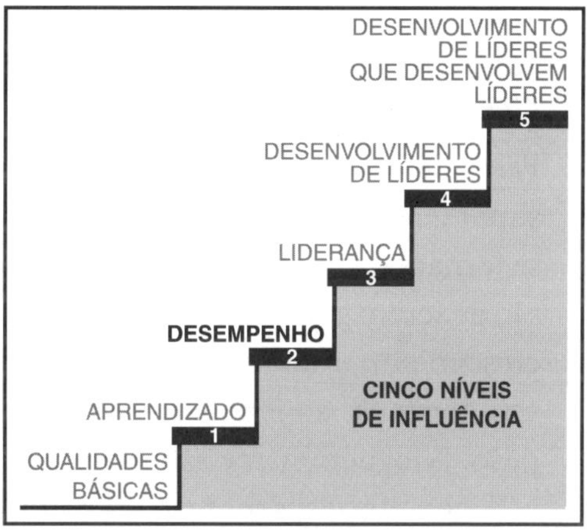


O segundo Nível de Influência está relacionado ao desempenho. Se um líder não fosse além do Nível 1, na verdade não realizaria muito. Isso porque, mais do que em qualquer outro nível, o Primeiro Nível é, em grande parte, preparatório para os próximos níveis. É no Segundo Nível que começam as realizações. Neste capítulo, os termos Líder do Nível 2 e Desempenho serão intercambiáveis.

No Segundo Nível de Influência, a criança jogadora de futebol do capítulo anterior agora está se concentrando no desempenho fundamental. Continua a aprender, é claro, mas sua maior prioridade é marcar gol, bloquear jogadas e tornar-se a principal jogadora do time.

## Pressupostos ou a "arte" do desempenho

Chegar ao nível do desempenho requer uma determinada mentalidade. Começa com os pressupostos ou mentalidades corretas. Sem a mentalidade certa, sem os pressupostos adequados, os pensamentos de uma pessoa limitam significativamente seu desempenho. A forma de pensar adequada é o alicerce das ações adequadas, e as ações adequadas dão origem ao desempenho. Assim, para chegar o Nível 2, um grande passo na estrada para se tornar um líder, é preciso internalizar vários pressupostos, operando segundo eles.

### *Os executores entendem que os resultados são fruto do esforço pessoal*

No Segundo Nível de Influência, as realizações do líder são fruto de seu trabalho pessoal. Sua influência depende de sua habilidade de desempenho, e nada mais. Mas o Segundo Nível é essencial e pode ter um impacto significativo, como veremos. É também um pré-requisito para qualquer Nível de Liderança posterior.

### *Os executores entendem que os campeões não nascem sabendo*

Para quem é novato na questão do sucesso ou da liderança, é comum pressupor que os campeões já nasceram assim. Ledo engano. Os campeões só se tornam campeões por intermédio do compromisso que se segue à decisão de serem grandes. Esse compromisso é então aplicado ao aprendizado, crescimento, mudança, desempenho, ajuste e aperfeiçoamento. Aplique essa fórmula, ao longo do tempo, com entusiasmo, e nascerá um campeão. Ninguém nasce sabendo.

Tiger Woods, sensação do golfe, é um jogador dominante. Conquistou quase todos os títulos imagináveis no mundo do golfe. Para muitos, ele pareceu ter surgido no cenário de golfe internacional abruptamente, "do nada". Na verdade, sua jornada até o topo foi longa e penosa, na verdade planejada. Aos cinco anos, um programa de televisão de veiculação nacional mostrou Woods praticando diariamente, para um dia "vencer Jack Nicklaus". Era uma meta e tanto para qualquer pessoa, ainda mais para um menino de cinco anos! Mas Tiger Woods viveria para atingir essa meta, e também centenas de outras.

**"Na verdade, sou um sucesso instantâneo. Mas foram necessários vinte anos!"**

Nas histórias dos grandes realizadores vemos sempre que os campeões esforçam-se para chegar lá. Com disse Monty Hall, "na verdade, sou um sucesso instantâneo. Mas foram necessários vinte anos!"

### *Os executores sabem que haverá muitas oportunidades de se sentirem em segundo lugar*

Às vezes, as pessoas lutam para se tornar Executores, mas se deparam com uma auto-imagem ruim. Além disso, são inúmeras as situações que nos expõem a esse sentimento de inadequação. Todos já passamos por isso. Mas os executores sabem que podem ter sucesso apesar disso, não na ausência disso. É uma decisão. Às vezes, não nos sentimos dignos de uma determinada realização, por isso temos de nos tornar dignos. Talvez não nos sintamos à altura de nossas metas, e é exatamente esse o motivo do crescimento pessoal deliberado. Como nosso potencial vai além de nossa realidade atual, é natural sentir certa inadequação. O crescimento pessoal elimina essa lacuna. Para concretizar nosso potencial, o crescimento não é opcional. É necessário. Os executores pegam seus sentimentos de inadequação e os invertem, preferindo vê-los como medidas de seu potencial total.

### *Os executores entendem que nada na vida é fácil*

O presidente Theodore Roosevelt disse: "Ainda não houve uma pessoa sequer em nossa história que tenha tido uma vida fácil e de cujo nome valha a pena lembrar."

O sucesso não vem fácil e, mesmo que venha, na realidade não é sucesso. Quem ganha na loteria normalmente perde toda a fortuna alguns anos depois e acaba pior financeiramente do que estava antes de ganhar. Isso

**O sucesso está sempre do outro lado da inconveniência.**

porque não aprenderam algo tivesse crescimento pessoal que levasse à riqueza, e sem as lições que a conquista da riqueza traz, não é possível manter a riqueza.

O sucesso cobra seu preço, mas também gera prêmios. Sempre haverá uma troca do esforço pela recompensa. Os executores sabem que nada vem fácil, tampouco esperam que as coisas aconteçam da noite para o dia. Eles sabem que o sucesso está sempre do outro lado da inconveniência. Tornar-se um executor exige uma maturidade que funciona para algo ainda não visto, que tem fé em um desfecho apenas imaginado e que persiste quando os outros desistem.

O esforço gera suas recompensas somente depois que uma pessoa se recusa a desistir. A persistência é o segredo. Robert Strauss disse, a respeito do sucesso: "É mais ou menos como lutar com um gorila. A pessoa não desiste quando cansa – desiste quando o gorila cansa."

### *Os executores não esperam tratamento justo*

Observe um grupo de pessoas brincando e você verá que é apenas uma questão de tempo antes que uma delas grite: "Não é justo." Desde cedo, parece que temos noção de justiça. Os executores sabem que, na vida, haverá inúmeras situações que não são justas. Sempre haverá pessoas que nos farão mal, nos passarão para trás, mentirão, roubarão ou farão os outros sofrerem. Os executores levam isso em consideração e buscam a excelência de qualquer forma, concentrando-se apenas no que podem controlar.

Na parede do lar para crianças da Madre Teresa de Calcutá havia a seguinte inscrição:

DE QUALQUER MANEIRA

As pessoas são irracionais, ilógicas e centradas em si.
AME-AS DE QUALQUER MANEIRA.
Se você fizer o bem, as pessoas o acusarão de egoísmo.
FAÇA-LHES O BEM DE QUALQUER MANEIRA.
Se você tiver sucesso, terá falsos amigos e inimigos de verdade.
TENHA SUCESSO DE QUALQUER MANEIRA.
O bem que você fizer será esquecido amanhã.
FAÇA O BEM DE QUALQUER MANEIRA.
A honestidade e a franqueza o tornarão vulnerável.
SEJA HONESTO E FRANCO DE QUALQUER MANEIRA.
O que você passou anos construindo será destruído da noite para o dia.
CONSTRUA DE QUALQUER MANEIRA.
As pessoas precisam de ajuda, mas podem atacá-lo se você ajudá-las.
AJUDE-AS DE QUALQUER MANEIRA.
Dê ao mundo o que de melhor você tiver e levará um soco na boca.
DÊ AO MUNDO O QUE DE MELHOR VOCÊ TIVER DE QUALQUER MANEIRA.

Há um ditado nos esportes que diz que o time deve jogar bem o suficiente para ter um desempenho melhor do que os árbitros. Isso significa que às vezes as decisões não o favorecerão. No campeonato, o time espera isso e decide jogar bem o suficiente para compensar duas ou três decisões acertadas. É assim que os aspirantes a Líder devem se comportar. Devemos nos preparar e ter um desempenho bom o bastante para compensar qualquer possível limitação que possa surgir ao longo do caminho.

A vida não é justa e, mais cedo ou mais tarde, isso será um fato para todos. Os líderes precisam saber disso e vencer de qualquer maneira.

### *Os executores sabem que sempre haverá críticas*

Na jornada para o sucesso, o grito dos críticos é o som mais alto que os executores podem ouvir. As críticas são numerosas e constantes. Surgem sempre que alguém tenta fazer alguma coisa que valha a pena. Os executores sabem disso e aprendem a ignorar as críticas, mantendo-se fiéis a seu propósito e visão. Como foi dito, a maneira mais certa de fracassar é tentar agradar a todos.

Sam Walton, o bilionário fundador da Wal-Mart, disse: "Nade contra a corrente. Ande na direção contrária. Ignore a sabedoria convencional. Mas prepare-se para ver as pessoas acenarem, dizendo que você está no caminho errado."

Aprender a se tornar um Executor implica desenvolver uma couraça de proteção. Os grandes líderes da história alcançaram seus feitos em meio a inúmeras críticas, e não na ausência delas.

Abraham Lincoln, um dos presidentes mais queridos dos Estados Unidos por preservar a União durante a tumultuada Guerra da Secessão e por colocar um ponto final na escravidão de uma vez por todas, talvez seja o melhor exemplo. A eleição de Lincoln à presidência precipitou a tempestade que vinha se anunciando há muito tempo. Entre o momento de sua eleição e o de sua posse, vários estados saíram dos Estados Unidos e formaram seu próprio país. Os novos Estados Confederados da América haviam rapidamente adquirido o controle dos redutos militares no território do Sul. Controlavam praticamente o Rio Mississippi inteiro e ansiavam pela hora de atacar a capital, Washington, totalmente indefesa. O Exército dos Estados Unidos era pequeno e não estava preparado para a guerra. Foram feitas ameaças à vida de Lincoln e a ocasião de sua posse foi cercada de medo. Donald T. Phillips escreve em *Lincoln on Leadership*: "A nação vivia uma crise mais grave e mais ameaçadora do que qualquer outro momento na história americana... e não havia liderança efetiva no governo."

**Aprender a se tornar um Executor implica desenvolver uma couraça de proteção.**

Contra toda essa oposição estava Abraham Lincoln, um desconhecido advogado do interior que sequer tinha o respeito de seu gabinete. Sua experiência política consistia em um único mandato no congresso e até mesmo sua eleição à presidência ocorrera com uma minoria do voto popular.

O presidente Lincoln persistiu às críticas mais hostis que alguém poderia imaginar, sob graves circunstâncias e em meio a enorme sofrimento pessoal (provocado pela morte do filho). Mas não buscou a aprovação dos outros ou a adulação da multidão. Ele se concentrou em seu objetivo maior de preservar a União e tinha como princípio o fato de "o certo faz a força".

Em menor grau, os Executores em qualquer área precisam aprender essas mesmas lições, percebendo que aquele que diz que não pode ser feito nunca deve servir como obstáculo àquele que o realiza. Lembre-se: ninguém jamais faz nada digno de mérito sem ser criticado.

Talvez o confederado Robert E. Lee tenha expressado de maneira mais sucinta: "É melhor seguir inabalável no cumprimento de nosso dever com o melhor de nossa habilidade, deixando todo o resto ao julgamento mais ponderado do futuro e a uma esfera mais justa."

### *Os executores sabem que sempre haverá adversários*

A concorrência nunca dorme, por isso vencer é como perseguir um alvo móvel. Os executores precisam desenvolver a maturidade para perceber que sempre haverá rivais, sempre haverá oposição a suas conquistas e realizações. Este rival pode aparecer sob a forma de uma competição saudável por certo cargo, ou pode ser uma pessoa comprometida em se opor a seu sucesso e trabalhar para garantir seu fracasso. Mas, qualquer que seja a forma da oposição, sempre haverá oposição à grandeza. Os executores sabem disso e usam a oposição para se aperfeiçoar. Certa vez, um atleta olímpico disse: "A competição só existe para me manter honesto, garantindo a possibilidade de extrair o melhor desempenho de mim mesmo."

### *Os executores entendem que a vitória sempre virá para aqueles que se prepararem*

Hank Aaron, gigante do basquetebol, disse certa vez: "No jogo ou na vida, eventualmente temos oportunidade de fazer algo grandioso. Quando chega a hora, só duas coisas importam: estar preparado para aproveitar o momento e ter a coragem de dar seu melhor golpe."

Pat Summitt, lendário treinador do time de basquete Lady Volunteers, da Universidade do Tennessee, observa que "todos querem vencer. Mas pouquíssimas pessoas estão dispostas a se *preparar* para vencer. Não há muito que se possa controlar nessa vida – a intensidade de seu esforço é uma das coisas que se pode controlar". O sucesso vem quando oportunidade e preparação se reúnem. É o que uma pessoa faz quando não há resultados visíveis que determinam a altura de sua grandeza mais adiante. O executor aprende a se preparar quando não há aplausos ou feedback positivo, confiando no dia em que surgirá a oportunidade de fazer todo o seu esforço ser recompensado. Christian Laettner, que jogou basquete sob a orientação do treinador Mike Krzyzewski, ou "Coach K", na Duke University, disse: "Vencíamos campeonatos na Duke por causa do que acontecia nos bastidores." O treinador John Wooden disse: "É preciso... perceber que [seu] objetivo será um subproduto de todo o esforço que você fez ao longo do caminho – seu preparo. É nesse preparo que reside o verdadeiro sucesso." Segundo o astronauta John Glenn, "o maior antídoto à preocupação, independente de você estar se preparando para um vôo espacial ou diante de um problema da vida cotidiana, é o preparo. Quanto mais você tentar conjecturar sobre o que poderia acontecer e quais são suas melhores reações e opções, mais você poderá acalmar seus temores a respeito do futuro".

**O sucesso vem quando oportunidade e preparação se reúnem.**

A marca de um verdadeiro Executor talvez seja melhor resumida pela letra de uma velha canção de rock: "Quando meu navio chegar, estarei pronto."

### *Os executores sabem que atitude é tudo*

A atitude é de importância fundamental para entendermos o desempenho de um líder. Zig Ziglar nos diz: "Sua atitude, não sua aptidão, determinará sua altitude." Michel de Montaigne disse: "Um homem não se magoa tanto com o que acontece, e sim por sua opinião sobre o que acontece." A atitude do líder é essencial para o seu sucesso.

Um dos programas de treinamento mais puxados encontrados no exército dos Estados Unidos é a qualificação do Basic Underwater Demolition – Sea, Air, Land ou BUD/SEAL, realizado em Coronado, Califórnia. É um programa extenuante, árduo e fisicamente demandante. Muitos candidatos desistem antes de sua conclusão. O interessante é que eles não fracassam por falta de condicionamento ou de habilidade física. Segundo um dos instrutores do programa: "A atitude de um candidato tem tanto a ver com seu sucesso em Coronado quanto sua habilidade física. Não é a resistência física; é a resistência mental. O condicionamento é um subproduto da integridade pessoal." Parece que, mesmo que o corpo seja capaz, a atitude continua sendo o fator determinante.

Um dos segredos para se ter e manter uma atitude positiva é concentrar-se apenas no que se pode controlar. Como diz o ditado: "Não existe tempo ruim; só trajes inadequados!"

### *Os executores entendem que o desejo supera o talento*

Cada indivíduo vem ao mundo com um conjunto único de circunstâncias. Vida familiar, educação, relacionamentos e características físicas são totalmente diferentes. Os níveis de talento e de oportunidades variam. As pessoas não são iguais em tudo, mas os resultados dependem do esforço. Fazer o máximo possível com o que temos significa alcançar sucesso, e isso depende do desejo, da vontade.

Sêneca, moralista, filósofo e político romano, disse: "A maior parcela do progresso é o desejo de progresso." Os executores sabem que o desejo acaba superando o talento, sempre. Uma pessoa não pode modificar suas habilidades naturais, mas certamente pode controlar como utiliza o que possui.

### *Os executores nunca se dão por satisfeitos*

A Bíblia diz: "A prosperidade dos tolos os destruirá" (Provérbios, 1:32). Como mencionamos antes, a própria estrutura de apoio da liderança é a vontade: um forte desejo produtivo de afetar o *status quo* de maneira positiva. A ambição morre quando a satisfação se torna excessivamente difundida. À medida que o desempenho dos líderes começa a aparecer e o líder começa a transformar sua visão em realidade, sempre haverá a tentação de se tornar complacente ou preguiçoso, de ceder à satisfação de um trabalho

**"Anseie não pelo sucesso, mas sim pela excelência."**

bem-feito. Os executores estão prevenidos contra isso, lutando para manter o desejo aceso e ampliar ainda mais sua visão.

Nunca seremos perfeitos, mas nunca devemos deixar de tentar. Se os líderes realmente almejam a excelência, sua busca nunca estará completa e eles nunca estarão totalmente satisfeitos. Como diz o ditado: "Se o que você fez ontem ainda lhe parece grandioso, é porque você ainda não fez o bastante hoje."

### *Os executores sabem que crer é poder*

Anton Chekhov disse: "O homem é o que acredita ser." John Stuart Mill escreveu: "Uma pessoa com uma crença tem a força de 99 pessoas que têm somente interesse." No livro *What to Say When You Talk to Your Self*, o escritor Shad Helmstetter nos diz: "O cérebro acredita naquilo que você mais lhe diz. Os pensamentos com os quais você o programa, ou permite que os outros o programem, afetam, direcionam e controlam tudo a seu respeito." Parece haver uma tendência natural para que grande parte dessa "programação" tenha natureza negativa. Helmstetter continua: "Se tivermos sido criados em lares comuns, relativamente positivos, disseram-nos 'Não!', ou o que não poderíamos fazer, mais de 148 mil vezes! Quase 75% ou mais de tudo que está gravado ou armazenado em nosso subconsciente é contraproducente e trabalha contra nós – em suma, somos programados para *não ter* sucesso!" Talvez seja por isso que muitas pessoas nunca se desenvolvem como líderes e tenham dificuldade de ter sucesso. O que acreditamos que acontecerá e o que realmente acontece são, de fato, a mesma coisa. Preocupação e otimismo se equilibram. Os vencedores escolhem o poder da crença em um resultado positivo. David Schwartz diz: "Acredite, acredite realmente que poderá ter sucesso e o sucesso virá."

Consta-se a história do menino russo que tinha um relacionamento afetuoso com o pai. Como expressão desse amor, o pai lhe dizia regularmente: "Estarei sempre a seu lado, filho." Foi então que chegou o dia em que um fortíssimo terremoto atingiu a Ásia, levando ao chão a maior parte dos edifícios. A escola na qual o menino estudava foi totalmente destruída. Durante dias, o pai procurou o filho, escavando os escombros com as próprias mãos. Escavou basicamente sozinho; somente de vez em quando um transeunte o ajudava. "Desista", diziam os que viam o pai desesperado. "Você não conseguirá encontrá-lo." Mas o pai se manteve fiel à sua crença de que encontraria o filho vivo. Por fim, o menino foi encontrado em meio aos escombros – vivo – com várias outras crianças da turma que haviam acreditado nas incessantes afirmações do menino: "Meu pai vem nos buscar, Acreditem, ele vem. Ele disse que estaria sempre a meu lado, sei que ele virá!" O menino e os amigos sobreviveram sem comida e sem água durante vários dias, apenas acreditando que seriam resgatados. O pai do menino operou praticamente um milagre ao acreditar que encontraria o filho vivo.

**"Acredite de verdade em seu sucesso e ele virá."**

Crer é poder. Na verdade, as crenças controlam a realidade. A crença compele os líderes a buscarem o que parece ser inatingível aos outros. Permite às pessoas ir além do aparentemente impossível. Leva as pessoas a seguirem em frente quando todos os indícios sugerem que deveriam desistir. Os executores aprendem a estimular um forte conjunto de habilidades que lhes permite fazer o que fazem. Coisas boas normalmente ocorrem com aqueles que acreditam no que fazem!

## Ações ou a "ciência" do desempenho

Depois de uma sólida compreensão dos pressupostos que um líder em desenvolvimento deve entender para mostrar seu desempenho, é apropriado investigar as *ações* do desempenho, ou a "ciência" envolvida no processo de se tornar um executor.

### *Os executores trabalham como parte de uma equipe*

Os líderes do Nível 2 devem reconhecer que realizarão mais como parte de uma equipe maior do que fariam sozinhos. Ray Kroc, fundador da McDonald's Corporation, disse: "Nenhum de nós é tão importante quanto todos nós." Além disso, sabemos que juntos fazemos mais. Os líderes do Nível 2 precisam perceber que são um dente em uma engrenagem maior, devendo direcionar seus esforços de acordo com o que for necessário para fazer a engrenagem rodar como se pretende. Depois de ajudar o time de futebol americano New England Patriots a vencer seu terceiro campeonato em quatro anos, o jogador da defesa Ted Johnson comentou: "Criamos uma cultura de vitória, a começar por nosso proprietário... e isso permeia toda a organização. Você não pode pôr muita ênfase nas características dos caras. Nossos jogadores acreditam uns nos outros, acreditam em suas habilidades e estão dispostos a se sacrificar pelo bem maior." É assim que os vencedores funcionam como parte de uma equipe, e é assim que o time vence.

### *Os executores edificam a liderança da organização*

Junto com a compreensão de seu papel na estrutura maior da equipe, os líderes que estão no nível de Desempenho devem edificar a liderança da organização. O que significa edificar? Nesse contexto, significa "enaltecer" por meio de palavras e respeito. Isso não significa alguma estranha forma de idolatria ou adoração. A edificação de um líder é uma maneira de ampliar seu trabalho e fortalecer os elos da equipe de um modo geral. É também uma maneira de demonstrar respeito. A edificação pode ser realizada elogiando por meio de palavras, mostrando-se respeito por meio das ações e tendo o cuidado de divulgar as conquistas da liderança. Isso é importante porque prepara o palco para o tratamento dispensado ao líder por seus seguidores à medida que ele galga os Níveis de Influência em sua jornada. A edificação volta à Regra de Ouro: "Faça pelos outros o que gostaria que os outros fizessem por você." Se o líder em desenvolvimento buscar consistentemente o bem na liderança da organização e ampliar essa mensagem, o bem voltará em dobro.

### *Os executores promovem o sistema de treinamento e o ambiente de aprendizado*

Os líderes no nível do executor também devem abraçar o sistema de treinamento e o ambiente de aprendizado de sua organização. Isso significa não só extrair dele o máximo proveito para si, como também tornar-se promotor para outros na organização. Dessa maneira, o executor *amplia* sua energia em toda a organização e confere aos outros autonomia para que eles também aprendam e cresçam. Promover significa ajudar os outros a entender os benefícios de algo. Existe uma maneira adequada de se fazer isso, que envolve três passos:

1. Anunciar
2. Explicar
3. Promover

Sempre que forem promover uma faceta do sistema de treinamento, os líderes devem antes anunciá-lo claramente. Os anúncios incluem todos os fatos de algo, por exemplo, o que, quando e onde. Em seguida, os líderes devem explicar o evento ou auxiliar em seu treinamento com um nível de detalhamento suficiente para comunicar todas as informações de fundo que ajudarão o ouvinte a entender exatamente o que está sendo promovido. Finalmente, os líderes devem promover destacando a relevância do item para o ouvinte. Lembre-se: a coisa com que as pessoas mais se preocupam quando ficam sabendo de algo novo é "E o que ganharei com isso?". Nesse momento, é útil quando os líderes se dão ao trabalho de conhecer as pessoas a seu redor, como dissemos antes. Nesses casos, os líderes podem promover a notícia especificamente de acordo com as necessidades e habilidades do ouvinte, garantindo, assim, a relevância da mensagem.

Um dos segredos da promoção é o conceito de "singularidade". Ao promover qualquer faceta da organização, o líder deve perguntar primeiro: O que há de singular nisso? Talvez seja a primeira vez que tal evento tenha sido realizado ou talvez seja a última. Talvez seja uma técnica de treinamento inteiramente nova, mas que já tenha gerado resultados maravilhosos. Qualquer que seja o caso, os líderes buscam singularidade antes de começar a promover. Isso agrega valor à promoção e aumenta a relevância para o ouvinte.

Os líderes entendem que a capacidade de promover efetivamente é importante para dar autonomia à equipe, permitindo-lhes realizar novas conquistas. Quando isso acontece, todos saem ganhando.

### *Os executores seguem os métodos comprovados*

Existem determinadas técnicas e estratégias para todas as organizações e para o esforço cuja eficácia tenha sido comprovada ao longo do tempo. Os líderes a caminho do Nível 2 (desempenho) abraçam esses métodos comprovados e tentam se tornar especialistas neles. Seu objetivo é dominar esses padrões de desempenho. Há hora e lugar para a inovação e mesmo para a mudança radical, mas não nesse nível. Se o líder não tiver domínio comprovado das estratégias e dos padrões básicos, não há base para tentar iniciar a mudança. Nesses casos não será levado a sério e sua influência será mínima.

> **"Quando um cavaleiro aprender a obedecer, estará muito mais apto ao comando."**

Lembre-se: liderança representa influência. Se o líder não tiver registro de desempenho, não terá influência alguma. A maneira mais rápida e mais garantida de ganhar esse registro de desempenho é dominar totalmente os padrões de sucesso já estabelecidos em uma organização. O objetivo de qualquer líder que tente atingir o Nível 2 é fazer com que a organização inteira note sua habilidade com os padrões comprovados. Isso lhe proporcionará a plataforma e a experiência necessárias para ajudar os outros a obter resultados semelhantes. É esse o caminho da influência. Como escreveu o marques de Halifaz em 1693, "quando um cavaleiro aprender a obedecer, estará muito mais apto ao comando".

### *Os executores partem de seus pontos fortes básicos*

Se nem todos são iguais, segue-se que as pessoas são diferentes em coisas diferentes. Isso significa que algumas são melhores em algumas áreas do que outras. Os executores aprendem a usar seus pontos fortes para obter sucesso e, ao mesmo tempo, esforçam-se para minimizar as limitações de seus pontos fracos. Eles utilizam seus pontos fortes e reduzem seus pontos fracos. Ninguém é bom em tudo, mas todos são bons em *alguma coisa*. O sucesso vem da identificação de quais são seus *pontos fortes* e de seu aperfeiçoamento.

## *Os executores iniciam a atividade*

Os líderes devem realmente ter iniciativa. A iniciativa pessoal não é opcional para o líder. Cabe unicamente ao líder motivar-se. Por isso passamos tanto tempo nos dedicando aos vários tipos de motivação anteriormente neste livro. Os líderes precisam saber o que os faz andar para frente e precisam "dar corda" nesses mecanismos regularmente. Não raro, os líderes em crescimento perguntam aos mentores se eles fariam uma coisa ou outra para ajudá-los a se manter motivados; um mentor sábio responderá que embora possa estar disposto a fazê-lo, sabe que fracassará. Não há como utilizar circunstâncias externas para proporcionar motivação consistente a um líder no Nível 2. É algo a ser realizado internamente. Os líderes precisam abraçar essa verdade e lutar diariamente para se motivar a tomar a iniciativa e buscar o desempenho. Esse hábito é um indicador certo de um líder que está amadurecendo no processo de desenvolvimento.

No que diz respeito à iniciativa, gostamos do que a ex-primeira ministra da Índia, Indira Gandhi, teve a dizer: "Existem dois tipos de pessoas: as que realizam o trabalho e as que levam o crédito. Tente ficar no primeiro grupo; nele, a competição é menor."

## *Os executores tentam crescer e melhorar*

Ninguém realiza nada tratando a si próprio como criança. Além de tomar a iniciativa pessoal, os líderes precisam aprender a ultrapassar as fronteiras de sua zona de conforto. O que é a zona de conforto? É a área de atividade fictícia na qual uma pessoa se sente à vontade. É fictícia porque o conceito de familiaridade na verdade está se fundindo com "conforto". Um termo mais preciso seria zona *familiar*. Quantos líderes estão realmente *à vontade* em suas atividades normais? Já dissemos que os aspirantes a líderes começam com uma insatisfação com o *status quo*. Os termos *conforto* e *liderança* conflitam entre si, por isso, para o líder, na verdade não pode haver uma zona de *conforto*.

A idéia de uma zona familiar é real. O desafio consiste em ficar além do familiar ou do que é fácil. Essa é a própria tarefa de um líder: levar as pessoas aonde, muitas vezes, até o líder nunca esteve. Para fazer isso, os líderes devem abraçar a idéia de estar pouco à vontade e em território desco-

**Ninguém realiza nada tratando a si próprio como criança.**

nhecido regularmente. Quando os líderes não saem mais de sua zona familiar, deixam de ser líderes.

É bom e até necessário para um líder expandir-se. Os grandes líderes estão sempre além da porta da inconveniência. As recompensas por suas conquistas escondem-se além das fronteiras da zona familiar, esperando aqueles que têm a coragem e a disciplina para se esforçar, vivenciar o crescimento pessoal, melhorar, agir com coragem e ir a lugares onde ninguém jamais pisou antes de reclamar essas recompensas como prêmio. Ao vencedor, os louros. No mundo da liderança, o vencedor é aquele que se esforça constantemente para vencer e melhorar. Winston Churchill disse: "É impossível garantir o sucesso; é possível apenas merecê-lo." Os líderes sabem disso e se esforçam até saber que merecem o sucesso.

### *Os executores se relacionam bem com as pessoas*

Aqui, vemos novamente a importância das habilidades para lidar com as pessoas aprendidas pelo líder no Nível 1: a fim de maximizar sua influência, o líder precisa se relacionar bem com as pessoas. Para tanto, precisa ser agradável, sincero e saber lidar com as pessoas sem grandes atritos. As pessoas que deixam um rastro de relacionamentos destruídos e mágoas ou que atacam os outros ou agem com superioridade raramente têm influência real junto às pessoas. Os líderes precisam interessar-se ativamente pelos outros, consultando-os, ouvindo-os, sorrindo e se importando com eles. Essas qualidades desenvolvem a confiança no líder – e a confiança é a base dos relacionamentos. Somente por meio desses elos é que os líderes podem influenciar a vida dos outros.

Abraham Lincoln tornou-se famoso por sua capacidade de conviver bem com os outros. Foi algo que ele buscou ativamente. Em um caso, depois que um cavalheiro particularmente intratável saiu do salão oval, o presidente Lincoln disse: "Não gosto desse homem. Tenho de conhecê-lo melhor." É essa atitude que torna o líder uma pessoa com habilidades de relacionamento.

### *Os executores se tornam confiáveis e demonstram convicção*

Credibilidade é a moeda da liderança. Os líderes adquirem credibilidade com suas organizações estimulando a confiança e demonstrando um histórico de desempenho. Mas o fazem também por meio de sua convicção. Em muitos casos, a visão do líder será maior, mais abrangente do que a da maior parte das organizações. Por isso, talvez os seguidores tenham dificuldade de acreditar na visão do líder; isso está além de sua compreensão. A crença na visão é importante para a organização, mas pode vir depois. O que precisa vir primeiro é a crença das pessoas no líder. As pessoas precisam, antes de tudo, acreditar no líder antes de aderir à sua visão. Não é importante que as pessoas acreditem na visão, mas elas devem acreditar que o líder acredita nela! Os seguidores podem seguir a convicção do líder até ganharem sua própria convicção. Isso se aplica a todos os níveis de influência. Os líderes precisam demonstrar convicção tanto com palavras quanto com ações. É como se diz: "As ações dão credibilidade às palavras."

### *Os executores mantêm uma atitude positiva*

A atitude positiva é a marca dos líderes no Nível 2. A atitude adequada pode ajudar líderes a realizar coisas que, de outra forma, lhe pareceriam impossíveis. Às vezes, as coisas vão bem; outras vezes não. Os líderes maduros entendem que o que conta não é o que acontece com eles, mas sim como eles reagem. Stephen Covey, autor de *Os 7 hábitos das pessoas altamente eficazes*, explica que entre estímulo e resposta, é possível escolher qual será nossa reação. Somos responsáveis. É daí que vêm as atitudes grandiosas: saber que temos escolha e fazer a opção mais madura para manter uma perspectiva otimista, independentemente do que aconteça.

Um dos motivos que fazem a atitude ser tão importante é o fato de ser contagiosa. Você já deve ter conhecido pessoas que, de tão amargas, colocam todos para baixo ao entrarem na sala. Quando saem, o sol volta a brilhar. Mas já deve ter conhecido também pessoas de sorriso contagiante. Todos nós conhecemos pessoas que sorriem o tempo todo e parecem estar sempre contentes. Para um extremo ou para o outro, as atitudes são sempre contagiantes – e uma atitude positiva é muito mais produtiva do que uma atitude negativa.

Outro motivo da importância das atitudes é sua própria natureza. Há um lápide na Inglaterra que diz: ESTÁ VENDO? EU DISSE QUE ESTAVA DOENTE. As atitudes são exatamente assim. Tendem a produzir o que exigimos delas. Não conseguimos o que queremos e não conseguimos o que merecemos, mas normalmente conseguimos o que esperamos. A atitude desempenha um papel muito maior na determinação do que esperamos que aconteça.

Conta-se a história de dois caçadores de patos que saíram de barco cedinho pela manhã. Depois de atirarem no primeiro pato, um dos caçadores, que havia levado o cão, enviou-o para buscar o pato. O cão saltou do barco, atravessou o lago a nado e pegou o pato morto. O dono do cão sorriu, orgulhoso, mas o outro nada disse. Pouco depois, outro pato foi atingido. Novamente, o cão pulou na água e foi buscar a presa. E, novamente, o segundo homem continuou em silêncio. Por fim, o dono do cão perguntou: "Você notou alguma coisa interessante em meu novo cão?", ao que o outro se apressou em responder: "Notei, ele sabe nadar!" Parece que algumas pessoas têm o dom de ver o lado negativo de tudo. Algumas pessoas não são felizes enquanto não deixam as outras infelizes. E as atitudes negativas são notoriamente deixadas de lado nas auto-avaliações. Em geral, as pessoas acham que têm uma atitude positiva, mas são poucas as que realmente têm. É muito mais natural criticar, condenar e reclamar. Os líderes no Nível 2 analisam-se com sinceridade e tentam de todo modo extrair o melhor de toda e qualquer situação. Na verdade, a atitude, como muitas das outras ações dos líderes de Nível 2, é uma *disciplina*.

Pessoas com atitudes positivas parecem ter melhor desempenho do que pessoas com atitudes negativas. Apenas por uma questão de pragmatismo, os líderes devem trabalhar para manter uma boa atitude, pois mais cedo ou mais tarde vence aquele que acredita poder vencer.

### *Os executores dão o melhor de si em todas as situações*

Temos uma tendência natural a culpar as circunstâncias pelo desempenho na vida. "Tive uma infância ruim", diz um. "Sofri muita discriminação", reclama outro. "Não nasci com os talentos que as outras pessoas possuem." Essas desculpas são muito comuns. Os executores sabem que não é o que acontece, mas sabem como *reagem*, o que leva à grandeza. Os campeões são pessoas que dão o melhor de si nas circunstâncias em que se encontram. Não importa de onde você parta; importa aonde chega. Talento, riqueza, contatos e sorte certamente podem fazer uma pessoa sair na frente, mas quase sempre a vitória vai para os mais determinados e comprometidos. O presidente Calvin Coolidge disse o seguinte:

> Siga em frente.
> Nada no mundo substitui a persistência.
> O talento não substitui.
> Nada é mais comum do que homens fracassados com talento.
> A genialidade também não.
> Os gênios que não se desenvolvem são quase um provérbio.
> A educação em si não basta.
> O mundo está cheio de parias altamente instruídos.
> Persistência e determinação, isoladamente, são onipotentes.

Os vencedores sabem que a adversidade torna-se a tela na qual pintarão suas conquistas e realizações.

### *Os executores concentram-se nas prioridades*

Como detalhamos no Ciclo de Realizações, a produtividade está diretamente relacionada ao foco. Alexander Graham Bell disse: "Concentre todos os seus pensamentos no trabalho à sua frente." Os executores muitas vezes realizam tanto porque colocam todas as suas energias em um único ponto de interesse. Mais cedo ou mais tarde, os obstáculos têm de ceder sob o peso intenso da energia focada.

> **Não há tentativas; apenas ações.**

Lou Holtz representa esse princípio com a seguinte pergunta: O que é importante agora? Os executores precisam ter isso em mente, para poder focar suas energias na coisa mais importante em um dado momento. A maior parte das pessoas tenta fazer demais com muito pouco foco e acaba praticamente sem realizar nada. Os executores focam as prioridades e concentram suas energias nas melhores tarefas a realizar, deixando as coisas boas para outra hora.

### *Os executores obtêm resultados (executam)*

Todos esses atributos dos líderes na etapa de desempenho são importantes, mas tudo acaba se resumindo a resultados. Os executores precisam reunir seus recursos e aplicar seu aprendizado de modo a gerar frutos de seu trabalho. Existem muito poucas coisas que merecem o mesmo respeito dos resultados. Os líderes precisam ser eficazes. Como diz nosso amigo Larry Van BusKirk: "Isso não pode ser uma tentativa." Ou o personagem Yoda, de *Guerra nas Estrelas*: "Não há tentativas; apenas ações."

É sempre possível identificar os verdadeiros líderes porque suas equipes geram consistentemente desempenho superior. Os líderes precisam evitar as armadilhas de parecer atarefados, mas ter muito pouco a mostrar, na esperança de desempenhar o papel mas nunca realmente apresentar resultados.

Um dos autores (Chris) tinha um cadelinha chamada Mindy, uma mistura de cocker spaniel com poodle. Era uma graça, mas tinha um problema: não se aproximava quando chamada pelo nome. Ao contrário, contorcia-se no chão, fazendo todo tipo de movimento, normalmente entremeando seu comportamento neurótico com micção. Balançava a cauda, mexia a cabeça, arranhava o chão com as patas, e ficava girando em círculos, mas não se aproximava de quem a chamasse. Alguns aspirantes a líderes se comportam praticamente assim. Quando são chamados a mostrar desempenho, contorcem-se, na expectativa de demonstrar suas boas intenções. Balançam-se sem parar e fazem todo o tipo de barulho, mas depois que tudo for dito e feito, falam muito mas não fazem nada.

Os líderes não podem se comportar assim; precisam mostrar desempenho. Precisam gerar resultados. O escritor James A. Autry disse que o comentário principal é: "Vejo que você anda bastante ocupado. Agora me diga o que fez." Se um líder não aprender a concretizar metas nesse nível, não avançará para o próximo nível e não aumentará sua influência.

### *Os executores não se deixam levar pelo sucesso*

A arrogância é um dos parentes próximos da complacência. À medida que o desempenho do líder e, conseqüentemente, seu sucesso começarem a aparecer, haverá reconhecimento e prêmios. É importante não ficar inflado demais com o sucesso. O grande jogador de basquete Michael Jordan conquistou praticamente todos os títulos possíveis na National Basketball League, mas encontrou uma maneira de definir novas metas pessoais e para seu time, mantendo-se motivado e no caminho do aperfeiçoamento contínuo, mesmo depois de se ter tornado uma das personalidades mais famosas do mundo e de ganhar milhões e milhões de dólares. Os líderes sabem que não são melhores do que qualquer outra pessoa e se protegem das armadilhas do ego e da arrogância. Para tanto, basta recordarmos que as oportunidades e as habilidades de mostrar o desempenho são dons que nos foram dados por Deus.

Essa perspectiva não apenas impede a arrogância, como também estimula o espírito de gratidão.

## Influência pelo desempenho: Tom Brady

Aconteceu em meados de 2001. O time de futebol americano da NFL New England Patriots tinha como capitão o aclamado jogador Drew Bledsoe. Mas o time não tinha lá um desempenho tão bom assim. A *Sports Illustrated* previu que o time acabaria em último lugar na divisão (AFC East). Para piorar ainda mais a situação, durante o segundo jogo da temporada, Drew Bledsoe machucou-se seriamente em campo. Havia sofrido uma lesão no tórax que o deixaria de fora de muitos jogos, possivelmente da temporada inteira. As coisas estavam indo de mal a pior. E um time já pobre havia perdido seu astro. Os Patriots não estavam em boa posição e os fãs tinham pouca fé no jovem jogador que entrou no time para substituir Bledsoe. Tom Brady estava somente em seu segundo ano como jogador profissional. Era jovem e inexperiente.

Anos antes, entretanto, um Tom Brady ainda mais jovem se dedicara a aprender a se tornar líder no Nível 2. Tudo em sua vida era competição e ele admitiu que não sabia perder. Decidiu que a melhor maneira de aprender a lidar com a derrota era evitá-la, buscando maneiras de vencer. "Quando criança, eu me lembro de outros meninos que eram mais rápidos do que eu e de outros que pulavam melhor do que eu. Eu não conseguiria vencê-los apenas com habilidade atlética. Por isso, tive de encontrar outras maneiras", disse. Depois de conseguir uma bolsa de estudos para jogar pelos Wolverines, na Universidade de Michigan, ele se sentou no banco de reserva durante três anos. Em 1998, teve sua chance e levou o time a um placar de 10-3 e a uma vitória no Citrus Bowl, mas foi forçado a dividir o palco, na temporada seguinte, com o astro em ascensão Drew Henson, que impressionou os treinadores com seu estilo ágil de jogar. Brady não ficou muito satisfeito com esse novo arranjo, mas aprendeu uma lição valiosa: não se pode descansar sobre os louros do desempenho anterior. Percebendo que não poderia controlar Drew Henson ou as decisões dos treinadores, redobrou seus esforços, trabalhou arduamente e conseguiu reconquistar sua posição em meados da temporada, proporcionando ao time outra vitória no circuito.

A escolha para a NFL veio em seguida. Segundo a escritora especializada em esportes Jennifer Allen, "um repórter nacional previu que Brady tinha 'uma chance pouco superior a 50-50 de ser escolhido para um time da NFL'". Brady acabou sendo escolhido na 199ª. rodada. Isso significa que todos os time da NFL o deixaram de lado pelo menos cinco vezes cada. No dia após a escolha, os jornais de esportes noticiaram que Brady não deveria dar grandes contribuições ao ataque. Brady foi colocado em uma posição secundária e classificado oficialmente como "inativo", durante 16 jogos. Os jogadores inativos não se vestem para os jogos, passando o tempo todo como fãs, meramente assistindo aos jogos.

Mas Tom Brady já havia saído de baixo antes, quando jogava em Michigan, e sabia exatamente o que fazer. Allen disse: "Como tinha feito a vida inteira, Brady continuou se esforçando. Ia a todos os treinos, iniciou um programa de musculação e ganhou 15kg. À noite, lia o manual de instruções, estudava-o, memorizava-o. Praticava jogadas, estudava-as em gravações e, à noite, em casa, voltava a praticá-las." Segundo a *Sports Illustrated*, "Brady deu duro para conseguir uma vantagem que forçasse os treinadores a notar sua presença. Aprendeu o manual de instruções dos Patriots de frente para trás e de trás para frente, buscando a perfeição sempre que tocava a bola durante os treinos. Mesmo quando estava no segundo ou no terceiro time, aborrecia-se consigo mesmo por não jogar." Por causa dessa atitude, Brady foi indicado subindo de posição no time. Como Drew Bledsoe era um jogador muito resistente, tendo perdido apenas seis jogos devido a lesões em oito temporadas da NFL, ninguém esperava que Brady tivesse muita chance de jogar. Mas, quando Bledsoe se machucou, Brady estava pronto.

Em seu primeiro jogo como lançador, Brady liderou os Patriots a uma vitória de 44-13. Duas semanas depois, seu desempenho melhorou ainda mais. Os Patriots terminaram a temporada regular com 11-3, tendo Brady como lançador. Foi então que, no Super Bowl XXXVI, com centenas de milhões de fãs assistindo e 1:21 de jogo restante, Brady liderou o ataque que lhes garantiu a vitória. Sua postura e habilidade de mostrar trabalho sob pressão lhe conquistaram o troféu de melhor jogador do Super Bowl, o que fez dele o mais jovem jogador a conquistar tal honra, aos 24 anos.

Mesmo com essas conquistas, porém, Brady teve críticos. Eles disseram que os Patriots tinham o melhor treinador da liga, com Bill Belichick. Disseram que o time tinha uma das melhores linhas de ataque do futebol americano, o que faria com que qualquer jogador em sua posição parecesse um herói. Muitos disseram que Drew Bledsoe ainda era melhor e que teria feito o mesmo, ou melhor ainda, se não estivesse machucado. Quando, na temporada de 2002, os Patriots venderam Drew Bledsoe e fizeram de Brady seu atacante, os Patriots tiveram um ano difícil, sem sequer chegar às finais, e entregando seu título no Super Bowl sem briga.

No entanto, foi Brady quem recuperou o time novamente. Eles venceram 15 jogos consecutivos na temporada de 2003, inclusive o Super Bowl XXXVIII. Novamente, Tom Brady foi considerado o jogador mais valioso do campeonato. Sua temporada de vitórias se estendeu até 2004 e marcou um novo recorde na NFL, com 21 vitórias consecutivas. Foi então que Brady liderou os Patriots a uma terceira vitória no Super Bowl em quatro anos, tornando-os o segundo time na história da NFL a realizar tal feito. Então, como quarterback estreante, Brady marcou um recorde pós-temporada de 9-0, igualando o recorde do legendário Bart Starr.

Brady inegavelmente tornara-se um líder de Nível 2. Zach Thomas, do Miami Dolphins, disse: "Acho que ele é um dos caras mais subestimados na posição, embora tenha ganho três Super Bowls." John Madden, do *Monday Night Football*, concordou, afirmando: "Acho que continua sendo subestimado."

Tom Brady personifica o que significa tornar-se um líder de Nível 2. Não começou como campeão; na verdade, durante muito tempo ocupou uma posição secundária. Mas apesar dos críticos e de fortes adversários, manteve sua boa atitude e concentrou-se apenas no que poderia controlar, esforçando-se cada vez mais. Quando os treinadores o colocaram na reserva, ele se concentrou não em suas decisões ou no desempenho dos outros jogadores que tentavam chegar a titulares, mas no que poderia fazer para mudar a situação.

Seu preparo e sua atitude renderam frutos quando sua chance chegou (sua oportunidade chegará se você se preparar) e, assim, conseguiu aproveitá-la plenamente. Mesmo depois de ter um enorme sucesso, Tom Brady recusou-se a ser arrogante e continuou a se *concentrar* nos desafios que tinha diante de si. Quando a pressão da atenção nacional, dos grandes jogos e do placar apertado aumentou, Brady recusou-se a ceder, pois havia desenvolvido uma enorme crença em si mesmo e em suas habilidades de superar os obstáculos. Havia provado a si mesmo que poderia ter sucesso – bastava seguir as regras para ser um líder do Nível 2. E foi exatamente o que fez!

## Resumo

Os candidatos a líderes a caminho dos Cinco Níveis de Influência ao chegar ao Nível 2 (Desempenho) devem incorporar cada passo deste capítulo, ao mesmo tempo em que continuam seguindo os princípios do Aprendizados que apresentamos no Nível 1.

O desempenho é pré-requisito para tornar-se um líder. Mais uma vez, *é preciso mostrar o desempenho antes de se tornar um verdadeiro líder*. É o desempenho que dá ao líder credibilidade e influência, além da capacidade de iniciar o chamado do líder – que, obviamente, é liderar! Muitos aspirantes a líderes pulam essa etapa. Pressupõem que, se lhes for dada uma posição e se eles agirem com autoridade, as pessoas os seguirão. O que não entendem é que, nesse caso, estão gerenciando; não liderando. Existe uma enorme diferença entre os dois. Só quando nosso desempenho se destaca é que os outros nos dão permissão para realmente Liderar. Chegou a hora de passarmos ao Nível 3.

CAPÍTULO 8

# O terceiro nível de influência: Liderança

*Para ser general, é preciso ter talentos diferentes dos necessários em um soldado.*

– TITO LÍVIO

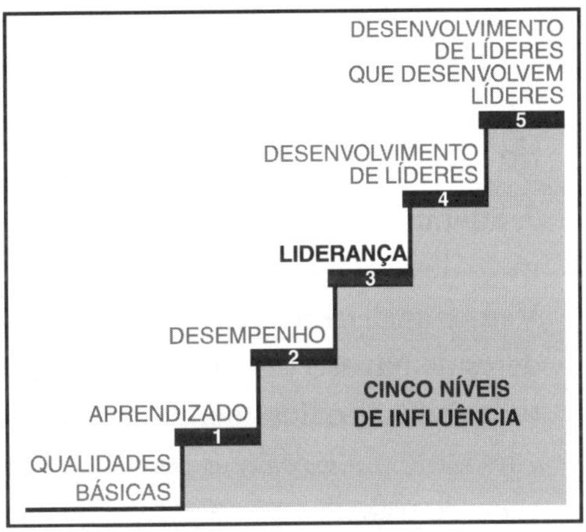


Até agora, discutimos as maneiras de um líder crescer pessoalmente; agora é hora de lidar especificamente com a construção da capacidade do líder de aumentar sua influência por meio da liderança de outras pessoas. Até aqui, o líder fez do Aprendizado um hábito, ganhou uma experiência valiosa, mostrando seu Desempenho, e agora está pronto para se responsabilizar pela Liderança de outros. Neste nível, o grupo cresce quando o Líder está presente e por causa dessa presença. Quando estiver com a inicial maiúscula, a palavra "Líder" se referirá ao Líder do Nível 3.

A jogadora de futebol dos dois capítulos anteriores agora está se tornando uma Líder em campo dos outros jogadores. Ela foi eleita capitã do time e, embora também jogasse, também ditava as jogadas e direcionava as atividades.

## Pressupostos ou a "arte" da liderança

Como na etapa anterior para se tornar um Realizador, tornar-se um líder exige um estado mental especial. Começa com as pressuposições ou atitudes mentais corretas. Sem um entendimento dos processos de pensamento nos quais se baseia a liderança dos outros, o líder terá problemas para implementar as ações corretas de liderança. Isso ocorre porque a liderança em si é uma perspectiva; são as lentes através das quais uma pessoa vê o mundo. Os líderes aprendem a ver as coisas de certa maneira, de um certo ponto de vantagem, para que possam se responsabilizar pelas realizações por meio dos esforços de um grupo unificado de pessoas. J. Robert Clinton disse: "A diferença entre os líderes e os seguidores é uma perspectiva melhor. Os líderes eficientes têm uma perspectiva melhor." Como um líder vê as coisas – sua perspectiva – é muito importante e se baseia em suas pressuposições.

### *Os líderes entendem que os resultados vêm por intermédio do esforço de equipe*

A liderança é a maneira como um Realizador estende sua capacidade por meio dos esforços dos outros, para o aprimoramento de todos envolvidos. Vamos analisar novamente como o trabalho em equipe rende mais. Os líderes de Nível 3 pensam dessa maneira como uma questão de curso. Em toda situação o líder pensa em termos de esforços de "equipe" e de que recursos ele pode realizar para que o trabalho seja feito. No Nível 3, o conceito de trabalho não é mais o que o indivíduo pode fazer, mas sim o que um grupo de pessoas pode fazer.

Esse conceito poderia ser chamado de "alavancagem". Para explorar mais esse assunto, vamos voltar à equação que usamos em um capítulo anterior:

Trabalho - Força × Distância

Ou como a modificamos:

Influência = Esforço × Objetivo

A equação revela que, presumindo-se que os líderes tenham maximizado seus esforços, a única maneira que resta para aumentar a Influência é por meio do aumento do Escopo. Alavancagem pode ser definida como a ação de uma alavanca ou a vantagem mecânica obtida por meio dela. Podemos considerar o líder da equipe como a alavanca. O líder obtém uma vantagem mecânica ao orquestrar os esforços para realizar alguma tarefa maior. Quando isso é feito adequadamente, os líderes ampliam o poder dos indivíduos além da soma das partes. É como se diz: os indivíduos podem florescer, mas as equipes explodem. Alavancagem é a capacidade de investir uma quantidade X de trabalho e recebê-la muitas vezes multiplicada de volta.

Imagine novamente Bill Gates, bilionário fundador da Microsoft Corporation, hoje uma das pessoas mais ricas do mundo. Como as idéias para software para computador explodiram, transformando-se em uma indústria tão grande e em uma enorme fortuna? Há muitas respostas para isso, é claro, mas uma que pode descrevê-la tão bem quanto qualquer outra é o conceito de alavancagem. Um software nada mais é do que um programa de computador. Pode ser armazenado em várias formas de mídia. Quando a Microsoft cria um novo produto de software, por exemplo, a nova versão do Windows, vende o produto aos clientes. Pode transferir o programa de computador para os clientes de várias maneiras: em DVD ou mesmo downloads pela Internet.

O custo do produto transferido para o cliente é muito baixo. No caso de um DVD, pode ser de apenas alguns dólares; no caso do download pela Internet, bem menor. O que está sendo pago não é o meio de transferência, mas o programa de computador. Esse programa foi elaborado uma vez e depois copiado milhões de vezes. Um termo que descreve essa multiplicação de resultados é *duplicação*. A duplicação de um produto acabado várias vezes é muito barata. Isso é alavancagem. Pode muito bem ser uma das formas mais simples e puras de duplicação jamais inventadas.

Isso, em grande parte, explica o enorme multiplicador do fluxo de receita da Microsoft. Criar um programa uma vez, duplicá-lo de maneira barata e vendê-lo milhões de vezes. Pode-se dizer isso de Bill Gates, pois a Microsoft alavanca sua expertise por intermédio de milhões de clientes (que a protegerão vigorosamente com leis de direitos autorais, devemos acrescentar). Isso vai muito além do que Gates e seus funcionários poderiam fazer individualmente. Para ter um impacto tão grande, precisaram usar o poder da alavancagem.

A liderança funciona da mesma maneira. A liderança amplia o alcance ou o campo de interesse de um Líder de Nível 2 por intermédio dos esforços conjuntos de outras pessoas. Sem liderança, uma pessoa fica limitada ao próprio desempenho. Poderíamos dizer que um Líder do Nível 2 lidera na *adição*, enquanto um Líder do Nível 3 ganha a alavancagem da *multiplicação*.

### *Os líderes entendem que as pessoas seguem o líder antes de tudo o mais*

Um pressuposto muito importante que todos os líderes devem perceber é o de que os seguidores seguem o líder antes de tudo o mais. A visão pode ser atraente, mas vale a pena seguir o líder? As recompensas podem ser inspiradoras, mas pode-se confiar no líder? O ambiente pode ser convidativo, mas o líder se importa com sua equipe? Os recursos podem ser abundantes, mas o líder tem caráter? As oportunidades podem ser enormes, mas o líder sabe o que está fazendo? Essas são as perguntas que os seguidores fazem de maneira subconsciente antes de se permitir ser liderados.

A liderança não é uma posição ou um título; é uma condição de permissão dada pelos seguidores assim que passam a confiar no líder. A influência da liderança, como a confiança, deve ser conquistada continuamente.

### *Os líderes entendem a importância da descoberta e do desenvolvimento de boas pessoas*

Logo, como o conceito total de liderança é alavancagem das realizações por meio dos esforços coletivos de um grupo de pessoas, é razoável dizer que a qualidade do resultado está diretamente associada à qualidade das pessoas envolvidas. Como dissemos antes, descobrir e desenvolver as pessoas *certas* é muito importante para o sucesso de um esforço. Os Líderes sabem disso e se esforçam para cercar-se dos melhores talentos disponíveis. É por isso que atrair, treinar e manter pessoas de alto calibre é sempre uma consideração importante para um líder.

**A qualidade do resultado está diretamente associada à qualidade das pessoas envolvidas.**

George Barna disse: "Todo líder tem um conjunto incompleto de ferramentas com as quais lidera e deve, portanto, saber o que pode e não pode fazer. Os líderes superam seus pontos fracos, combinando forças com [outros] cujos pontos fortes compensam suas limitações, criando uma mistura mais completa e poderosa de talentos e habilidades." Descobrir e equipar os outros consumirá uma enorme quantidade do tempo do líder, mas, como vimos na discussão sobre alavancagem, valerá a pena. Os Líderes do Nível 3 são tão bons quanto seu pessoal.

### *Os líderes entendem que lidar com recursos inadequados é comum*

Embora possa ser importante liderar pessoas da maior qualidade possível, a maioria dos Líderes irá se deparar com uma enorme lacuna nessa área. Uma das realidades da liderança é que não existe equipe perfeita. Não importa quanto esforço e concentração um líder invista na descoberta e no treinamento do pessoal, sempre haverá deficiências e, muitas vezes, essas deficiências serão enormes. Além disso, haverá também uma grave falta de outros recursos.

O líder que espera por uma abundância de recursos antes de tentar realizar uma tarefa não é de fato um líder.

Durante a Guerra Civil Americana, George B. McClellan foi designado comandante-geral do Exército de Potomac, a principal força de luta da "União". Ele fazia um ótimo trabalho de treinamento das tropas e impunha a disciplina de um "exército regular" a seus soldados, mas nunca estava pronto para entrar em ação. Em uma das raras ocasiões em que confrontou o Exército Confederado, suas tropas tinham o dobro ou mesmo o triplo de homens, mas ele sempre se convencia de que o contrário era verdade. Queixava-se interminavelmente ao presidente Lincoln, dizendo que não dispunha de homens, armas ou suprimentos suficientes para conduzir uma campanha adequada. McClellan sofria de um pressuposto incorreto de liderança: pensava, equivocadamente, que os líderes podiam pedir e esperar situações perfeitas antes de entrar em ação. A realidade para um líder é quase sempre uma situação de falta de vontade. Os verdadeiros Líderes entendem isso e fazem o melhor que podem de qualquer maneira. Como diz o ditado: "Se esperarmos que todos os sinais fiquem verdes antes de partirmos para uma viagem pelo país, jamais partiremos."

### *Os líderes entendem que a liderança é o limite*

O escritor Ken Blanchard escreveu: "Nenhuma organização chegará a um lugar mais alto do que a paixão do líder." Os Líderes não podem culpar o pessoal, os recursos ou as circunstâncias. A eficácia do Líder é o limite da organização.

Já foi dito que "as pessoas se tornaram clientes astutos da liderança". Isso significa que nesta sociedade cética, as pessoas estão cada vez melhores em detectar as fraudes. A liderança não é algo que possa ser fraudado, embora as pessoas costumem tentar. Talvez um indivíduo tenha um título ou posição, por isso pense que isso lhe dê influência sobre os outros. Talvez alguém tenha conseguido as coisas no passado e imagine que essas realizações exerçam influência hoje. Embora essas duas afirmações possam ser verdadeiras até certo ponto, a liderança é conquistada continuamente. Os seguidores olham em volta e sabem quem são os verdadeiros Líderes em qualquer situação que se apresente. Por isso é tão importante que o líder seja ao mesmo tempo um Aluno e um Realizador. O aprendizado, o crescimento e a realização constroem um equilíbrio na "conta do banco de credibilidade" com os seguidores. Quanto mais o líder lidera e quanto melhor é sua liderança, mais alto é o calibre dos seguidores que ele atrai e melhor é o desempenho deles. Quanto melhor é o desempenho deles, melhores resultados são alcançados pela organização. Por meio desse processo, o líder desenvolve seus funcionários para que cresçam pessoalmente e aumentem sua eficiência pessoal.

Os líderes se perguntam constantemente se suas equipes estão alcançando os resultados. Eles enfrentam a realidade cruel e fazem uma avaliação honesta de como suas equipes estão se saindo e, portanto, como está seu desempenho como Líder. A medida do Líder de Nível 3 é o desempenho de sua organização e o crescimento pessoal dos envolvidos.

### *Os líderes entendem o impacto de suas ações sobre a organização*

Os Líderes neste Nível devem estar cientes de que a todas as suas ações corresponde uma reação. Há muitos pontos de conexão para a organização quando um Líder é responsável por um grupo de pessoas.

Egoísmo, intolerância e erros parecidos de um Líder interrompem totalmente seu progresso. Tudo que um Líder faz agora é ampliado, porque ele o faz com e por meio de sua equipe. A capacidade de pensar em termos de um quadro maior e viver pelas prioridades é muito importante. Neste Nível, o bom julgamento e uma atitude positiva pagam altos dividendos.

### *Os líderes entendem que liderança significa sacrifício*

A liderança não é um mar de rosas. Não é alguma coisa para se procurar com o propósito de pré-requisitos e privilégios. Liderança é servir aos outros. Liderança é uma responsabilidade que exige autodisciplina e sacrifício. Na verdade, quanto mais alto um líder chega, menos tolerância há para erros. Logo que uma pessoa se torna responsável por liderar os outros, seu próprio caminho passa por um escrutínio. Os seguidores checam o tempo todo para ver se o líder está "no caminho certo" ou só "falando mais do que fazendo". Parece que quanto mais alto o líder chega, mais suas liberdades pessoais são limitadas. Falhas que poderiam ser ignoradas em níveis inferiores se tornam um veneno logo que alguém começa a Liderar. Isso acontece porque tudo que um Líder faz é amplificado por meio de sua organização e porque agora o Líder não está lidando apenas com sua própria vida, mas também com a vida dos outros. É uma grande responsabilidade.

Há definitivamente pré-requisitos e privilégios que acompanham uma liderança bem-sucedida e eles são agradáveis e lisonjeiros. Mas essas recompensas não são o propósito da liderança; são apenas os benefícios colaterais. Um Líder de Nível 3 sacrificará os desejos pessoais pelo bem da visão e da equipe. À medida que um Líder coloca seus próprios interesses de lado, aprende a servir aos outros, trabalha na direção da visão e se sacrifica por um propósito e uma causa maior do que ele mesmo; as recompensas ultrapassam os meros pré-requisitos e adornos do sucesso. As recompensas mais importantes se transformam na satisfação de ver a vida dos outros se enriquecer e a visão se realizar. Tais recompensas, tão profundas e verdadeiramente significativas, fazem todo sacrifício valer a pena.

### *Os líderes entendem que o trabalho do líder nunca termina*

A liderança não é uma operação que funciona apenas no horário de trabalho. Ela quase não se encaixa em um horário. A liderança exige constância, diligência e avaliação contínua. Em momento algum na jornada da liderança o líder pode se dar ao luxo de se recostar na cadeira e pensar "Consegui" ou "Está tudo sob controle". No momento em que isso acontecer, e talvez até mais cedo, o líder será atropelado por problemas ou por competição ou, ainda, por ambos. Haverá sempre novos desafios e concorrentes e obstáculos e oportunidades. Nada permanece estático e a grandeza da liderança não é certamente uma exceção.

**Os grandes líderes aprendem a descobrir uma derrota em toda vitória e uma vitória em toda derrota.**

Os grandes Líderes aprendem a descobrir uma derrota em toda vitória e uma vitória em toda derrota. O que significa isso? Por um lado, não importa se o líder e sua organização tiveram um bom desempenho; há sempre lugar para melhorar. Mesmo que todos os prêmios possíveis tenham sido conquistados, as estatísticas ainda revelarão que a equipe poderia ter um melhor desempenho de alguma maneira. Essa atitude mantém os líderes atentos e afastados da perigosa vala da complacência. Por outro lado, às vezes os líderes sofrem com derrota após derrota. Nesse período – e ele com certeza virá de tempos em tempos – os grandes líderes procuram sinais de algo bom em um cenário triste. Mesmo que tenha sido o pior ano de sua organização na história, haverá alguma coisa nos dados para celebrar e usar como base para novos projetos. Essa atitude mantém um líder fora da trincheira do desânimo e do desalento.

## Ações ou a "ciência" da liderança

Com esses pressupostos em mente, é apropriado explorar o que os líderes realmente fazem nesse Terceiro Nível de Influência. É o que trata o lado "científico" da liderança.

### *Os líderes modelam o caminho*

Os Líderes dão o exemplo. Os autores Kouzes e Posner escreveram: "As pessoas não seguem sua técnica – elas seguem você." Para captar as energias coletivas de um grupo de pessoas de maneira eficaz, devemos primeiro modelar o caminho. Aqui não há atalhos. Entre todas as etapas de ação ou da "ciência" da liderança que se seguem, a nenhuma interessa se a cópia mestra não é digna de ser duplicada. Os Líderes do Nível 3 sabem disso e trabalham duro calcados em seu próprio exemplo.

Uma pergunta para você fazer a si mesmo é a seguinte: Eu desejaria uma organização cheia de pessoas iguais a mim? Se a resposta for sim, então você está dando um bom exemplo e modelando o caminho (ou está se enganando terrivelmente).

### *Os líderes levam as pessoas a agir*

Um trabalho importante de um Líder de Nível 3 é inspirar os outros a agir e alcançar resultados. Elmer L. Towns observa: "As pessoas seguem um líder que dá motivos atraentes para alcançar o objetivo." Os Líderes de Nível 3 sabem que as pessoas não farão o que o líder espera, mas sim o que o líder inspeciona. As coisas que são realizadas são aquelas que são recompensadas. Os líderes, portanto, devem recompensar as atividades certas e passar a ter o hábito de "apanhar seu pessoal no ato de fazer alguma coisa certa". O desempenho de destaque deve ser reconhecido e recompensado, e isso deve ser feito publicamente. Isso transmite, para o resto da organização, um padrão de inspiração para os outros e motiva os realizadores de destaque a atingir alturas ainda maiores.

**As coisas realizadas são aquelas que são recompensadas.**

Em *Leadership Lessons from General Ulysses S. Grant*, Al Kaltman escreve: "O líder superior sabe que a chave para o sucesso é sua capacidade de manter as boas pessoas e fazê-las trabalhar como uma equipe." É exatamente assim que um Líder aumenta sua influência: inspirando as pessoas para que trabalhem na mesma direção, funcionem como uma equipe e realizem grandes feitos juntas.

Uma antiga fábula conta a história de um fazendeiro cujas mulas puxavam o caminhão de um homem de uma vala. Era um caminhão grande, do tipo usado para viagens pelo país.

– Quanto peso elas conseguem puxar? – perguntou o motorista do caminhão, medindo com os olhos as duas mulas de aparência esquelética.

– Mais ou menos dez toneladas cada uma – respondeu o fazendeiro.

– Mas meu caminhão pesa pelo menos três vezes mais do que isso, – disse o motorista do caminhão.

– Não importa o que elas conseguem puxar separadamente – respondeu o fazendeiro. – Importa apenas o que conseguem puxar *juntas*.

Esse é o poder de uma equipe. Os bons líderes compelem as pessoas a trabalharem juntas e, portanto, amplificam os esforços até o ponto em que o todo é maior do que a soma das partes.

### *Os líderes treinam os outros*

Como dissemos antes, os líderes funcionam como treinadores. Treinar envolve melhorar o desempenho dos membros individuais de uma equipe e fazê-los trabalhar juntos de maneira eficiente.

Os Líderes neste Nível de Influência são responsáveis e qualificados para treinar aqueles dos dois níveis anteriores. Esse é um dos motivos pelos quais é tão importante que um líder domine cada um dos Níveis de Influência anteriores. Um líder não sabe realmente o quanto sabe acerca de algo até tentar ensiná-lo a alguém.

### *Os líderes se tornam servos*

Em *The Servant Leader*, os autores Ken Blanchard e Phil Hodges nos dizem: "A liderança é, em primeiro lugar, uma questão de coração. Sempre que temos a oportunidade ou responsabilidade de influenciar o pensamento e o comportamento dos outros, a primeira escolha que temos de fazer é se vemos o momento através dos olhos do interesse pessoal ou em benefício daqueles que estamos liderando."

Os líderes devem aprender que liderar significa servir. A liderança não tem a ver com posição ou pré-requisitos ou status. Não tem a ver com poder ou riqueza. Tem a ver com o serviço estendido aos outros por meio dos esforços coordenados das pessoas. A única maneira de um líder conseguir o máximo de sua organização é servindo a seu pessoal.

**"Você pode ser servo, e não um líder. Você pode ser um líder e não ser servo, mas não será um líder muito bom."**

Robert Dickie, nosso amigo e pastor da Igreja Batista de Berean por 23 anos, diz: "Você pode ser um servo, e não um líder. Você pode ser um líder e não um servo, mas não será um líder muito bom. O verdadeiro líder servil pode responder 'sim' às sete perguntas a seguir sobre a liderança servil. As pessoas em sua equipe:

1. Acreditam que você está disposto a sacrificar seu próprio interesse pelo bem da equipe?
2. Acreditam que você deseja ouvir suas idéias e as valorizará?
3. Acreditam que você entenderá o que está acontecendo na vida delas e como isso as afeta?

4. Vêm até você quando estão sem dinheiro ou quando algum evento traumático ocorre na vida delas?
5. Acreditam que você está procurando fazer uma diferença positiva em sua vida e no mundo?
6. Acreditam que você está comprometido em ajudá-las a se desenvolver e crescer?
7. Têm um forte sentido de comunidade na organização que você lidera?"

As respostas afirmativas a essas perguntas demonstram que o líder está servindo à sua equipe. Ao se comportar como descrito aqui, um Líder demonstra amor por sua equipe e a ajuda em seu esforço para agir. Ao servir os outros, um Líder de Nível 3 maximiza o desempenho de sua equipe.

### *Os líderes atuam como comandantes de campo*

No Nível 3, os Líderes exercem influência estando ali realmente, em pessoa. Eles estão na luta com suas tropas, por assim dizer, e estão presentes para observar e conduzir as atividades. Podem ver as mudanças nas condições e orquestrar de acordo. Sua presença é confortante para seu pessoal e a inspiração e a visão são transmitidas em primeira mão. Neste nível, o grupo cresce quando o líder está presente. Os Líderes Eficientes do Terceiro Nível sempre podem ser encontrados porque seus grupos prosperam quando eles "entram em campo". É também aqui que o líder percebe muito rapidamente que a velocidade do grupo é a velocidade do líder. Como o líder está próximo, em pessoa, de seu pessoal, seu desempenho causa um grande impacto sobre o desempenho da equipe como um todo. A liderança pelo exemplo é muito importante no Nível 3 e acima dele. O carisma pessoal, as habilidades pessoais, os relacionamentos e a harmonia tornam o Líder de Nível 3 especialmente eficiente.

### *Os líderes orquestram a atividade*

A orquestração envolve ver as coisas que precisam ser feitas e coordenar os esforços do pessoal nessa direção. Os líderes devem aprender a ter as pessoas certas nos lugares certos. Jim Collins, no livro *Empresas feitas para vencer*, fala sobre ter primeiro as pessoas certas no ônibus. Depois ele enfatiza a importância de se contar com as pessoas certas nos lugares certos no ônibus. As duas coisas são muito importantes para o Líder orquestrar sua equipe e demonstram, mais uma vez, a importância de um Líder conhecer seus jogadores. Esses jogadores têm as forças e as capacidades em algumas áreas que devem ser utilizadas adequadamente. Isso envolve a maneira de o líder tratar cada jogador. Nem todos desejam ou precisam ser tratados da mesma maneira. A atenção e o conhecimento individuais multiplicam a eficiência de um Líder de Nível 3 com sua equipe.

## *Os líderes medem os resultados*

O Nível 3 tem a ver com os *resultados* da equipe e os Líderes de Nível 3 acompanham o placar. Como em qualquer evento esportivo, há um placar para uma organização (caso negativo, deveria haver). Os líderes devem aprender a marcar os resultados do que fazem para medir com exatidão o desempenho de sua equipe e, portanto, buscar feedback concreto sobre o próprio desempenho como Líder.

Sem medição, não pode haver um retrato da realidade. Sem os dados que representam a realidade, não pode haver vontade ou planos de melhoramento. No Nível 3, os Líderes medem os resultados, confrontam a realidade brutal e caminham em direção a uma melhora. Menos do que isso é negligência do dever.

## *Os líderes resolvem os problemas*

Solucionar problemas exige coragem. Os Líderes devem enfrentar os desafios de frente e sem demora. Os problemas são muito mais fáceis de resolver quando são pequenos.

Algumas situações parecem incêndios florestais e exigem que o líder jogue água sobre elas e apague as chamas. Outras se parecem com pequenas brasas de possibilidade e exigem que o líder jogue sobre elas um pouco de gasolina para incitar o progresso. Os Líderes de Nível 3 bem-sucedidos sabem o que é necessário e quando. Eles se tornam adeptos da resolução de problemas e acabam até afastando os problemas de passagem e resolvendo-os antes de se transformarem em conflagrações de grande escala.

### *Os líderes se comunicam*

Um líder deve ser um bom comunicador. Entre os militares há um ditado usado para instruir os comandantes de combate: "Movimente-se, atire e se comunique." Isso parece verdadeiro para todos os líderes. Quanto mais agressivas as tarefas da equipe, mais o líder deve comunicar. Quando as pessoas são informadas, elas têm um sentimento de segurança e dividem a propriedade nos objetivos. Quando a comunicação é ruim, sentem que há desconfiança e falta de proximidade. A comunicação ruim causa atrito e problemas. A Liderança de Nível 3 Adequada começa, continua e termina com a boa comunicação.

## A liderança em ação: George Washington, "o servo fiel"

Era dezembro de 1777 e os soldados britânicos comandados pelo general Howe estavam acomodados em confortáveis alojamentos de inverno na Filadélfia, uma cidade que haviam conquistado com facilidade, do conjunto de colonos em farrapos que lutavam sob o comando de George Washington. A Filadélfia fora a principal cidade do Congresso Continental, o corpo de governo que administrava a "revolução" contra a Coroa Inglesa. Os membros do Congresso tinham fugido da cidade porque temiam por suas vidas. Embora eles se considerassem patriotas, o governo inglês havia deixado claro que eles seriam tratados como traidores. Como dissera Benjamin Franklin: "Seremos enforcados todos juntos ou, com mais certeza, seremos todos enforcados separadamente."

Com o governo em fuga e um terço da população das colônias do lado dos ingleses – e com as forças de Howe agora em posse tanto de Nova York quanto da Filadélfia –, o que aconteceria com a luta pela independência? A guerra, que mal completara um ano e meio, estava no fim?

Os membros do Congresso, muitos dos quais se haviam mudado para York, Pensilvânia, pediram para George Washington retomar a cidade de Filadélfia. Mas, há pouco tempo, o Exército Continental sofrera uma grande derrota, em Brandywine Creek, e em Germantown, um pouco depois. Ele estava cansado, com enormes baixas e sem os suprimentos vitais. George Washington disse não ao Congresso.

Em seguida, Washington escolheu um lugar chamado Valley Forge, a mais ou menos trinta quilômetros a Noroeste da Filadélfia, onde armaria o acampamento de inverno e tentaria, pelo menos, vigiar os ingleses que hibernavam. No dia 19 de dezembro, 11 mil homens, a maioria com idades entre 20 e 24 anos, se arrastaram pelo campo. As tropas estavam desanimadas, com frio, famintas e com pouca roupa. Alguns vestiam apenas uma camisa. Muitos não tinham nenhuma. Milhares estavam sem chapéus, casacos, sapatos ou meias. Centenas de pessoas estavam tão doentes que não podiam andar, e precisaram ser carregadas. Nas famosas palavras de Washington: "Era possível seguir o exército de White Marsh até Valley Forge seguindo o rastro de sangue de seus pés."

Washington logo tratou de fornecer abrigo e acomodações para seus homens. Ele formou grupos de caça com homens em bom estado físico e colocou todos para trabalhar na construção de cabanas de madeira para abrigar as pessoas, em parte por necessidade, em parte para manter os homens ocupados. Ele decidiu viver em sua tenda, recusando morar na casa da fazenda que havia confiscado para se abrigar até que seus homens estivem bem acomodados. Ele até comia da mesma ração que suas tropas tinham de comer. Em seguida, implementou uma rotina diária de treinamentos e exercícios para reabilitar as tropas e mantê-las em alerta. Finalmente, utilizou os muitos estranhos que buscavam a glória que o Congresso havia empurrado para ele, a fim de treinar e instruir seu exército nos movimentos, estratégia e disciplina militares. Do que deveria ser um exército de combate, Washington disse: "Tudo que pude fazer sob tais circunstâncias foi enviar alguns grupos pequenos para vigiar e atormentar o inimigo."

O Congresso parecia incapaz de entender as dificuldades que o exército estava enfrentando e não tinha idéia de quão perto estavam de não ter qualquer exército. Washington escreveu para eles: "Agora estou convencido, além de qualquer dúvida, de que, a menos que alguma mudança grande e capital aconteça repentinamente, esse exército deve, inevitavelmente, ser reduzido a uma ou outra dessas três coisas. Fome, dissolução ou dispersão, a fim de conseguir subsistência da melhor maneira que puderem." Em vez de ajudar, o Congresso atacou Washington pessoalmente. Ele foi aberta e secretamente difamado e desacreditado. Circulavam boatos de que outros oficiais serviriam com mais eficiência como generais em comando. O general Thomas Conway, outro general aliado, até escreveu uma carta que atacava o caráter de Washington e pedia sua dispensa. A maioria dos homens teria corrido para York imediatamente para se defender, mas não George Washington. Ele não deixaria seus homens em uma situação tão perigosa para tentar defender sua reputação. Ele ficaria onde era necessário e cumpriria seu dever.

Em seguida, o Congresso ordenou que Washington atacasse as forças inglesas no Canadá. Mais uma vez, para a consternação do Congresso e para o reforço de seus adversários, Washington recusou.

À medida que o inverno terminava, os homens de Washington tornaram-se mais disciplinados, mas hábeis e mais endurecidos e, principalmente, mais dedicados a seu comandante-em-chefe incansável que havia sofrido ali, ao lado deles. Os homens podiam sentir a preocupação sincera de Washington por eles. Por sua vez, Washington elogiava abertamente seus homens em várias cartas. "Ver homens sem roupas cobrirem sua nudez, sem cobertores para se deitar, sem sapatos... e submetendo-se sem uma queixa sequer, é a prova de paciência e obediência que, em minha opinião, quase não pode ser equiparada", escreveu.

O que Washington tinha percebido muito antes, e que a maioria dos homens logo passou a entender, era que tudo que tinham era uns aos outros. Pouca ajuda vinha das cidades e colônias vizinhas. O Congresso parecia mais preocupado com qualquer outra coisa, menos com a condição de seu exército. Se eles fossem escapar de situações tão desesperadoras, sua única esperança residia em fazer isso junto. Para tanto, era necessária uma verdadeira liderança. Para tanto, George Washington nasceu.

Washington indicou o general de sua maior confiança, Nathaniel Greene, como o novo oficial intendente de seu exército. Greene logo assumiu o comando e enviou homens para conseguir alimento e suprimentos até bem longe, nos estados mais ao Sul. Greene administrou cada centavo, substituindo a corrupção desenfreada que permeara os oficiais antes dele. Finalmente, os cidadãos locais também começaram a colaborar. Então, a esposa de Washington, Martha, apareceu e organizou todas as mulheres disponíveis para remendar e costurar roupas. Dois mil homens não tinham sapatos, portanto Washington fez com que os compartilhassem. Em seguida, ele trouxe sapateiros para ensinar aos soldados como fazer sapatos.

Segundo o autor Donald T. Phillips, em *The Founding Fathers on Leadership*:

> No final de março, os soldados, antes em péssimo estado, estavam bem vestidos, bem treinados e obviamente mais gordos. Um oficial que mantinha um diário escreveu que "o exército fica mais forte a cada dia. Aumenta em número e há um espírito de disciplina entre as tropas que é melhor do que os números. Cada brigada desfila quase todos os dias por diversas horas, marchando com regularidade e exatidão". No final de maio, novos recrutas chegaram ao Valley Forge para se tornar membros treinados do agora renovado Exército Continental. E, nos meados de junho, Washington dispunha de 13.500 homens a seu dispor.
>
> Durante os seis meses no Valley Forge, três mil homens morreram de fome e de doenças – quase um em quatro. Muitos perderam algum membro do corpo por causa de queimaduras provocadas pelo frio e todos testemunharam os companheiros passando por sofrimentos inimagináveis. E, mesmo assim, aqueles que sobreviveram àquele inverno fatal mais tarde indicaram o Valley Forge como o momento decisivo da Revolução Americana.

Quando o verão chegou, o exército inglês se depararia com um exército diferente daquele que tinha perseguido nas colinas da Pensilvânia, no inverno anterior. Era mais forte, melhor e maior do que qualquer coisa que já tinham enfrentado no conflito. E fora organizado pelo cuidado sempre atento de seu líder, George Washington.

O Congresso acabou satisfazendo seu desejo, voltando para a Filadélfia, à medida que os ingleses perdiam interesse em manter a cidade sem vantagem estratégica aparente e que custava caro para eles. Mas para o Exército Continental, haveria muito mais sofrimento. O inverno seguinte foi ainda mais severo do que o passado no Valley Forge. Washington e suas tropas sofreriam mais perdas do que qualquer outra coisa em uma guerra que se estenderia por anos. Mas Washington, e praticamente apenas Washington, sabia que a luta pela independência girava inteiramente em torno de sua capacidade de manter um exército em campo. Phillips disse da liderança de Washington em Valley Forge: "George Washington conseguiu uma virada surpreendente, combinando uma atitude otimista com uma realidade fundamentada de qual era a situação – e o que precisava ser feito para retificá-la. Ele estava presente o tempo todo, lutando por seus homens, encorajando-os e vivendo como eles viviam, andando entre eles. Ele ouvia e agia de maneira decisiva quando era preciso. E o mais importante: George Washington nunca perdeu a esperança."

George Washington talvez seja o melhor exemplo de um Líder de Nível 3 que a história oferece. "Pode haver dúvida se um número tão pequeno de homens já empregou um espaço de tempo tão curto com efeitos maiores e mais duradouros na história do mundo", disse o historiador inglês George Trevelyan sobre George Washington e seu Exército Continental. Washington reconheceu o impacto de suas ações sobre o quadro maior e usou esse entendimento perspicaz para permanecer tenaz e inventivo diante da adversidade esmagadora. Ele permaneceu presente e em cena (*Modelar o caminho*) mesmo quando estava pessoalmente sob ataque, sabendo que sua assistência, e apenas a sua, era exigida para manter o exército unido (*Atuar como comandante de campo*). Na verdade, houve um período de mais de seis meses em que ele esteve longe de casa e ela só ficava a alguns dias de distância! (*Liderança exige sacrifício*). Ele compelia os outros a agirem de maneira produtiva e conseguia uma enorme influência por meio da constante demonstração de liderança servil. Era um *orquestrador* eficiente de logística e suprimento, um solucionador de problemas tranqüilo e um exemplo disciplinado para seus homens. Ele se comunicava sempre e de maneira eficaz tanto em pessoa quanto por meio de suas ações, mesmo lendo o novo livro de Thomas Paine, *Senso Comum* em voz alta para as tropas, a fim de construir seu moral.

Ao perceber que bem possivelmente apenas ele seria responsável pela vitória ou pela derrota da causa da independência (*As pessoas seguem o líder antes de qualquer outra coisa*), ele *se responsabilizou totalmente* pelo cuidado e pelo treinamento de seu exército, mesmo quando abandonado por seus superiores e por dois terços do país. Ele transformou uma coleção rude de fazendeiros e comerciantes (*Muitas vezes os líderes precisam lide-*

*rar com recursos inadequados*) em uma força de luta formidável e desenvolveu uma ligação tão forte com os homens que apenas sua presença lhes inspirava coragem. Durante oito anos, Washington conseguiu liderar soldados amadores em uma série de batalhas perdidas contra a força militar mais poderosa e temida do mundo, mantendo-os juntos e acreditando que no final, de alguma maneira, eles poderiam vencer. *Isso* é liderança.

A historiadora Page Smith disse sobre Washington: "Sua genialidade era a capacidade de resistir, de manter o equilíbrio em meio a frustrações, desapontamentos, reveses e derrotas sem-fim." Nas próprias palavras de Washington: "Fui seu servo fiel enquanto me pareceu certo. Eu resisti." Os Líderes de Nível 3 têm muito a aprender com seu exemplo de resistência.

## Resumo

À medida que um líder entende os pressupostos (arte) da Liderança de Nível 3 e passa a executar habitualmente as ações (ciência) do Nível 3, ele terá mais influência. Tal Líder será capaz de conseguir resultados tremendamente mais significativos e mensuráveis do que qualquer outra coisa obtida com o desempenho pessoal, enquanto enriquece a vida dos outros no processo. No entanto, nesse Terceiro Nível de Influência, a alavancagem envolve apenas avanços que estão ao alcance pessoal do Líder. Essa influência é produto da presença do Líder em cena. Mas os princípios da liderança incorporados no Terceiro Nível são aumentados no Nível 4, à medida que o Líder aprende a influenciar não apenas por meio de um bando de seguidores, mas pelo desenvolvimento e pela eficiência dos outros *Líderes*.

CAPÍTULO 9

# O quarto nível de influência: Desenvolvimento de líderes

*Um líder é melhor quando as pessoas mal sabem que ele existe. Não é tão bom quando as pessoas o obedecem e aclamam. Pior ainda quando o desprezam. Mas de um bom líder que fala pouco quando seu trabalho é concluído e seus objetivos alcançados eles dizem: "Fizemos isso sozinhos."*

– LAO-TZU (604-531 A.C.)

O quarto dos cinco níveis de influência é o Desenvolvimento de Líderes. Esse nível lida com a capacidade do líder de aumentar sua influência por meio do desenvolvimento de outros líderes.

O líder continua a Aprender (Nível 1), a Realizar (Nível 2) e Liderar (Nível 3), mas agora desenvolve outros que também podem prosperar em cada um desses três níveis.

Os Líderes de Nível 4 tornam-se treinadores dos Líderes de Nível 3 e dos níveis abaixo dele. John Maxwell disse: "Qualquer líder que tenha apenas seguidores a seu redor será continuamente solicitado a atrair seus próprios recursos para realizar as coisas. Sem outros líderes para ajudá-lo a carregar o fardo, ele se tornará exausto e esgotado." Jack Welch, ex-presidente do Conselho da GE, escreveu no livro *Jack Definitivo*: "Nós criamos pessoas excelentes, que então criaram grandes produtos e serviços"; e disse sobre seu treinamento corporativo: "Gostaria que ele se concentrasse no desenvolvimento da liderança, e não no treinamento funcional específico." Para falar a verdade, ele levou sua tarefa de desenvolver outros líderes tão a sério que chegou a dizer: "Elaboramos uma forma de desenvolver grandes líderes." Existe um antigo ditado sobre prosperidade: "Se você deseja ter a prosperidade de um ano, cultive grãos, mas se deseja a prosperidade de dez anos, cultive homens e mulheres." É o que fazem os líderes de Nível 4, o que tem ramificações supremas nos níveis pessoal e organizacional. Noel Tichy, autor de *Cycle of Leadership*, escreveu: "O sucesso de uma empresa está diretamente vinculado à sua capacidade de criar líderes. As empresas com o maior número de líderes são as mais bem-sucedidas."

Um líder que consegue descobrir e desenvolver outros líderes ascendeu para o Quarto Nível de Influência.

No Nível 4, o grupo cresce porque o líder desenvolveu outros líderes do Nível 3. Um líder de Nível 4 está basicamente no negócio de substituir a si mesmo.

Continuando com o exemplo da jogadora de futebol dos capítulos anteriores, no Nível 4 ela se torna treinadora da equipe. Porém, sua influência não vem da posição que ela ocupa. Ao contrário, vem de sua capacidade de desenvolver outros líderes-jogadores (capitães de equipe etc.) e treinadores assistentes. Suas habilidades são empregadas para desenvolver os outros, levando-os a ocupar posições de liderança dentro do esporte. Esses indivíduos buscam suas orientações e ensinamentos a fim de ajudá-los a aumentar sua capacidade de liderança.

## Pressupostos ou a "arte" do desenvolvimento de líderes

A exemplo do que ocorre em cada um dos níveis de influência anteriores, existem alguns pressupostos vitais na etapa de Desenvolvimento de outros líderes. Depois que os pressupostos corretos tiverem sido incorporados à mente do líder, ações corretas se seguirão.

Há também uma súbita tendência no trabalho à medida que progredimos nos níveis de influência. Quanto mais degraus um líder sobe, mais importantes e numerosos serão os pressupostos; ao mesmo tempo, as ações reais tornam-se menores e menos numerosas. Em outras palavras, quanto mais alto sobe o Líder, mais necessária se torna a "arte" e menos necessária a "ciência". Quem a pessoa se torna é muito mais importante do que o que ela faz. Veja bem, os líderes estarão ocupados, esforçando-se em cada um dos cinco níveis de influência, mas a ênfase de seus esforços mudará junto com o desenvolvimento de sua capacidade.

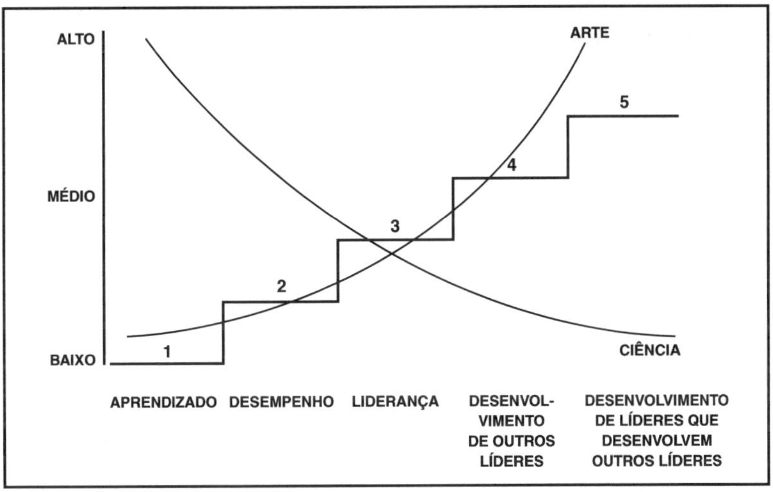


### *Os Líderes de Nível 4 sabem que os resultados virão por meio dos esforços de outros líderes*

Este Quarto Nível é importante porque diminui radicalmente o escopo ou alcance do líder. É o nível no qual o líder não se contenta apenas em liderar seus seguidores, esforçando-se também para desenvolver outros líderes. Vamos voltar à equação da física:

Influência = Esforço × Escopo

O que vemos aqui é que sempre que o líder consegue encontrar e desenvolver outro líder que possa ascender ao terceiro nível de influência, isso aumenta exponencialmente o escopo do líder original. Nos casos em que o Líder de Nível 3 se beneficiou dos conceitos de alavancagem em termos de multiplicação (coordenando os esforços de uma equipe unificada de realizadores), o Líder de Nível 4 ganha as vantagens do crescimento exponencial (desenvolvendo outros líderes que também se multiplicam).

**"Obviamente, cerquei-me de pessoas que eram muito mais talentosas do que eu. Esse era o segredo do sucesso da EDS – o efeito multiplicador de todo esse talento."**

Ross Perot, o bilionário fundador da EDS e da Perot Systems, disse: "Obviamente, cerquei-me de pessoas que eram muito mais talentosas do que eu. Esse era o segredo do sucesso da EDS – o efeito multiplicador de todo esse talento." O Líder de Nível 4 não está preocupado em ser o astro ou a estrela da organização; está preocupado em desenvolver outro astros e estrelas.

### *Os Líderes de Nível 4 entendem o poder da duplicação*

Enquanto o Líder de Nível 3 precisa estar junto de sua equipe para alcançar o sucesso, os Líderes de Nível 4 obtêm resultados mesmo quando não estão por perto. Essa eficácia obtida por meio da produção de outros líderes gera um resultado que chamamos de duplicação. A duplicação é o motivo do crescimento exponencial discutido no parágrafo anterior.

Os Líderes de Nível 4 enfrentam os desafios e oportunidades fazendo-se perguntas como: Qual das pessoas por mim desenvolvidas poderá lidar com isso? Quais de meus líderes têm uma equipe capaz de assumir essa tarefa? O que eu fiz ou o que posso fazer para ajudar esse ou aquele líder a crescer e se aperfeiçoar?

Talvez um dos melhores exemplos do conceito de crescimento exponencial pelo poder da duplicação venha de Ray Kroc e do sistema de franquia do McDonald's. Mencionamos anteriormente que a visão de Kroc foi muito além dos limites criados pelos fundadores da cadeia de lanchonetes. Nesse momento, pode ser útil explicar por que a visão de Kroc era tão grandiosa: ele entendeu a força da duplicação.

Kroc se havia convencido de que o sistema de operação de uma lanchonete de fast-food lucrativo como o desenvolvido pelos irmãos McDonald funcionaria. O toque de Kroc foi descrito pelo autor John Love em *McDonald's: A Verdadeira História do Sucesso*:

> A essência da filosofia de franquia exclusiva mas maravilhosamente simples de Kroc não deveria viver do esforço de seus franqueados, mas deveria ser bem-sucedida ao ajudar seus franqueados a serem bem-sucedidos. *A genialidade de Ray Kroc foi tratar seus franqueados como parceiros iguais.* [Como resultado disso] ele teve algo que ninguém mais teve – franqueados trabalhando a seu lado. O que acabou separando o McDonald's de outras empresas semelhantes foi *a capacidade de Kroc de organizar os esforços de centenas de outros empresários* – seus franqueados do McDonald's – para trabalhar não apenas em prol de seus interesses, como também dos interesses do McDonald's. Como Ray Kroc disse, *eles eram os mesmos.* [O grifo é nosso]

Embora a maioria dos líderes nunca experimente o poder da duplicação na escala em que Ray Kroc e McDonald's experimentaram, o exemplo é claro. Os líderes de Nível 4 são capazes de se alinhar com outros líderes em torno de um propósito comum. Então, eles desenvolvem esses líderes para que sejam capazes de alcançar o sucesso, mesmo quando o Líder de Nível 4 não está por perto. O resultado é o aumento exponencial da produtividade.

### *Os Líderes de Nível 4 sabem que os líderes têm pontos fortes em várias áreas*

Um dos motivos que fazem com que o desenvolvimento de outros líderes funcione tão bem é o fato de todas as pessoas terem pontos fortes e habilidades diferentes. Os Líderes de Nível 4 não são "protetores do próprio território" ou "egoístas" que precisam ser os melhores em tudo, obter a glória de cada conquista e participar de todas as decisões. Os Líderes de Nível 4 cercam-se de líderes capazes em várias áreas e, em muitos casos, em áreas nas quais o Líder de Nível 4 é mais fraco. Em outras palavras, os Líderes de Nível 4 preocupam-se mais com a visão do que com sua própria glória pessoal. Eles sabem que não são excelentes em tudo, por isso juntam-se a outros líderes que são bons nas áreas em que eles não são. E também atraem líderes que são fortes nas áreas em que são fortes, mas não se sentem intimidados por eles.

### *Os Líderes de Nível 4 sabem que a visão deve ser suficientemente abrangente para vários líderes*

Um dos motivos pelos quais os Líderes de Nível 4 são capazes de desenvolver outros líderes é o fato de a visão ser grande o suficiente para todos eles. Os Líderes de Nível 4 sabem que os melhores talentos não são atraídos somente por altos salários, bonificações, poder e mordomias, mas também por uma visão convincente. Os Líderes de Nível 4 não se importam de se cercar de talentos e ajudar esses talentos a crescer, porque sabem que existem oportunidades suficientes para todos. A realização da visão tem prioridade sobre as metas menores e individuais, que parecem insignificantes em comparação à visão.

### *Os Líderes de Nível 4 sabem que o reconhecimento é a motivação mais valiosa*

No quarto nível de influência, o líder é reconhecido como um especialista em sua área. Os Líderes de Nível 4 pegam um pouco da "luz" que brilha sobre eles e a compartilham com aqueles, em sua equipe, que se destacam pelo desempenho. E fazem isso com estardalhaço, publicamente, edificando e reconhecendo os astros e estrelas de sua organização.

Os Líderes de Nível 4 sabem que o motivo real que leva a maioria das pessoas em sua organização a ter um bom desempenho é o próprio reconhecimento e os elogios que o Líder de Nível 4 lhes concede. Enquanto os Líderes de Nível 3 ficam felizes ao receber os elogios e o reconhecimento por seu próprio desempenho de liderança, os Líderes de Nível 4 sabem que não estão competindo com nenhum de seus colegas e compartilham o crédito e os elogios, a fim de construir e desenvolver seus líderes. Os Líderes de Nível 3 geralmente estão preocupados com o reconhecimento que recebem; os Líderes de Nível 4 estão concentrados em quanto reconhecimento podem conceder aos outros.

Alguns Líderes de Nível 3 ficam preocupados quando seus colegas conseguem ter um desempenho semelhante ao deles. Os Líderes de Nível 4 nunca se comportam dessa maneira; ao contrário, param de defender sua bandeira pessoal e defendem a bandeira coletiva. Esta é a diferença significativa entre simplesmente ser um líder e transformar os outros em líderes. Os Líderes de Nível 4 conhecem o poder de reconhecer seus líderes. Eles entendem como isso é essencial para desenvolver as outras pessoas.

O magnata do aço Charles Schwab disse certa vez: "Considero minha habilidade de despertar o entusiasmo entre meu pessoal a maior qualidade que possuo. E o meio mais eficiente de desenvolver o que de melhor há em um homem é valorizá-lo e estimulá-lo." Deve ter funcionado. Schwab tornou-se um homem riquíssimo, conhecido por desenvolver a capacidade de liderança em outras pessoas.

> **Reconhecimento: "Os bebês choram por ele e os homens morrem por ele."**

Como diz o ditado sobre o reconhecimento: "Os bebês choram por ele e os homens morrem por ele." Os Líderes de Nível 4 não exigem lágrimas nem sacrifícios para elogiar seus líderes; eles sabem oferecer elogios em abundância.

## Ações ou a "ciência" do desenvolvimento de líderes

No quarto nível de influência, o lado "arte" da liderança começa a se sobrepor ao lado "ciência". Porém, esse quarto nível ainda incorpora algumas etapas fundamentais.

### *Os Líderes de Nível 4 levam outros líderes a alcançar resultados de equipe*

No nível anterior de influência, o Nível 3, o líder era responsável por compelir as outras pessoas à ação. O Líder de Nível 4 precisa levar as pessoas a obterem resultados. Existe uma grande diferença entre manter as pessoas ocupadas e fazer com que sejam eficientes. Há o momento e o lugar certos para a atividade como foco, normalmente nos primeiros dias da experiência de um líder. Atividade gera habilidade, confiança e experiência. Mais cedo ou mais tarde, porém, o que importa são os resultados. No Nível 4, a credibilidade de um líder vem dos resultados que ele consegue ajudar a transmitir a outros líderes.

Larry Bossidy, ex-CEO da Honeywell e ex-vice-presidente da GE, tem uma teoria que chama de "Métrica Definitiva". Ele disse: "Quando você estiver confuso sobre suas realizações como líder, descubra como as pessoas que lidera estão fazendo e você terá a resposta." Em *Attitudes and Altitudes*, o autor Pat Mesiti escreveu: "Um líder eficiente não é uma pessoa amada ou admirada, e sim alguém cujos seguidores fazem a coisa certa. Popularidade não tem nada a ver com liderança; resultado tem tudo a ver com liderança. Liderança tem tudo a ver com a reprodução de valores (e resultados) em outras pessoas." O Líder de Nível 4 responsabiliza-se pelos resultados obtidos na vida das pessoas que lidera e desenvolve.

> **Atividade gera habilidade, confiança e experiência. Mais cedo ou mais tarde, porém, o que importa são os resultados.**

### *Os Líderes de Nível 4 tornam-se caçadores de talentos*

Sempre que uma organização tem Líderes de Nível 3 eficientes, pode apostar que alguém os liderou e desenvolveu. Esta é a tarefa de um Líder de Nível 4. Mike Shanahan, técnico do bicampeão do Super Bowl Denver Broncos e autor do livro *Think Like a Champion*, diz: "Você pode falar sobre trabalho em equipe, sobre compartilhar a carga ou dividi-la. Mas em algum momento, seu líder precisa surgir." Os Líderes de Nível 4 percebem isso e têm o cuidado de escolher a quem devem dedicar seu tempo e energia. Isso exige que o Líder de Nível 4 reconheça o talento de liderança em potencial. John Maxwell escreveu em *Equipping 101*: "Os grandes líderes procuram e encontram líderes em potencial e os transformam em bons líderes."

Existem várias qualidades a serem observadas na tentativa de identificar, orientar e desenvolver um líder. Em *My Life and the Principles for Success*, Ross Perot apresenta uma lista mais simples. Ele diz: "Seu sucesso será baseado em seu julgamento na criação de uma excelente equipe de pessoas. As pessoas que você quer não virão até você – você terá de procurá-las. Procure pessoas que:

1. Sejam espertas
2. Sejam firmes
3. Sejam autoconfiantes
4. Tenham um recorde de realizações desde a infância
5. Amem vencer."

O Pastor Doug Murren disse que líderes são encontrados entre pessoas que têm as seguintes características:

1. Um desejo de inovar
2. Uma paixão acima da média por princípios
3. Uma necessidade de afirmação muito inferior à da média
4. Um alto nível de curiosidade
5. Um histórico de vencer os fracassos

Michael Abrashoff, ex-comandante do USS *Benfold* e autor de *Este barco também é seu*, disse: "Aposte em pessoas que tenham autonomia de pensamento", e acrescentou a responsabilidade pessoal como uma necessidade. Peter Schultz, ex-presidente da Porsche, disse: "Contrate atitude. Treine habilidade." Em *A Fish Out of Water*, George Barna aconselha líderes a procurarem pessoas que:

1. Estejam dispostas a aprender
2. Tenham maturidade espiritual

3. Entendam liderança como um ato de servidão
4. Tenham paixão pela visão e por liderar pessoas em sua direção
5. Tenham habilidades básicas suficientes que permitam agregar valor à equipe

Jeff Immelt, CEO da General Electric, foi citado no livro de Noel Tichy, *The Cycle of Leadership*, dizendo acreditar que os líderes na GE devem começar com pelo menos quatro características pessoais fundamentais:

> Primeiro, você deve ser capaz de ter um bom desempenho. Não há nada que substitua pessoas que sabem como ter um bom desempenho ciclo após ciclo; nos bons e nos maus momentos. ... Segundo, você quer pessoas que saibam aprender todos os dias. ... Terceiro, as pessoas devem ter a capacidade de trabalhar em equipes globais diversificadas. ... Quarto [e principal]. Precisamos encontrar uma maneira de atrair pessoas que queiram se doar, doar-se ao ambiente, à comunidade, ao ambiente de trabalho.

Pat Williams, vice-presidente sênior do time de basquete Orlando Magic, disse: "Estudos psicológicos mostram que pessoas bem-sucedidas, com grandes realizações, não se preocupam muito com o que os outros vão pensar." Randy Haugen, um bem-sucedido empresário da Internet, disse: "Os grandes líderes em potencial:

1. Têm uma base financeira
2. Têm capacidade de conexão
3. Têm credibilidade junto a seus pares
4. Conhecem muitas pessoas
5. São confiantes
6. Não estão preocupados com o que os outros pensam
7. Têm disciplina pessoal."

Observe que há muita coisa em comum nessas listas. Existe quase um "sentimento" perceptível sobre a formação dos candidatos corretos à liderança quando se lêem essas listas.

O reconhecimento de líderes em potencial não é uma proposição em preto-e-branco, e essas listas dos gigantes do mundo da liderança são muito apreciadas. Para os propósitos deste livro, vamos nos concentrar em algumas áreas principais que são consideradas as mais importantes, na tentativa de identificar líderes que vale a pena guiar e desenvolver. Esta lista começa com as três Qualidades Básicas de Liderança que forma nosso ponto de partida:

1. Desejo
2. Capacidade de aperfeiçoamento
3. Honra

Essas são três características necessárias, mas na identificação de líderes em potencial, existem alguns outros atributos a ser considerados para que o Líder de Nível 4 não perca tempo orientando aqueles que não se tornarão líderes eficazes. Esses atributos são os seguintes:

4. Atividade
5. Respeito
6. Relacionamento conectado
7. Atitude
8. Capacidade de conexão

### ATIVIDADE

A atividade é um atributo muito importante a ser identificado naqueles que podem se tornar líderes porque é um forte indicador de ambição, coragem e iniciativa. Torna-se também um diferenciador que o orientador pode usar para explicar o privilégio de se tornar um protegido. O mentor, ou Líder de Nível 4, poderia dizer ao protegido: "O motivo que me levou a escolher você entre milhares de outros candidatos foi que você me convenceu por meio de seus esforços de que deseja se tornar um líder. Se você fizer o que for necessário e seguir meus conselhos, ensinarei a você o que é necessário para ser bem-sucedido." Quando procurar líderes em potencial visando a seu desenvolvimento, procure aqueles com altos níveis de atividade consistente, pessoas que transitem continuamente pelo Ciclo de Realizações discutido anteriormente. É impossível manobrar um carro estacionado, mas é fácil manobrar um carro em movimento. Quando se trata de encontrar líderes em potencial, procure alguém em movimento. Quase tudo o mais pode ser ensinado depois.

Durante a Guerra da Secessão, o presidente Abraham Lincoln sofreu com uma série de generais ineptos e ineficientes no comando do Exército da União. Aparentemente, o maior desafio foi encontrar alguém que tomasse iniciativa e levasse a força de combate superior da União à batalha contra o Exército Confederado. Alguns generais passaram todo seu tempo em treinamento. Outros desperdiçaram seu tempo em conflitos pequenos e sem importância. Outros ainda fugiram bem no momento em que a batalha, e talvez a guerra, fosse vencida. Mais de uma vez, Lincoln removeu um comandante e o substituiu por outro que havia prometido colocar o exército em ação. Finalmente, o general Ulysses S. Grant provou ser o homem certo. Porém, assim que ele assumiu o comando das forças da União e colocou o exército imediatamente em ação, Grant sofreu um ataque de críticas. A resposta de Lincoln foi um lembrete inteligente sobre a importância da atividade como a matéria-prima de um líder. "Não posso abrir mão desse homem; ele luta", disse Lincoln.

> **"Não posso abrir mão desse homem; ele luta."**

RESPEITO

O conceito de respeito é fundamental para o processo de orientação. Se um candidato a desenvolvimento de liderança não respeitar o Líder de Nível 4, seus conselhos e realizações, o processo estará condenado ao fracasso antes mesmo de começar. Deve-se acreditar que o mentor pode oferecer o que o protegido necessita para ter sucesso como líder. Michael Dell, fundador da Dell Computer, escreveu em *Direct from Dell*: "Para que qualquer empresa seja bem-sucedida, é fundamental que a alta gerência saiba dividir o poder. Vocês também precisam respeitar uns aos outros e comunicar-se constantemente para focar nos tópicos e problemas mais importantes que a empresa enfrenta." É isso o que o respeito faz: cria comunicação e cooperação e permite o compartilhamento de poder.

## RELACIONAMENTO CONECTADO

Este termo representa o relacionamento no qual mentor e protegido parecem estar "conectados". Para ensinar e aprender, o arranjo mais produtivo é um relacionamento no qual ambos os lados realmente gostem um do outro.

## ATITUDE

É impossível ensinar liderança sem voltar continuamente à questão da atitude. Vencedores não têm circunstâncias melhores; eles têm atitudes melhores a respeito de suas circunstâncias. Herb Kelleher, CEO da Southwest Airlines, uma empresa altamente lucrativa, disse: "Treinaremos você em qualquer coisa que precise fazer, mas uma coisa que a Southwest não pode mudar nas pessoas são as atitudes inerentes."

Os mentores devem buscar com afinco uma atitude positiva por parte de qualquer candidato a desenvolvimento de liderança. Sem a atitude apropriada, não pode haver crescimento pessoal.

## CAPACIDADE DE CONEXÃO

Os líderes atuam no negócio de influenciar pessoas. Por esse motivo, qualquer candidato ao processo de desenvolvimento de liderança deve ter uma habilidade básica de se conectar com as pessoas. Chamamos isso de "capacidade de conexão". As pessoas apreciam, confiam e ouvem as pessoas assim. Elas causam uma excelente primeira impressão e uma impressão ainda melhor à medida que o relacionamento se aprofunda. Elas transmitem credibilidade. Os mentores que buscam um líder potencial deveriam escolher candidatos que já têm essa habilidade com pessoas bastante desenvolvida.

### *Os Líderes de Nível 4 dão autonomia e poder a outros líderes*

No Nível 4, os líderes não estão apenas desenvolvendo seguidores, eles estão desenvolvendo líderes. Há uma grande diferença entre os dois.

Dar poder e autonomia aos líderes envolve permitir que assumam as rédeas da situação e tomem decisões. Significa permitir que liderem suas próprias equipes e cometam os próprios erros e, simplesmente, lhes dar liberdade de falhar ou decolar. Os verdadeiros líderes só seguirão o Líder de Nível 4 se tiverem chances de abrir suas asas e mostrar aquilo do que são capazes; sem essa chance, nunca alcançarão seu potencial. É por isso que dizem que os líderes comuns lideram seguidores, enquanto grandes líderes lideram líderes.

### *Os Líderes de Nível 4 aprendem a atuar como mentores*

A próxima habilidade que o Líder de Nível 4 precisa ter é desenvolver a habilidade de atuar como mentor. Como disse o escritor H. Jackson Brown, Jr. : "Talento sem disciplina é como um polvo de patins. Há muito movimento, mas você nunca sabe se será de frente para trás, de trás para frente ou de lado." Os mentores domam o polvo.

No Nível 3, o líder é protegido do mentor. No Nível 4, ele atua como mentor de outros. Atuar como mentor é um processo complexo que exige tempo, energia, discrição, paciência e disciplina, e sua execução pode ser bastante difícil. Mas realmente não há recompensa tão boa para um líder quanto a capacidade de orientar o desenvolvimento e o crescimento de outros líderes. Aqui está o segredo da multiplicação dentro de uma organização, e o segredo para um crescimento sustentável e contínuo no desempenho de uma organização.

A orientação e o desenvolvimento de outros líderes podem parecer uma arte perdida na sociedade moderna, em que o "eu" vem em primeiro lugar. Sabemos que em vários cargos nas empresas, a "proteção do território" está na ordem do dia. Vários "líderes" temem perder sua confortável posição de liderança se outros líderes conquistarem um desempenho excelente. Permita-nos uma advertência: os líderes que olham apenas para o próprio umbigo e buscam apenas o próprio sucesso e engrandecimento raramente duram muito tempo no campo da liderança. Os verdadeiros líderes têm confiança em sua capacidade de realizar as coisas e sabem que a única maneira de maximizar seu papel de líder é desenvolver outros líderes. Quando um líder orienta e ajuda no crescimento de outro líder, todos saem ganhando. E, sem trazer outros líderes consigo, o líder fica estagnado.

**Os líderes médios lideram seguidores; os grandes líderes lideram líderes.**

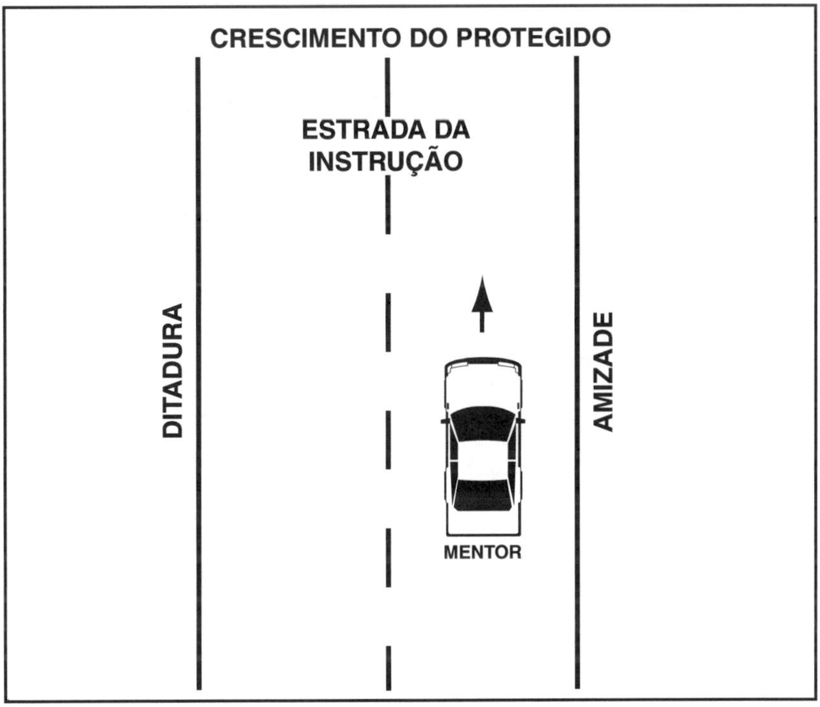


Os Líderes de Nível 4 devem entender que o processo de orientar é um ato de equilíbrio. Assim como na estrada para o sucesso existem as valas de desestímulo e complacência para as quais os candidatos a líder podem resvalar, o processo de orientação é rodeado de amizade e ditadura.

Um mentor deve permanecer sempre "no acostamento". Caso se torne muito amigo, a familiaridade destruirá o respeito e a responsabilidade que o protegido terá no relacionamento. Se o mentor tiver tendências ditatoriais, o protegido ficará ressentido e ferido, perdendo a motivação e, finalmente, o respeito pelo mentor. Um mentor é alguém que se importa o suficiente com o desempenho do protegido para dizer o que um amigo não conseguiria. Nesse sentido, o mentor realmente vai além da amizade. O mentor, porém, também respeita muito o protegido para se tornar mandão ou exigente demais. Existem algumas declarações que os mentores podem usar para garantir que o protegido saiba exatamente qual é seu lugar no relacionamento. Uma delas pode ser: "Posso ir além da amizade e falar com você como mentor?" Isso lembrará ao protegido que, embora possa não ser fácil escutar o que será dito, será para o seu próprio bem. Ou então o mentor poderia dizer: "Quero ter certeza de que você sabe que isso é apenas o que recomendo. Você pode fazer o que quiser. Não sou seu chefe (se este for o caso). Quero apenas o que for melhor para você."

Com frases simples como essa, o mentor pode lembrar delicadamente a posição do protegido dentro do relacionamento e colocar ambos em seu lugar.

> **"Orientar alguém não é criá-lo à própria imagem, mas sim lhe dar a oportunidade para que se crie sozinho."**

Os mentores nunca devem partir do pressuposto de que cada um de seus "discípulos" deve ser tratado da mesma maneira. As pessoas são diferentes e exigem tratamentos diferentes. Com isso, não estamos querendo dizer tratamento inadequado, e sim tratamento exclusivo. Como disse o famoso produtor e diretor de cinema Steven Spielberg: "Orientar alguém não significa criá-lo à sua própria imagem, mas sim dar-lhe oportunidade de criar a si mesmo." Isso é possível entendendo-se o protegido como uma pessoa e descobrindo como ele "funciona".

Existem três áreas principais a ser identificadas antes de se começar a orientação de alguém. A primeira é a personalidade ou o temperamento natural da pessoa. Os antigos filósofos já nos diziam que cada um de nós nasce com um temperamento básico. Aprofundar-se nesse assunto está além do escopo deste livro, mas os líderes devem saber quais são os temperamentos dominantes de seus protegidos. Segunda, existem diferentes estilos de aprendizado. Algumas pessoas aprendem melhor por meio de informações visuais, outras aprendem verbalmente, enquanto outras aprendem melhor experimentando. A terceira é o conceito de "linguagens de amor". São os estilos de comunicação que uma pessoa prefere, como verbal, toque, recebimento de presentes, tempo de qualidade e gentilezas. Conhecer essas tendências naturais possibilita que o mentor ofereça instruções diretas, criadas especificamente para obter o máximo impacto no indivíduo em desenvolvimento. Isso não é tão complicado quanto parece. Uma leitura breve sobre tópicos relacionados a estilos de aprendizagem, linguagens de amor e temperamentos lhe permitirá entender e identificar a inclinação natural de um determinado protegido. Isso facilitará o processo de desenvolvimento de liderança de várias maneiras.

A orientação envolve várias etapas, muitas das quais são mais arte do que ciência. Na verdade, a orientação pode ser analisada como uma cirurgia cerebral de longo prazo. A intenção geral é ensinar o protegido a pensar corretamente como líder. Noventa e cinco por cento do processo está relacionado a ajudar o protegido a desenvolver o raciocínio apropriado. Nesta seção, dividiremos o processo em suas partes componentes para revelar a arte e ensinar a ciência.

## O MENTOR DÁ O EXEMPLO

Em *The Magic of Thinking Big,* David Schwartz escreveu: "Com o passar do tempo, os subordinados costumam se tornar cópias exatas de seus chefes. A maneira mais simples de obter desempenho de alto nível é certificar-se de que vale a pena reproduzir a cópia original." O exemplo é uma parte importante em todas as funções de liderança, mas especialmente no processo de orientação. Os seguidores precisam de ajuda. Os líderes precisam de exemplos. Assim, para que um mentor desenvolva outro líder, o exemplo é crucial. O protegido deve ter 100% de confiança de que o mentor sabe do que ele está falando. A prova está nos resultados. O mentor deve oferecer resultados para ser um conselheiro eficiente, porque saber e não ter é não saber. O único motivo que fará com que um protegido escute o mentor é acreditar que o mentor poderá ajudá-lo a conseguir o que quer.

## O MENTOR FAZ PERGUNTAS

Com resultados óbvios que conquistam o respeito do protegido, o mentor pode iniciar o processo de aconselhamento. Esse processo começa com perguntas. A natureza dessas perguntas pode variar, mas elas devem cumprir alguns objetivos específicos e basear-se em um conceito que Stephen Covey chama de "Procure primeiro compreender, depois ser compreendido" no livro *Os 7 hábitos das pessoas altamente eficazes*. De início, o mentor precisa conhecer o protegido, porque não podemos liderar aqueles que não conhecemos. Em relação ao protegido, o mentor deseja saber:

1. O que o torna diferente?
2. O que o torna especial?
3. Por que ele se envolveu nesta área em particular?
4. O que o motiva? Quais são seus sonhos?
5. Qual é sua personalidade ou temperamento?
6. Quais desafios ele enfrentou em sua vida?
7. Que vitórias conquistou?
8. Que princípios entende e incorpora?
9. Que princípios ainda precisa aprender?
10. Quais pontos cegos ele ainda não enxerga em si mesmo?
11. Qual é seu nível de comprometimento?
12. Qual é a base de seu caráter?
13. Onde está seu pensamento?

O aspecto principal em um mentor é ser um bom ouvinte. Um mentor deve aprender a ser franco com as pessoas, para fazer com que falem sobre si mesmas e suas experiências passadas de um modo que raramente costumam fazer. Se o mentor conseguir fazer com que alguém fale por tempo suficiente, poderá descobrir quase tudo o que é necessário saber sobre a outra pessoa. É como se o mentor dissesse: "Quero saber quem é você para poder ajudá-lo a realizar seus sonhos." Um bom mentor pergunta, escuta e observa, fazendo anotações mentais, entrando fundo nos problemas que são especialmente iluminadores sobre a forma de pensar do protegido. Finalmente, o mentor poderá dizer ao protegido coisas sobre si mesmo que até mesmo o protegido desconhecia. Esse processo dirá ao mentor onde está o pensamento do protegido e como ele interpreta as informações, qual é sua perspectiva e nível de ambição em relação às suas metas.

## O MENTOR DESENVOLVE O RELACIONAMENTO

Para que o processo de desenvolvimento do líder seja eficiente, o protegido deve ter 100% de confiança de que o mentor está dizendo isso para proteger seus interesses. O dicionário define confiança como "segurança garantida no caráter, capacidade, poder ou verdade de alguém ou alguma coisa". Este nível de confiança só pode acontecer quando existe um relacionamento. Os mentores devem buscar um vínculo com seus protegidos e não existem atalhos quando se trata de relacionamentos. O mentor deve investir regularmente no desenvolvimento e na segurança do relacionamento. Isso é especialmente importante quando chega o momento de o mentor oferecer correção de curso ou tratar diretamente de problemas de liderança deficiente. Nesse momento, é melhor haver um relacionamento que o mentor possa trabalhar. O antigo ditado ainda é verdadeiro: "As pessoas não ligam para o que você sabe até que elas saibam o quanto você se importa." Isso é especialmente verdadeiro para o processo de desenvolvimento de liderança.

**"Não existem atalhos quando se trata de relacionamentos."**

O escritor Stephen Covey nos oferece uma analogia que pode ser útil para entendermos o desenvolvimento dos relacionamentos. Imagine um relacionamento entre um correntista e o banco. Os dois lados precisam de tempo e experiência juntos para confiar nas contas um do outro. Com o passar do tempo, as contas crescem e existirá um excedente de confiança. Quanto mais isso aumenta, maior será o nível de confiança entre as duas partes. Além disso, com um excedente de equilíbrio, existirão "fundos" suficientes de confiança para o caso de uma retirada. Em todos os relacionamentos existirão momentos em que um comentário pode ferir os sentimentos ou uma das partes pode se sentir menosprezada ou deixada de lado (isto é, uma retirada). Com fundos suficientes na conta bancária, o relacionamento poderá sobreviver à transação e não falir. "Tenho certeza de que Fred não quis dizer isso" ou "Eu a perdoarei porque sei como ela gosta de mim" são as respostas naturais de um bom relacionamento. Os líderes entendem esse princípio e se esforçam constantemente para realizar regularmente depósitos de confiança e boa vontade nas contas de seus colegas e subordinados.

Quando um líder tem uma posição de mentor, este conceito torna-se ainda mais importante. Isso ocorre porque, no processo de orientação, geralmente é necessário – e até mesmo no próprio cargo de mentor – oferecer aconselhamento a respeito de aspectos desconfortáveis e provavelmente ofensivos ao protegido. Se uma conta de boa vontade não tiver sido criada anteriormente, o relacionamento vai falir, e o processo de orientação também. Porém, com um sólido relacionamento, construído com base na boa vontade, o protegido aceita o conselho, melhora e cresce. John Maxwell escreveu: "Nunca subestime o poder de construir relacionamentos com as pessoas antes de pedir que elas o sigam."

### O MENTOR OFERECE SEGURANÇA AO PROTEGIDO

Todos querem ser aceitos, e isso não é diferente no caso dos líderes. Os mentores dão segurança a seus protegidos, aceitando-os onde estejam e aprovando-os como pessoas. Isso não significa que o mentor concorde com tudo que o líder em formação faz, mas sim que ele aceita o protegido como uma pessoa de valor, uma pessoa que deve ser respeitada. Quanto mais novo for o relacionamento, mais importante é que o mentor não seja crítico. Haverá muito tempo durante o processo de desenvolvimento de liderança para fazer ajustes e inspirar o crescimento pessoal. Porém, a entrada para a mudança positiva nunca será aberta, a não ser que o protegido seja aceito e afirmado pelo que é desde o início.

### O MENTOR CONSTRÓI A CONFIANÇA DO PROTEGIDO

É muito difícil fazer qualquer coisa sem que exista confiança no objetivo, plano, liderança e na causa por trás de tudo isso. Em um nível ainda mais profundo, é muito difícil fazer qualquer coisa quando uma pessoa não acredita na própria capacidade. Um mentor oferece confiança em todas essas áreas, mas particularmente na categoria da autoconfiança. Isso pode ser um desafio. Até mesmo o mais forte dos líderes tem dúvidas sobre si mesmo de vez em quando. Os mentores aguardam com provas do desempenho passado e reafirmações de sucesso de suas próprias experiências para fortalecer a confiança do protegido em si mesmo e na possibilidade de sucesso. Anthony Robbins explica que a confiança deve ser suportada ao confirmar as evidências, assim como uma banqueta deve ser suportada por suas pernas. As pernas que suportam as pernas da confiança são compostas por:

1. prova de desempenho passado
2. caráter
3. valores

Os mentores ajudam a fortalecer a confiança que o protegido tem em si mesmo lembrando-o dessas provas que o sustentam. Ter alguém que acredite nele e, o mais importante, que o ajude a acreditar em si mesmo é um componente essencial para grandes conquistas. Os Líderes de Nível 4 eficientes cumprem essa responsabilidade.

## O MENTOR CONSTRÓI O SONHO DO PROTEGIDO

Outro componente fundamental das responsabilidades de um mentor é ajudar o protegido a construir seu sonho. Quando os mentores foram mais longe e viram mais coisas, podem ajudar o protegido a sonhar e a pensar mais alto do que ele poderia se estivesse sozinho. Muitas vezes, os líderes não conseguem ver como sua própria grandiosidade os transporta, mas um mentor pode. Como observou John Wanamaker: "Um homem não faz muita coisa sem que a causa pela qual trabalha controle tudo o que lhe diz respeito."

## O MENTOR ELIMINA O MEDO DO PROTEGIDO

O medo é o estraga-prazeres que interrompe o desenvolvimento de um líder que está prestes a entrar em sua zona de conforto. Os mentores oferecem a chave da prisão. Isso pode ser feito por meio da recomposição de situações para ajudar o protegido a enxergar as coisas sob outra ótica. Pode ser feito pela exposição dos problemas que causam ansiedade como obstáculos superáveis que são. Normalmente, esse processo envolve estímulo ao protegido, por parte do mentor, para que ele confronte diretamente seus medos. Como diz o ditado: "Noventa e cinco por cento das coisas com as quais nos preocupamos nunca acontecem, e os cinco por cento restantes não são tão ruins quanto imaginamos." Normalmente, quando os líderes conseguem conquistar novas alturas e ultrapassam suas zonas de conforto, ficam impressionados com a pequena resistência que encontraram em comparação com o que temiam. Só o fato de ultrapassarem essas barreiras já elimina o medo, e os mentores estão lá para oferecer esse empurrão de coragem necessário. A coragem não é ação sem medo, e sim ação no lugar do medo. Os mentores alimentam essa coragem.

### O MENTOR TRANSMITE CONFIANÇA

Uma maneira de os mentores estimularem a coragem nos corações de seus protegidos é desenvolvendo sua confiança. Já se disse que a confiança é algo frágil. Em um minuto, um líder está altivo, no outro está estraçalhado. Os mentores ajudam a construir e restaurar a confiança, apontando as vitórias passadas e lembrando o líder de seus pontos fortes e suas habilidades. "Isso não é nada", diz o líder, "você já passou por isso. Com sua capacidade, você poderá resolver isso também". O mentor constrói confiança sendo específico. Palavras soltas e bajuladoras nada significam; na verdade, podem até diminuir ainda mais a confiança do líder. Um mentor conhece as capacidades e conquistas passadas de seu pupilo e as menciona especificamente. "Lembra-se daquela vez em que superou o problema X? Como você fez aquilo? Bom, você fará isso da mesma maneira, e hoje você é um líder muito mais forte do que era naquela época." Esse tipo de reforço desenvolve confiança e permite que o líder maximize em vez de ficar paralisado pela dúvida e pelo medo.

### O MENTOR MANTÉM SEU PROTEGIDO NA FASE DA AÇÃO

Outro meio que os mentores podem usar para desenvolver confiança é manter os protegidos no jogo. A confiança no desempenho normalmente enfraquece quando o nível de confiança do líder cai. Lembrar-se das vitórias e desempenhos passados não leva muito longe. Não há nada como novas conquistas para aumentar a confiança, e os mentores aproveitam essa verdade. Manter os protegidos no jogo é meio caminho andado para o desenvolvimento da confiança.

A fase de ação também é necessária para o desenvolvimento de hábitos apropriados. Se os líderes conseguem fazer com que as pessoas realizem as coisas certas regularmente, no final essas coisas acabarão se tornando hábitos adquiridos. Quando os líderes desenvolvem bons hábitos, sua capacidade se torna uma competência inconsciente; eles podem ter um bom desempenho sem precisar parar e pensar muito no assunto. Com o passar do tempo, o desempenho repetido das coisas certas desenvolve um conjunto apropriado de instintos. Para o líder, o desenvolvimento de bons instintos torna-se uma necessidade. Geralmente um líder tem pouco tempo para tomar decisões fundamentais. A capacidade de tomar as decisões corretas no fragor da batalha só pode ser desenvolvida permanecendo-se na fase de ação por tempo suficiente para adquirir hábitos eficazes, e a capacidade de fazer um bom julgamento torna-se parte dos instintos da pessoa. Nada disso pode ser aprendido a não ser na fase de ação. Os bons mentores mantêm seus protegidos muito envolvidos na fase de ação para alimentar esse desenvolvimento.

## O MENTOR COLOCA OS DESAFIOS DO PROTEGIDO SOB UMA NOVA ÓTICA

Os mentores devem ter a capacidade de ver as coisas sob a luz correta e ajudar a acender essa luz na mente do protegido. Vez por outra, os líderes estão perto demais da floresta para enxergar as árvores. Às vezes, um soldado, no meio da batalha, não tem perspectiva se o seu lado está vencendo a guerra. Os mentores podem proporcionar uma nova perspectiva sobre os desafios que o líder enfrenta. Para tanto, o mentor aceita o desafio como definido pelo protegido e o reapresenta sob uma luz diferente.

> **O que conta não é o que acontece, mas sim como o líder vê o que acontece.**

O protegido pode enxergar apenas os limões, mas o mentor mostra como transformá-los em limonada. Esta é uma habilidade muito importante e está bem no âmago da tarefa do mentor. A apresentação dos problemas e desafios sob uma nova ótica oferece ao protegido uma janela para a solução. Isso nada mais é do que apresentar a prova de uma maneira que convença o líder de que ele ainda pode ter sucesso. Sem a perspectiva apropriada, os obstáculos podem parecer insuperáveis. "Isso pode estar lhe parecendo ser assim nesse momento", diz o mentor, "mas garanto a você que, quando aconteceu comigo, foi o oposto. Veja isso de outro ângulo". O que conta não é o que acontece, mas sim como o líder vê o que acontece. Os mentores podem ajudar seus líderes a enxergar as coisas da maneira correta.

## O MENTOR PERMITE CONFLITOS COMO FORMA DE APRENDIZADO

Cada mentor sabe que os conflitos que o protegido encontrará existem para que ele aprenda. Embora seja importante apresentar os desafios e obstáculos na perspectiva apropriada, como acabamos de ver, cabe ao mentor também permitir a existência de conflitos para ter oportunidade de transmitir sua sabedoria. É correto dizer que aprendemos mais com nossos erros do que com nossos acertos. O escritor americano Herman Melville disse: "Aquele que nunca errou não pode ser um grande homem." No caso de qualquer grande líder, foram as lutas que o tornaram grandioso. Em *Descubra Seus Limites e... Esqueça*, John Mason afirma: "Os problemas são o preço a ser pago pelo progresso. Os obstáculos da vida existem para nos tornar melhores, e não mais amargos."

**"Os problemas são o preço a ser pago pelo progresso."**

Existe um conceito chamado "experiência no deserto". Moisés foi forçado a guiar os israelitas pelo deserto durante quarenta anos para torná-los pessoas dignas de herdar a terra prometida de Canaã. Jesus saiu para o deserto a fim de rezar e provar sua capacidade de resistir à tentação. Acredita-se que o presidente Ronald Reagan tenha passado por sua "experiência no deserto" quando sua carreira de astro do cinema e seu casamento terminaram quase simultaneamente, após a Segunda Guerra Mundial. Ele era um ator em ascensão que fez centenas de filmes e foi casado com a atriz do ano, mas o divórcio e uma mudança em seus contratos o deixaram sozinho, interpretando papéis secundários na televisão e viajando pelo país como porta-voz da General Electric. Foi uma mudança de status que poucos experimentaram, e durou vários anos.

No entanto, Peggy Noonan, uma dos biógrafas de Reagan, contou como os anos de estrada como porta-voz da General Electric *foram decisivos para a construção* de Ronald Reagan, o político. Ele pôde falar livremente sobre os assuntos políticos que mais o interessavam enquanto aprimorava suas habilidades de comunicação. (Não foi por acidente que mais tarde ficou conhecido, até por seus críticos, como o "Grande Comunicador".) Além disso, ele circulou de cidade em cidade, conheceu dezenas de milhares de pessoas e aprendeu como as pessoas pensavam. Foram as habilidades que aprendeu nesses anos de vacas magras, sua experiência no deserto, que o armaram para o que foi uma das maiores presidências na história dos Estados Unidos. Dizem que todo problema apresenta o homem a si mesmo, e os anos de Reagan como porta-voz introduziram o ator ao estadista.

Os Líderes de Nível 4 sabem que seus protegidos serão moldados na fogueira ardente da batalha, e permitem que isso ajude a transmitir as lições que vão sendo aprendidas pelo caminho. Como mentores, os Líderes de Nível 4 devem ajudar seus protegidos a perceber que o café-da-manhã dos campeões não é de pão com manteiga, e sim de luta. Afinal, a luta é o tempero que torna a vitória tão doce.

## O MENTOR ESTIMULA SEU PROTEGIDO

Nos calcanhares da redefinição da ótica vem o encorajamento. Todo líder precisa de encorajamento. Os mentores deixam seus protegidos cientes de que têm sementes de grandiosidade em seu interior, que têm o que é necessário para vencer.

Quando Nathaniel Hawthorne, de coração partido, chegou em casa para contar à sua esposa que fora despedido do emprego em uma casa de impostos alfandegários e confessou que se sentia um fracasso, ela o surpreendeu com uma exclamação de alegria.

Respondeu, triunfante: "Agora você vai poder escrever seu livro!"

Ele respondeu, desanimado: "Sim, e do que iremos viver enquanto escrevo meu livro?"

Para sua surpresa, ela abriu uma gaveta e tirou uma quantidade substancial de dinheiro.

Ele exclamou: "Onde você conseguiu isso?"

Ela respondeu: "Eu sempre soube que você era um gênio. Sabia que algum dia você escreveria uma obra-prima. Assim, toda semana eu reservava uma quantia do dinheiro que você me dava para as despesas da casa; aqui há o suficiente para um ano inteiro."

De sua lealdade e confiança, surgiu um dos maiores romances da literatura americana: *A letra escarlate*. Às vezes, precisamos apenas de encorajamento.

## O MENTOR ESPALHA ENTUSIASMO CONTAGIOSO

Ralph Waldo Emerson disse: "Nada de bom jamais foi conquistado sem entusiasmo." Walter Chrysler disse: "O verdadeiro segredo do sucesso é o entusiasmo. Sim, mais do que o entusiasmo, eu diria animação. Gosto de ver quando os homens ficam animados. Quando ficam animados, eles tornam a vida um sucesso." Essas qualidades de entusiasmo e animação devem ser demonstradas pelos mentores. O entusiasmo é contagioso, como fogo em capim seco, espalhando-se por toda parte. Os mentores são os primeiros incendiários, mantendo acesa a chama de animação em seus protegidos. Entusiasmo é um sentimento e os mentores devem poder transmitir esse sentimento.

Quando Vince Lombardi assumiu como técnico do Green Bay Packers, eles se destacaram. Seu recorde no ano anterior fora de dez derrotas e um empate em 12 jogos. De acordo com um artigo na revista *Guideposts*, Lombardi surgiu e disse: "Cavalheiros, teremos um time de futebol. Vamos ganhar alguns jogos. Entendam isso! Vocês aprenderão a driblar, correr e bloquear. Vocês vão vencer todas os times adversários que os enfrentarem. Precisam confiar em mim e se entusiasmar com meu sistema. De agora em diante, quero que vocês pensem somente em três coisas: na família, na religião e no Green Bay Packers! Deixe o entusiasmo tomar conta de vocês!" Desde então, o Green Bay Packers passou a ser o time vencedor por uma década. Vince Lombardi, o mentor, não apenas transmitiu entusiasmo, como também o exigiu de seus jogadores! E exigiu que seus jogadores ficassem entusiasmados não apenas com ele como técnico, mas também com seu sistema! Os Líderes de Nível 4 sabem como gerar esse tipo de entusiasmo em seus líderes.

## O MENTOR ENSINA A FILOSOFIA

Todas as organizações bem-sucedidas e seus líderes têm uma filosofia de sucesso, um mapa de comportamento e pensamento que explica e dá continuação a seu histórico de realizações. É obrigação de um Líder de Nível 4 difundir essa filosofia nos corações e mentes dos líderes que estão sendo desenvolvidos. Cada interação entre o mentor e seu protegido é uma oportunidade de pregar e ensinar a filosofia de sucesso.

Bill Walsh, ex-técnico do San Francisco 49ers, disse de John Wooden, o técnico mais bem-sucedido em toda a história do esporte: "John Wooden é um 'técnico filósofo' no verdadeiro sentido: um homem cujas crenças, ensinamentos e sabedoria vão muito além do esporte, e definitivamente ensina como dar o melhor de si e dos outros em todas as áreas da vida. Ele é um especialista que entende de motivação, organização e psicologia. O técnico Wooden é capaz de compartilhar com sucesso sua sabedoria porque tem talento para expressar sua filosofia de maneira direta e simples, de modo acessível e aplicável a todas as pessoas." A capacidade de expressar e compartilhar uma filosofia vencedora é uma competência fundamental a qualquer mentor. Se ela funcionou para o técnico mais bem-sucedido da história, vale a pena ser utilizada por mentores em todas as áreas.

## O MENTOR TRANSMITE SEU PENSAMENTO (BOM SENSO)

O dom mais importante que qualquer líder bem-sucedido precisa compartilhar com os outros é sua maneira de pensar. Para ter uma vida de alta qualidade, devemos ter um pensamento de boa qualidade. O autor do livro *The Magic of Thinking Big,* David Schwartz, disse: "Quando se trata de sucesso, as pessoas não são medidas em metros, quilos, graus de escolaridade ou histórico familiar; elas são medidas pelo tamanho de seu pensamento. O tamanho de nosso pensamento determina o tamanho de nossas realizações. Lembre-se: a tarefa principal de um líder é pensar. E o melhor preparo para a liderança é o pensamento." Um dos objetivos mais importantes do mentor é transmitir gradualmente toda a sua forma de pensar ao protegido. Não é um processo fácil ou rápido. É produto do tempo gasto resolvendo problemas de uma maneira construtiva junto com o protegido. Exige dedicação por parte do protegido e questionamento e instruções cuidadosas por parte do mentor. Com o passar do tempo, o protegido deve reagir às novas circunstâncias com uma pergunta: O que meu mentor pensaria sobre isso? No final, em um relacionamento maduro, o protegido assumirá desafios para o mentor com uma análise da melhor opção mencionada e recomendada pelo mesmo. Dessa maneira, o protegido pode personificar o pensamento e aprender a aplicá-lo a qualquer coisa que surgir.

## O MENTOR CORRIGE O CURSO E ENFRENTA OS PROBLEMAS

Discutimos este conceito de correção de curso no Ciclo de Realizações quando salientamos a importância de buscar aconselhamento. Essa é uma área de operação importante para o Líder de Nível 4. Quando estiver orientando, cabe ao mentor identificar onde o protegido está se perdendo e oferecer correção para reconduzi-lo ao caminho certo.

1. Quais princípios o protegido está deixando de observar?
2. Quais são seus padrões de pensamento e o que há de errado com eles?
3. Como sua perspectiva precisa ser redefinida?
4. Como o protegido pode ver as coisas de maneira diferente para que se comporte ou aja de maneira eficaz?
5. Em que medida suas atitudes são inapropriadas ou improdutivas?
6. O que o protegido precisa ver e não consegue e como o mentor pode ajudá-lo a enxergar?

Esses são os tipos de perguntas que o mentor deve explorar quando ouvir o protegido e investigar qual seria uma visão correta da situação. Nesta situação, escutar e conhecer o protegido são pré-requisitos absolutos. Na realidade, o mentor ajuda o protegido a se enxergar. Isso é necessário porque todas as pessoas têm "pontos cegos" em sua vida. Existem problemas ou pontos fracos que não somos capazes de enxergar sozinhos (embora outros possam). Os mentores perceberão que os protegidos estão "deliberadamente cegos" e "cegamente deliberados" a enxergar os pontos cegos, e é tarefa do mentor ajudar o protegido a confrontar essas áreas.

É como se o mentor segurasse o espelho da verdade diante do protegido, para que ele possa parar de se enganar.

A correção de curso deve ser feita com amor. Lembre-se: primeiro o protegido deve estar certo de que o mentor tem, realmente, as melhores intenções. Ele deve saber que o mentor nunca diria nada que o pudesse machucar intencionalmente. Apenas com base nisso é possível realizar uma correção de curso efetiva. A terminologia que apreciamos vem de Josh McDowell e Bob Hostetler em seu excelente livro, *The New Tolerance*. McDowell e Hostetler dizem que devemos falar com "verdade humilde e amor agressivo". A verdade humilde diz que a correção de curso ocorre suave e gentilmente, para que o protegido não fique desmoralizado. O amor agressivo diz que o sentimento de cuidado e respeito é tão grande que o mentor é livre para administrar a correção sem ferir os sentimentos ou o orgulho do protegido.

**Na realidade, o mentor ajuda o protegido a se enxergar.**

Quantas pessoas são mais instintivamente inclinadas a fazer o oposto e falar com verdade agressiva e amor humilde? Paul David Tripp, autor de *Instruments in the Redeemer's Hands*, escreveu: "Não queremos servir aos outros de um modo que exija... sacrifício pessoal. Preferimos lançar granadas da verdade na vida das pessoas, em vez de lhes entregar nossa vida." Os Líderes de Nível 4 não devem "lançar granadas da verdade" nas pessoas; devem primeiro reservar um tempo para solidificar o amor agressivo. Como escreveu Stevenson Willis: "O tato é o martelo de veludo que amacia os rígidos golpes da verdade." Ravi Zacharias disse: "Se tirarmos o nariz de alguém, do que adianta lhe darmos uma rosa de presente?" Os Líderes de Nível 4 sabem que quanto mais forte for o amor, mais forte será a permissão para a correção.

Existe um ditado que diz que conclusões verdadeiras não podem surgir de suposições falhas. Os mentores ajudam os protegido a enfrentar os problemas que os paralisam avaliando essas suposições diretamente.

O grau em que mentor e protegido compartilham o respeito mútuo pode ser medido pela honestidade que existe entre eles. E será necessário honestidade para enfrentar os problemas e eliminar os obstáculos com eficiência.

> **"Se tirarmos o nariz de alguém, do que adianta lhe darmos uma rosa de presente?"**

O princípio básico, na área do crescimento pessoal, é que a lição continua até ser aprendida. Se uma organização não progride, seu líder não está resolvendo os problemas que surgem em seu caminho. Os mentores podem ajudar a apontar esses problemas e forçar o líder a fazer mudanças que colocarão as coisas nos eixos novamente.

Imagine o progresso de uma organização como uma correnteza. O líder tem o dever de eliminar todos os obstáculos do caminho da correnteza. Quando o fluxo encontra um obstáculo, ocorre uma paralisação, e o líder se faz necessário para remover o obstáculo. Se ele não fizer isso, a organização fica paralisada, sem progresso. Às vezes o problema está no próprio líder; ele pode estar bloqueando o curso da correnteza. Os mentores ajudam o líder a identificar esses problemas e remover obstáculos e/ou sair do caminho. Haverá momentos em que os problemas a serem enfrentados não são confortáveis ou agradáveis, mas mesmo assim precisam ser resolvidos. É nesses momentos que mentores e líderes devem reunir coragem para fazer o que é necessário.

Este processo de confrontar os problemas exige análise e escuta minuciosa, mas também exige tato, como dissemos acima. Os mentores devem aprender a usar "martelos de veludo". Os problemas devem ser resolvidos, e o melhor método é atacá-los quando ainda não se avolumaram. Lembre-se de que é mais fácil arrancar um galho pequeno agora do que cortar um enorme carvalho depois.

Uma das melhores técnicas para eliminar áreas de preocupação com protegidos é o "método sanduíche". Envolve elogiar os pontos fortes do líder e suas realizações. Em seguida, o mentor resolve o problema com entusiasmo e compreensão, mas corajosamente. Deve ser objeto do mentor "colocar tudo a limpo". Finalmente, assim que os problemas forem confrontados e discutidos diretamente até chegarem a uma conclusão produtiva (reconhecimento do protegido, compromisso de melhorar ou corrigir o problema, todas as perguntas respondidas), o mentor pode sair da discussão, levantando o discípulo novamente, lembrando lhe de suas oportunidades e enfatizando que a correção foi relativa ao comportamento, e não à pessoa. Lembre-se de que é vital que o protegido entenda o quanto o mentor se importa. Certamente seria mais fácil para o mentor ignorar conversas desconfortáveis (pelo menos naquele momento), mas o mentor resolve essas coisas por se importar com o estudante.

## O MENTOR FAZ COM QUE O PROTEGIDO ASSUMA RESPONSABILIDADES

Uma parte importante do processo de orientação envolve o conceito de assumir responsabilidades. Todos nós temos a tendência de procurar desculpas ou álibis quando as coisas não saem como o esperado. Os líderes não podem se dar a esse luxo. Os mentores devem treinar seus protegidos na arte de assumir responsabilidades não somente por suas ações, mas também por seus resultados.

Em 1899, um pequeno artigo escrito por um homem chamado Elbert Hubbard foi publicado na revista *The Philistine*. Ele contava a história de uma reunião entre o presidente dos Estados Unidos, William McKinley, e o coronel Arthur Wagner, chefe da Agência de Inteligência Militar Americana. A guerra com a Espanha na ilha de Cuba estava fervendo, e os Estados Unidos necessitavam desesperadamente comunicar-se com o líder insurgente cubano, general Calixto Garcia. Sabia-se apenas que o general Garcia estava nas montanhas de Cuba, liderando as tropas rebeldes em sua luta pela liberdade. No entanto, desconhecia-se sua localização exata.

O coronel Wagner disse ao presidente: "Tenho a pessoa certa – um jovem oficial, o tenente Andrew Summers Rowan. Se existe alguém que pode entregar uma mensagem a Garcia, esse alguém é Rowan." O coronel Wagner então instruiu o tenente Rowan: "Você deve levar uma mensagem ao general Garcia, que pode ser encontrado em algum lugar na parte oriental de Cuba... Deve planejar e agir sozinho. A tarefa é sua – e somente sua. Entregue a mensagem a Garcia." Três semanas depois de receber as ordens, o tenente Rowan voltou para Washington confirmando que entregara a mensagem com sucesso, abrindo as linhas de comunicação.

Nas palavras de Elbert Hubbard: "É isso o que quero dizer: McKinley deu a Rowan uma carta para ser entregue a Garcia. Rowan pegou a carta e não perguntou: 'Onde ele está?' Existe um homem cuja forma deveria ser imortalizada em bronze e sua estátua colocada em cada universidade do país. Não é apenas de teoria que os jovens precisam, nem de instruções sobre isso e aquilo, mas sim de um amadurecimento que os faça ser leais, agir prontamente, concentrar suas energias: fazer o que for necessário, 'Entregar uma mensagem a Garcia'.

"E o homem que, ao receber uma carta para Garcia, aceitar silenciosamente a missiva, sem fazer nenhuma pergunta idiota, e sem a intenção oculta de jogá-la no esgoto mais próximo, ou de fazer nada mais do que entregá-la, nunca será descartado, nem precisará passar por uma luta por recompensas melhores. A civilização é uma longa e ansiosa busca por esses mesmos indivíduos. Tudo o que tal homem pedir deve ser concedido. Seu tipo é tão raro que nenhum patrão pode se dar o luxo de deixá-lo partir. Ele é requisitado em todas as cidades e vilarejos; em todos os escritórios, lojas, armazéns e fábricas. O mundo grita por ele. Ele é necessário – e muito necessário, o homem que carrega uma mensagem para Garcia." O tenente Rowan assumiu sua responsabilidade, ponto final. Isso é liderança. E é isso que os Líderes de Nível 4 devem conseguir que os líderes que estão desenvolvendo entendam e personifiquem.

**Os mentores devem treinar seus protegidos na arte de assumir responsabilidades não somente por suas ações, mas também por seus resultados.**

A atitude do mentor deve ser: "Não assumirei o crédito quando você vencer. Não levarei a culpa quando você não levar." Anteriormente, quando falamos sobre aceitar a culpa e compartilhar o mérito, estávamos discutindo a posição geral do líder no leme da equipe. No processo de orientação, porém, o mentor passa a responsabilidade para o protegido. É como se o bastão da liderança fosse passado adiante. Agora, a guerra é do protegido, e o mentor o está ensinando a vencê-la.

**A atitude do mentor deve ser: "Não assumirei o crédito quando você vencer. Não levarei a culpa quando você não levar."**

Lembre-se: o mentor já tem como demonstrar que suas informações são valiosas. O protegido deve pegar essas informações e assumir responsabilidade por sua implementação, e pelos resultados dessa implementação.

O MENTOR TORNA O PROTEGIDO RESPONSÁVEL

Os líderes são responsáveis por suas próprias ações, ponto final. É dever do mentor transmitir esse hábito. Ele começa quando o mentor mantém a responsabilidade do líder em desenvolvimento por seus resultados, e o "força" a medir seu potencial real. Isso funciona porque as pessoas normalmente farão pela aprovação de alguém o que não fariam por si mesmas. Cultiva-se um relacionamento no qual o protegido deseja fazer algo para ganhar o respeito do mentor. Na verdade, ganhar o respeito é um pré-requisito para continuar o treinamento. Se o mentor estiver dedicando tempo e energia ao desenvolvimento de um futuro líder e não houver mudança ou melhora (uma melhora limitada em uma quantidade razoável de tempo), o mentor estará desperdiçando seu tempo e deverá encontrar um estudante que mereça a oportunidade.

Pat Summitt, autora de *Reach for the Summit*, disse sobre seu papel como técnica de basquete: "Só prometo o que posso cumprir. Não garanto sucesso. Digo a nossos jogadores: 'Se vocês trabalharem comigo, vou ajudá-los a se tornarem os jogadores que devem ser.' Levo-os até lá; daí em diante, cabe a eles dar os passos finais."

**"Não há nada melhor do que um desafio."**

## O MENTOR DESAFIA O PROTEGIDO

Desejo e vontade são essenciais para o desenvolvimento contínuo de um protegido. Provêm basicamente do desafio do líder por realizar; e para aqueles grandes conquistadores, quanto maior o desafio, maior o desempenho. Michael Jordan se aposentou do basquete e decidiu jogar beisebol porque sentiu que havia esgotado todos os desafios do basquete. Terry Bradshaw, quaterback quatro vezes vencedor do Super Bowl do Pittsburgh Steelers, disse: "Não há nada melhor do que um desafio."

Os mentores devem garantir que seus líderes enfrentem desafios constantes. As perguntas que o Líder de Nível 4 ou o mentor deve fazer para garantir que o protegido se sinta desafiado são:

1. Que visão você está buscando atualmente?
2. Quais metas precisa alcançar para conquistar essa visão?
3. Qual tipo de atividade é necessária para chegar lá?
4. Você está disposto a se esforçar por isso?
5. Qual é seu grau de compromisso?
6. Que tipo de pessoa seria necessário para conseguir isso?
7. Você está disposto a mudar para se tornar essa pessoa?

Manter os líderes em constante desafio estimula seu crescimento e lhes dá o poder de melhorar sua maneira de subir outros degraus na escada dos níveis de influência.

## O MENTOR BUSCA UMA MUDANÇA DE PENSAMENTO

Todas essas etapas na orientação são boas, mas nada acrescentam se negligenciarem o coração. No livro *Instruments in the Redeemer's Hands*, Paul David Tripp escreveu: "Se o coração não mudar, as palavras e o comportamento das pessoas podem mudar temporariamente por causa de uma pressão ou de um incentivo externos. Mas, quando a pressão ou objetivo forem eliminados, as mudanças desaparecerão. O corpo sempre vai aonde leva o coração." Tripp continua, dando-nos um exemplo iluminador, que vamos parafrasear a seguir.

Suponhamos que existisse uma macieira que desses frutos ruins ano após ano, com produtos secos e sem cor. Cansado de não conseguir frutos gostosos e saudáveis da árvore, um jardineiro leva cortadores de galho, um grampeador e um pouco de papel colorido para a base da árvore. Subindo em uma escada, o jardineiro corta cada pedaço de fruta ruim da árvore e grampeia uma perfeita maçã madura de papel em cada galho. Este exemplo, obviamente, é ridículo, porque não basta dar uma aparência de fruto saudável para ter uma colheita melhor. De maneira semelhante, sempre que resolvermos os problemas humanos revestindo o assunto com uma aparência externa de mudança, somos igualmente ridículos porque não identificamos a raiz dos problemas que estão em nossas mãos.

Tripp resume: "Existe uma ligação inegável de raiz e frutos entre nosso coração e nosso comportamento. As pessoas e situações não determinam nosso comportamento; elas oferecem a oportunidade para que nosso comportamento revele nossos corações. Uma mudança duradoura sempre passa pelo coração. Portanto, o coração é nosso objetivo no crescimento e missão pessoal."

**"Uma mudança que ignora o coração raramente transforma a vida."**

As palavras de Tripp vão ao âmago da questão. Os mentores devem visar aos corações dos protegidos, se desejarem uma mudança duradoura, um crescimento verdadeiro e frutos saudáveis. Muitas vezes as pessoas realizam mudanças externas, mas sentem-se desencorajadas quando os resultados não duram. Isso acontece porque não se comprometeram a mudar completamente, em seu âmago. Os mentores aspiram a mudanças e crescimento no coração de seus protegidos porque este é o único lugar em que pode haver mudança duradoura. Os resultados surgem depois e são óbvios e duradouros.

## O MENTOR DESENVOLVE EQUILÍBRIO NO PROTEGIDO

Neste momento, talvez seja útil compartilhar as cinco categorias ou áreas de crescimento pessoal que podem ser usadas no decorrer do curso de desenvolvimento de um líder. Essas categorias são as seguintes:

1. Financeira
2. Religiosa
3. Familiar
4. Amizades
5. Condicionamento físico

Essas cinco áreas podem ser comparadas com os raios de uma roda. Cada raio fora do eixo em relação aos outros afeta drasticamente a operação da roda. Na vida de um protegido, isso também é verdade. O bem-estar de uma pessoa em uma área afeta todas as outras. Só podemos pensar que o crescimento em todas as categorias ajuda completamente a vida do protegido. De modo oposto, um desempenho fraco em uma ou duas áreas afetará negativamente as outras categorias. E, por algum motivo, o negativo parece ser muitas vezes mais capaz de se disseminar por todas as categorias do que o positivo. Com o passar do tempo, um dos objetos do processo de desenvolvimento da liderança aperfeiçoa cada uma das categorias e, no final, alcança um equilíbrio ou harmonia entre eles.

A parte financeira vem em primeiro lugar. Isso ocorre porque o processo de orientação normalmente começa em um ambiente profissional, o que tem um impacto direto sobre as finanças. As disciplinas necessárias, porém, ensinam não somente a ganhar dinheiro, como também a economizar, definir orçamentos e investir, e são extremamente valiosas para desenvolver confiança e estabilidade. As finanças também são muito limitadas, e ressaltam a capacidade do mentor de ajudar o protegido a ser bem-sucedido.

**O sucesso de um líder não terá significado algum se não houver equilíbrio em sua vida pessoal.**

A fé é, de fato, a categoria mais importante. Afinal, submeter-se aos desígnios de Deus e cumprir Seus propósitos é definitivamente o que precisamos na vida. Além disso, uma fé inabalável em um chamado e um propósito definido são essenciais para sua importância como líder. No entanto, pode levar algum tempo até que o protegido sinta-se à vontade com o mentor para se abrir nessa área. Apesar de tudo, essa área deve ser levada como um ponto focal maior para o crescimento contínuo.

A família também é um fator de grande importância. O sucesso de um líder não terá significado algum se não houver equilíbrio em sua vida pessoal. Conflitos em casa, nos relacionamentos pessoais e particulares, são um veneno para o bem-estar, a felicidade e a produtividade do líder. Os mentores não omitirão essa área se realmente quiserem ajudar os líderes em desenvolvimento a conquistar o verdadeiro sucesso.

Os amigos são fundamentais ao crescimento de um líder, já que, para muitas pessoas, a multidão com a qual se relacionam não é nada produtiva em sua vida. Muitas vezes as pessoas que realmente desejam mudar e crescer, que até mesmo começam a tomar decisões e dar passos difíceis nessa direção, mantêm o relacionamento com seus velhos amigos e conhecidos. Na pior das hipóteses, essas associações são destrutivas para o crescimento pessoal e muitas vezes os separam completamente do sucesso. Na melhor das hipóteses, esses relacionamentos agregam pouco valor.

Dois ditados se aplicam aqui. "Mostra-me com quem andas e eu te direi quem és" e "Se quisermos mudar algumas coisas em nossa vida, temos de mudar algumas coisas em nossa vida!" Para a maioria, isso começa com as pessoas a quem dedicam mais tempo em sua vida. Os mentores sabem que os futuros líderes devem escolher sabiamente as pessoas com as quais se relacionam.

O condicionamento físico também faz parte da lista, obviamente, já que o sucesso e as responsabilidades de um líder não significam nada se ele estiver doente. Dieta apropriada e exercícios físicos ajudam o líder a viver mais para aproveitar os frutos de seu trabalho e maximizar suas contribuições para o mundo, e também fornecem mais energia e eficiência em sua vida diária.

Entendemos que é impossível manter os cinco raios da roda em equilíbrio exato, mas, como disse Vince Lombardi: "Não vamos dar tanta importância à perfeição, e se nunca a alcançarmos, certamente vamos adquirir excelência em nosso caminho!" Falou como um verdadeiro mentor!

## Desenvolvimento de líderes: Lorde Horatio Nelson

Após apenas um ano servindo como almirante e com apenas 39 anos de idade, um inglês demonstrou a rara capacidade de liderar e também de desenvolver outros líderes. Quando chegou o momento da verdade, sua capacidade se provou fundamental, inclinando o equilíbrio do poder do mundo e assegurando o futuro das sociedades livres.

Em meados de 1798, Napoleão Bonaparte, um indivíduo que atingiu a grandiosidade, estava rapidamente ascendendo ao poder no exército francês. Em abril daquele ano, Bonaparte tornou-se comandante-em-chefe do Exército do Oriente e recebeu ordens de invadir o Egito em nome da República da França.

Corajoso, ousado e valente, Bonaparte era a pessoa ideal para a tarefa. Como um ex-admirador da cultura oriental, ele sonhava em estabelecer um Império Oriental rico em sabedoria e arte e, obviamente, sob seu domínio. O plano secreto de Napoleão era comandar sua grande força pelo Mar Mediterrâneo e primeiro atacar o Egito, movendo-se então para Síria, Pérsia e Índia.

O grande inimigo da França, a Inglaterra, tinha consciência da enorme força expedicionária que estava sendo formada, mas não tinha como determinar seu alvo ou rota. Além disso, a Inglaterra temia constantemente uma invasão francesa em sua ilha isolada, e precisava manter a maior parte de seu exército e frota em casa, para sua defesa. O melhor meio de derrotar Napoleão era em mar aberto, antes que ele pudesse desembarcar seu poderoso exército em alguma praia desconhecida. Politicamente, isso serviria para atrair vários outros países europeus e asiáticos para uma aliança contra a agressiva França. Ainda sem saber para onde Napoleão estava indo, seria quase um milagre encontrá-lo depois que saísse com seus navios para o enorme Mar Mediterrâneo. Além disso, não se tinha a menor idéia do número de navios necessários, lançados como uma rede para encontrar a força de Napoleão. A melhor opção seria interceptar a expedição quando ela saísse da França. Isso provavelmente aconteceria no porto de Toulon, um dos principais portos no Sul da França e um dos mais prováveis para acomodar uma campanha tão grande.

O comando do esquadrão naval inglês enviado para interceptar e destruir as forças de Napoleão foi dado a um homem chamado Horatio Nelson, recém-recuperado da perda de seu braço direito no ataque de Santa Cruz de Tenerife, e que anteriormente ficara cego de um olho no cerco de Calvi, em 1794. Quando apresentado ao Rei George, o rei proclamou:

"Você perdeu o braço direito! Seu país reivindica um pouco mais de você." E realmente levou.

O que se seguiu foi um dos mais famosos episódios de "gato e rato" da história militar. Uma terrível tempestade danificou o navio de Nelson e vários outros de sua frota, e deu ao francês tempo suficiente para escapar das águas de Toulon. Além disso, a tempestade separou Nelson de um encontro com suas "fragatas", que além de serem como uma cavalaria naqueles dias, funcionavam como os "olhos e ouvidos" de uma frota. As fragatas eram rápidas e leves, e podiam navegar rapidamente por grandes áreas de mar aberto, descobrir as esquadras dos inimigos e correr de volta para a frota principal a fim de alertá-la sobre a localização do inimigo. Separado das fragatas, Nelson ficou sem a melhor forma de reconhecimento disponível, e teve de procurar Napoleão como se estivesse tateando no escuro. Existiam boas notícias, porém. O reforço programado da Inglaterra chegou na forma de um navio com cinqüenta canhões e dez navios com setenta canhões. Com essa frota de tamanho considerável e seus vários capitães jovens e capazes, Nelson iniciou a caçada.

De acordo com Nathan Miller em *Broadsides*: "Um encontro entre o maior general e o maior almirante da história parecia iminente." Era mais do que isso. A França se tornara o poder militar supremo do mundo. A Inglaterra tinha a maior frota do mundo. No que seria conhecido como a guerra entre a baleia e o elefante, antigos conceitos de poder foram confrontados com novos conceitos, e a ditadura enfrentou a democracia.

Napoleão se encontrou com mais divisões na Córsega e navegou para atacar Malta, confiante no rumor de que o navio de Nelson afundara na Sardenha e estava sendo consertado. Nelson, enquanto isso, recebeu informações que o convenceram de que Napoleão estava a caminho de Nápoles, por isso encaminhou a frota naquela direção. Um pouco depois, Nelson soube do ataque em Malta, e embarcou os tripulantes o mais rápido possível para chegar à ilha logo. Antes de chegar em Malta, porém, Nelson ouviu falar que o francês já havia conquistado a ilha (verdadeiro) e continuava a navegar (falso). Corretamente convencido de que o alvo definitivo de Napoleão era a cidade de Alexandria, no Egito, Nelson alterou seu curso e partiu rapidamente para Alexandria.

De algum modo, a frota inglesa passou despercebida pela frota francesa, que finalmente partira de Malta. Era uma noite muito nebulosa e os franceses escutaram as armas de sinalização inglesas ecoando no ar noturno; desse modo, cessaram todas as atividades. Sem que soubessem, a frota inglesa ultrapassou os franceses e chegou a Alexandria muitos dias antes. Quando chegaram, os ingleses investigaram e não encontraram sinal algum dos franceses. Sem suas fragatas para explorar e verificar a região, Nelson foi forçado a sair à caça dos franceses, indo para o Leste do Mediterrâneo. Ainda não havia sinal dos franceses. Achando que talvez Napoleão tivesse escolhido Nápoles como seu alvo, Nelson virou sua frota e navegou para o Oeste novamente, deixando o Egito desprotegido para o devastador ataque francês que aconteceria alguns dias depois. Os registros históricos dizem que os franceses chegaram à Alexandria no mesmo dia em que os mastaréus de Nelson desapareciam no horizonte. Nelson voltou a Nápoles antes de receber a notícia de que a frota francesa havia alcançado a Alexandria. Mais uma vez, ele voltou e navegou em uma grande perseguição.

Foi durante os dias e as noites dessa perseguição anunciada que Nelson intensificou o desenvolvimento dos jovens capitães dos navios sob seu comando. De acordo com Miller:

> Durante a viagem, sempre que o clima permitia, ele convidava grupos de seus capitães para a grande cabine (de seu navio capitânia), onde, durante o jantar, como contou o capitão Berry, "desenvolvia com eles suas próprias idéias dos diferentes e melhores modos de ataque, e propunha executar tais planos caindo sobre o inimigo, em qualquer posição que estivesse, fosse dia ou noite". Nessa "escola para capitães", eles conheceram as intenções de Nelson tão bem, Berry adicionou, que na batalha os sinais eram quase desnecessários. Logo eles se tornaram, de acordo com o próprio Nelson, "uma companhia de heróis".

Nelson finalmente descobriu a frota francesa ancorada em local próximo a Alexandria, na Baía de Aboukir: 13 navios da linha, quatro grandes fragatas e vários outros pequenos barcos semelhantes. Os franceses estavam preparados para uma invasão, e tinham organizado seus navios em uma postura muito eficiente de defesa, junto a uma linha de bancos de areia e rochas perigosas. Os navios de batalha haviam sido colocados na linha externa de proteção, enquanto os navios menores foram colocados com segurança na parte de trás. Além disso, os navios franceses tinham molas presas às suas linhas de âncoras, o que permitia que fossem facilmente manobrados em vários ângulos de tiro. Canhões foram espalhados por toda a praia próxima e preparados para aumentar o poder de fogo defensivo da frota francesa, com as armas do lado direcionadas à terra dos navios, que de outra maneira não seriam úteis contra um ataque. Além disso, a frota francesa continha mais poder de fogo do que os ingleses: 1.026 armas contra apenas 740. Esse tipo de linha ancorada de navios bem colocados e armados normalmente é invencível. O obstáculo final, normalmente fatal em batalhas marítimas e especialmente naquelas próximas à praia, era o anoitecer!

Depois que a batalha começou, Nelson foi obrigado a confiar no desempenho de seus capitães. Estava muito escuro, muito barulhento e muito confuso para usar sinalizadores de comunicação. De acordo com Colin White, autor de vários livros sobre Nelson: "Foi uma das batalhas navais mais ferozes e decisivas da era da navegação. Os planos de batalha de Nelson haviam sido combinados com seus capitães algum tempo antes. Como resultado, por decidir atacar de uma só vez, embora a noite estivesse caindo, ele conseguiu deixar a administração detalhada da ação com seus subordinados." Nathan Miller escreveu: "Em inumeráveis ocasiões, ele (Nelson) discutiu os planos com seus capitães para lidar com os franceses se os encontrassem ancorados. Não havia tempo para consultas ou elaboração de sinais – e não havia necessidade disso. Cada um dos capitães sabia o que se passava na mente do almirante."

Isto se provou monumental. No início do ataque, um dos comandantes de Nelson viu uma abertura entre os navios franceses e navegou diretamente por ela, utilizando uma técnica de batalha quase desconhecida, quebrando todos os costumes do passado e dando a ele a oportunidade de navegar perto da costa, onde estava a linha defensiva da frota francesa. Outro capitão tomou uma iniciativa semelhante em um lugar diferente da linha e logo toda a frota francesa foi afundada por tiros vindos de ambos os lados, incapaz de devolver os tiros do lado da costa, por causa do canhão descarregado, que foi levado à terra firme. Esses canhões da praia estavam de algum modo fora da faixa de ataque contra os navios ingleses, sendo impossível, portanto, usá-los na batalha.

O "fogo amigo", aquela triste condição em que um exército atira acidentalmente em seus próprios membros, era um dos maiores riscos da batalha noturna, e especialmente quando os navios atiravam em ambos os lados de um navio inimigo. Porém, o treinamento que Nelson realizou com seus capitães também se mostrou um bom meio de resgate. Em várias das conversas preparatórias de Nelson com seus capitães, eles combinaram suspender quatro lanternas de determinados locais de cada navio para torná-los facilmente identificáveis na escuridão. Da imensa e cruel batalha que estava por vir, Nelson disse de seus capitães: "Cada um deles sabe qual é seu dever."

O próprio Nelson foi ferido na cabeça e todos acharam que fora mortalmente ferido. Ele foi levado ao convés para cirurgia, mas recusou-se a passar na frente de seus vários marinheiros feridos. "Esperarei minha vez junto com meus bravos companheiros", ele disse. Com a chegada da manhã, após 12 horas de luta ininterrupta e furiosa, muitos desses bravos companheiros desmoronaram em seus canhões. Miller concluiu:

> "Nenhuma outra vitória da Era da Expansão Marítima foi tão espantosamente completa... Dos 13 navios franceses da linha que entraram em ação no dia anterior, nove foram capturados, dois foram queimados e apenas dois escaparam; 1.700 franceses morreram, 1.500 foram feridos e 3.000 foram para a prisão. As perdas inglesas somaram 218 mortes e 677 feridos, incluindo o próprio almirante. Todos os elementos que se tornaram conhecidos como o "Toque de Nelson" ficaram claramente visíveis na Batalha do Nilo: liderança inspiradora, treinamento intensivo dos capitães, delegação de decisões táticas cruciais para eles no calor da batalha, em vez de aderência submissa a práticas comuns, e tomada de riscos calculados para assegurar que a batalha fosse não somente decisiva, como também devastadora para a frota do inimigo.

Nelson escreveu sobre seu triunfo daquele dia: "Vitória não é um nome forte o suficiente para aquele cenário." Como abordado pelo autor Alan Schom em *Napoleon Bonaparte*: "Um mês após a sua chegada, Napoleão e seu exército eram – em todas as intenções e propósitos – prisioneiros virtuais no Egito." Napoleão e seu Grande Exército do Leste foram destruídos.

Além disso, a vitória de Nelson encorajou os governos da Turquia, Rússia, Áustria e Nápoles, que se juntaram aos ingleses em uma coalizão contra a França. Napoleão subiu para se coroar imperador da França e governar grande parte da Europa continental, mas seu domínio ficou limitado e finalmente caiu, pelo menos em parte, por causa de sua primeira derrota sofrida nas mãos da marinha inglesa. A partir de então, ele nunca se recuperou completamente.

Nelson e seus capitães se recuperaram. Uma vitória tão grande, de um só lado, não teria sido conquistada por apenas um homem. Nem poderia ser conseguida por práticas de liderança de um nível inferior àquele empregado. (Sem desenvolver outros líderes, uma pessoa fica limitada ao desempenho de seus seguidores.) A vitória exigiu o esforço coordenado de vários líderes. Embora o governo britânico tenha recebido muitas críticas, por confiar a operação a um comandante tão jovem, Nelson demonstrou sua capacidade não somente como marinheiro, mas também como líder de outros líderes. O próprio Napoleão diria depois: "Se não fossem vocês, ingleses, eu seria imperador do Leste; mas onde houver água para flutuar um navio, encontraremos nosso caminho." Isso aconteceu, em grande parte, devido ao legado iniciado por Nelson e seus capitães, que prosseguiu pelo resto do século. (*Os Líderes de Nível 4 deixam um legado por meio dos líderes que desenvolvem.*)

Nelson era um verdadeiro Líder de Nível 4. Ele descobriu e desenvolveu outros líderes capazes de realizar nos níveis que ele já havia realizado em sua ilustre carreira, expandindo de maneira significativa sua influência. (*Um Líder de Nível 4 é tão bom quanto os líderes que desenvolve.*) Os homens admiravam Nelson por seu impressionante recorde de guerra e, além de o considerarem seu líder, também compraram sua idéia de aniquilar a frota francesa e esmagar Napoleão. (*Os Líderes devem comprar as idéias e a visão de seu líder.*) Ele os colocou sob suas asas, fornecendo instruções cuidadosas, ensinando-lhes sua filosofia de batalha e sua maneira de pensar, e fortificando-os com sua responsabilidade por resultados quando isso mais interessava (*dando poder a outros líderes para liderar suas próprias equipes, dando a eles liberdade de crescer como líderes*). Quando eram bem-sucedidos, ele trabalhava sua promoção e progresso, escrevendo cartas cheias de elogios para os jornais e seus superiores na marinha (*elogiando e reconhecendo publicamente o comportamento correto*). Mesmo quando estava ferido e acreditava-se que iria morrer, ele demonstrou liderança servil, respeitando seu lugar na fila.

Ao desenvolver sua Companhia de Heróis, Nelson formou o esquadrão de batalha mais eficiente que os oceanos de todo o mundo jamais testemunharam. Quando chegou o momento da verdade, as horas de investimento cuidadoso no desenvolvimento de outros líderes compensaram.

## Resumo

Fechamos essas instruções sobre os Líderes de Nível 4 com um breve resumo, parafraseado de Paul David Tripp. Os Líderes de Nível 4 devem:

1. Amar as pessoas
2. Conhecer as pessoas
3. Falar sempre a verdade em sua vida
4. E ajudar as pessoas a serem conduzidas para onde Deus as chamou para liderar

CAPÍTULO 10

# O quinto nível de influência: Desenvolvimento de líderes que desenvolvem líderes

*Os homens realmente grandiosos têm um sentimento curioso de que a grandeza não existe neles, mas por meio deles.*

– John Ruskin

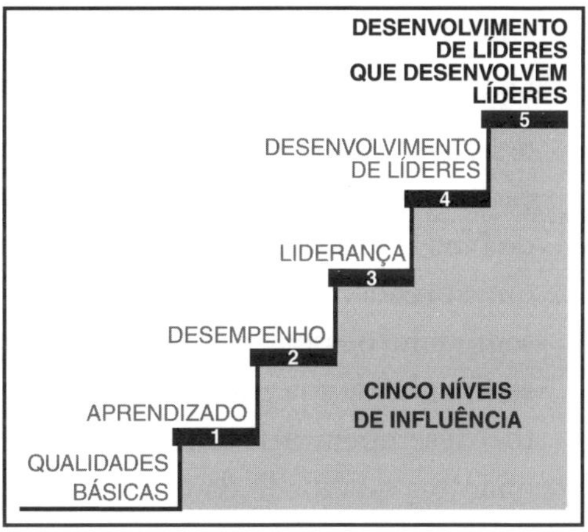


O Quinto Nível de Influência é o ápice da capacidade de liderança. Enquanto a influência dos Líderes de Nível 3 permanece pelo mesmo tempo que o líder, e a Influência de Nível 4 enquanto os líderes dos líderes estão por perto, a Influência de Nível 5 dura mais do que todas. A Influência de Nível 5 é vista naquelas ocasiões raras em que um líder não apenas se torna perfeito como líder e desenvolve outros líderes, como também consegue desenvolver líderes que podem desenvolver outros líderes, levando o legado adiante. Na história, a Influência de Nível 5 definiu movimentos e idéias que ecoaram ao longo de gerações, causando um impacto profundo no mundo.

Nosso exemplo da jogadora de futebol se estende quando se leva em conta a Influência de Nível 5. No entanto, é concebível que a atleta não apenas se tenha transformado em uma grande líder e treinadora, mas também numa lenda. Talvez ela tenha sido a pioneira de novas técnicas ou métodos de treinamento e revolucionado todo o esporte. O número de suas seguidoras entre as jogadoras de futebol do mundo aumentou muito, à medida que aquelas que ela desenvolveu, por sua vez, desenvolveram outras. Provavelmente haverá inovações que levaram seu nome ou talvez até um time profissional. Neste ponto, sua influência terá atingido o Nível 5.

## Pressupostos ou a "arte" do Nível 5

Os Líderes de Nível 5 entendem que:

1. Os resultados virão por meio da resistência e da sucessão da visão.
2. A visão e o líder estão interligados.

### *Os resultados virão por meio da resistência e da sucessão da visão*

Um Líder de Nível 5 pode ser identificado pela magnitude daquilo que ele deixa para trás. O tamanho da visão, seu legado de resistência e continuação bem-sucedida nas mãos de outros líderes é fruto dos esforços do Líder de Nível 5. Enquanto os Líderes de Nível 1 são apenas tão bons quanto o que aprendem, os Líderes de Nível 2 são apenas tão bons quanto seu desempenho pessoal, os Líderes de Nível 3 são apenas tão bons quanto o desempenho de sua equipe, os Líderes de Nível 4 são apenas tão bons quanto o desempenho de seus líderes, os Líderes de Nível 5 são apenas tão bons quanto a qualidade da resistência e da sucessão de sua visão.

### *O líder e a visão devem estar entrelaçados*

O Líder de Nível 5 não é somente claro sobre a visão nem apenas é capaz de projetá-la diante da organização, mas ele realmente incorpora essa visão. Não conseguimos pensar em Martin Luther King, Jr. sem pensar no movimento pelos direitos civis e em sua visão, representada pela frase "Eu tive um sonho", para uma América construída de acordo com a verdadeira igualdade de oportunidades. A memória ainda parece ideal duas gerações mais tarde. Sua liderança atraiu milhares dos melhores e maiores líderes da América para uma causa que ardia em seus corações, produziu mudanças nas leis dos Estados Unidos e ensinou aos líderes de outros lugares como protestar pacificamente, honradamente e com sucesso. Sua visão e exemplo inspiraram líderes e movimentos futuros, como Nelson Mandela e o final do apartheid na África do Sul, e Lech Walesa e o movimento para libertar a Polônia do comunismo soviético. Como o próprio King disse: "Se um homem não encontrou algo pelo qual está disposto a morrer, ele não merece viver."

Os Líderes de Nível 5 sentem-se tão envolvidos com suas causas que passam a incorporá-las. O líder quase se perde dentro dessa visão.

## As ações ou a "ciência" do Nível 5

Na Liderança de Nível 5 não sobrou muita ciência; quase tudo se transformou em arte. No Nível 5, o impacto acontece mais pelo que o líder é e o que ele defende do que pelo que ele faz. Esse é um dos motivos pelos quais os Líderes de Nível 5 são tão raros. Não me entendam mal, os Líderes de Nível 5 estão "agindo" há muito tempo, provavelmente durante toda a vida adulta, para atingir o ápice do impacto da liderança. Seu exemplo ressoou e criou uma série de líderes do mais alto calibre. Sua própria existência aparentemente se transformou na própria visão. Os Líderes de Nível 5 se diminuíram, muitas vezes com sacrifício, a fim de aumentar a visão. Como disse João Batista quando Jesus começou seu ministério: "Devo diminuir para que ele possa crescer." Os Líderes de Nível 5 incorporam um sentimento parecido. Eles devem diminuir para que a causa cresça.

> **Os Líderes de Nível 5 se cercam de líderes que têm o potencial de fazer desaparecer a própria glória pessoal.**

Com tudo isso dito, há uma ação principal para os Líderes de Nível 5: atrair e desenvolver os líderes de melhor qualidade disponíveis para a causa.

### *Atrair os líderes de melhor qualidade para a causa*

Chega um momento no desenvolvimento dos outros líderes em que o mentor é limitado pelos atributos do protegido. Para se tornar um Líder de Nível 5, é preciso ter seguidores que estejam no Quarto Nível de Influência, e muitos líderes jamais chegarão tão alto, mas irão, em vez disso, estacionar no Terceiro Nível. Portanto, a Influência de Nível 5 depende da capacidade do líder de encontrar pessoas de ótima qualidade para desenvolver e de conseguir mantê-las.

Para começar, como os líderes de maior qualidade são atraídos? Nesse nível de discussão, pré-requisitos ou incentivos ou um grande estoque de planos de opções não adiantam mais. O melhor talento de liderança raramente é atraído por tais bagatelas como um ponto importante em foco. Em vez disso, os melhores líderes em qualquer campo são atraídos apenas por uma visão forte e irresistível, na qual possam acreditar, que ofereça um lugar para deixarem suas marcas e que desperte seu chamado interior.

Encontrar Líderes de Nível 4 para desenvolver exige um líder muito maduro e confiante. Nesse Nível de Influência, não há mais lugar para egos ou ciúme intolerante do poder que cerca muitos líderes no Quarto ou mesmo no Terceiro Nível de Influência. A Liderança de Nível 5 exige que o líder se cerque de pessoas com capacidade ainda maior do que a sua, o que é o oposto da natureza humana. Os pequenos líderes se cercam de seguidores; os grandes líderes se cercam de outros líderes. Os maiores de todos os líderes, os Líderes de Nível 5, se cercam de líderes com o potencial de fazer desaparecer a própria glória pessoal.

Napoleão Bonaparte, já mencionado brevemente antes, é um ótimo exemplo de Líder de Nível 3 cujo ego ditou que ele se cercasse de seguidores. Sua visão era a de glória pessoal, então ele se cercava de sicofantas: parentes, aduladores e seguidores que não ameaçavam seu poder. Ao fazer isso, Napoleão eliminou as fontes de capacidade de liderança que o poderiam ter ajudado a governar seu império. Ele confiou em pessoas sobre as quais tinha influência em vez de respeito. Isso não apenas esvaziou seu reino de talentos de liderança na maioria dos cargos, mas também produziu temor pela iniciativa daqueles que detinham autoridade. Os almirantes que estavam no comando que perderam duas importantes batalhas navais na guerra contra a Inglaterra, a Batalha do Nilo (descrita no capítulo anterior) e, mais tarde, a Batalha de Trafalgar, foram paralisados pelo medo a Napoleão e pelo medo de tomarem a iniciativa que sua experiência de liderança lhes dizia ser prudente. Isso resultou duas vezes na destruição da marinha francesa e tornou-se o ponto decisivo na derrota final de Napoleão.

> **"Consenso significa que todos concordam em dizer coletivamente o que ninguém acredita individualmente."**

Assim, para ser um Líder de Nível 5, devemos ter o ego sempre em xeque, mas isso não é tudo. Liderar os Líderes de Nível 4 não é fácil. Por definição, os Líderes de Nível 4 são fortes e pensam por si mesmos. Têm idéias próprias e defendem firmemente aquilo em que acreditam. Richard Nixon declarou: "Se um indivíduo deseja ser um líder e não é controvertido, isso significa que ele jamais defendeu qualquer opinião." O consenso raramente estará presente, algo que os Líderes de Nível 5 sabem ser condição ideal. Segundo Abba Eban, "consenso significa que todos concordam em dizer coletivamente aquilo em que ninguém acredita individualmente". Portanto, os Líderes de Nível 5 também devem ser capazes de lidar com um pouco de incerteza à medida que deixam os Líderes de Nível 4 expor suas idéias e tomar as decisões que pensam ser prudentes.

Isso nos traz ao tópico da "mistura" ou como os modernos teóricos de administração dizem: da "microgestão". O ex-presidente Jimmy Carter teve uma das administrações mais malsucedidas da história da presidência. Não tinha nada a ver com seu caráter, já que era considerado pela maioria como um homem decente e totalmente honesto. No entanto, sua influência era bastante limitada por sua incapacidade de delegar autoridade e sua necessidade obsessiva de estar envolvido em cada pequeno detalhe de sua administração. Como o presidente

Dwight D. Eisenhower disse: "Um presidente que não sabe como descentralizar terá o peso diminuído por detalhes e não terá tempo de lidar com os grandes problemas."

Talvez o melhor contraste com o estilo de Carter possa ser visto em seu sucessor, Ronald Reagan. Em *Ronald Reagan: How an Ordinary Man Became an Extraordinary Leader*, o autor Dinesh D'Souza descreve um famoso incidente que ocorreu perto do final da administração de Carter.

> Reagan acabara de ser eleito e Carter sentiu que era importante deixá-lo a par de alguns dos principais problemas que o novo presidente teria de enfrentar. Carter apresentou a lista, discutindo vários tratados e acordos secretos que os Estados Unidos tinham com outros países. Reagan ouviu educadamente, mas não tomou nota de nada nem fez qualquer pergunta. "As informações eram 'bastante complexas'", escreve Carter, "e eu não via como ele poderia memorizar tudo apenas ouvindo".

Carter sentia que os detalhes eram importantes e assim os dominava. Reagan deixava os detalhes para seus subordinados e se concentrava no quadro maior. A diferença entre os dois presidentes era mais do que apenas de estilo; era uma diferença de Nível de Liderança.

Os Líderes de Nível 5 devem permitir que seus Líderes de Nível 4 *realmente liderem seus líderes*, e vivam e aprendam com os próprios resultados. Um líder que se mistura jamais atrairá ou manterá o mais elevado talento de liderança porque os verdadeiros líderes se recusam a ser "governados": no máximo, eles apenas concordarão em ser "guiados".

### *Desenvolvimento de líderes que desenvolvem líderes: Apóstolo Paulo, "Uma influência de valor inestimável"*

Era um homem pobre que sobrevivia da generosidade de seus seguidores e de sua humilde atividade de construtor de tendas. A história convencional o descreve como um homem de estatura baixa, sem importância e talvez até um pouco deformado. Ele não foi eleito para qualquer cargo, não tinha autoridade oficial, não tinha adornos de sucesso. O homem conhecido antes como Saulo de Tarso e, mais tarde, renomeado Paulo não tinha nenhuma das características exteriores nas quais o mundo moderno pensa quando imagina a palavra "líder", mas ele foi, com exceção de Jesus, o maior Líder de Nível 5 que já existiu.

Isso ocorreu mais ou menos por volta do ano 64, e o local era Roma, o próprio epicentro do mundo civilizado. Paulo fora preso em Jerusalém e acusado de iniciar um tumulto no templo local. Ele fora transportado para Cesárea, uma cidade romana na costa leste do mar Mediterrâneo, para ser julgado. Ele foi julgado por três oficiais romanos separados – que, de algum modo, foram pessoalmente afetados por seu testemunho – e mantido ali por mais de dois anos. Em algum momento dos procedimentos, Paulo evocou seus direitos à liberdade de religião como um cidadão romano, que necessitava de sua aparição na cidade de Roma, a capital, para se submeter a mais um julgamento. Uma viagem marítima traiçoeira acabou em naufrágio nas praias da Ilha de Malta. Na primavera seguinte, depois do fim das tempestades de inverno, Paulo foi finalmente levado para Roma a fim de ser julgado, possivelmente diante do cruel imperador Nero. No entanto, ele precisou esperar e foi colocado em prisão domiciliar por mais dois anos.

A esse grande aprisionamento e aventura seguiu-se uma vida de penúrias e perseguições. Nas próprias palavras de Paulo: "Recebi cinco quarentenas de açoites menos um. Três vezes fui açoitado com varas, uma vez fui apedrejado, três vezes sofri naufrágio, uma noite e um dia passei no abismo; em viagens muitas vezes, em perigos de rios, em perigos de salteadores, em perigos da minha nação, em perigos dos gentios, em perigos na cidade, em perigos no deserto, em perigos no mar, em perigos entre os falsos irmãos; em trabalhos e fadiga, em vigílias muitas vezes, em fome e sede, em jejum muitas vezes, em frio e nudez." (2 Coríntios 11: 24-28).

Ele viajara demais, ignorando os riscos à sua pessoa, perseguindo uma visão grande e corajosa de espalhar a notícia da morte e ressurreição de Cristo para o mundo. Por todo caminho ele tinha companhia: os homens que ele treinara nas artes da liderança, ensinando-os sobre sua grande fé em Cristo e a importância do sacrifício deles como líderes servos para espalhar a palavra do evangelho em todo o mundo civilizado da época. Ele "plantou" igrejas em cidades da Ásia Menor até a Macedônia, na importante cidade de Éfeso e na devassa cidade de Corinto, e em uma das metrópoles mais avançadas do mundo antigo, a cidade de Antioquia. Talvez o mais marcante, como resultado de seu longo aprisionamento ali, uma igreja ativa e próspera começara exatamente em Roma, a sede do governo do império e centro das religiões pagãs.

Além disso, ele criou a oportunidade de ensinar e debater com as melhores mentes do mundo, em Atenas, centro do pensamento intelectual e lar da filosofia. Em cada lugar, ele ensinou a grupos inteiros de líderes e seguidores como continuar com o grande trabalho quando ele partisse. Ele escreveu prodigamente – instruindo, ensinando, repreendendo, aconselhando e treinando por meio de cartas que eram entregues por mensageiros particulares. De acordo com Albert Barnes, autor de *The Life of the Apostle Paul*: "Não menos do que 13 e provavelmente 14 dos 27 livros do Novo Testamento foram escritos por ele ou por ele ditados". Esses escritos não serviam apenas como uma orientação contínua para seus líderes, que, na época, estavam espalhados por todo o Império Romano, mas se tornaram postos de orientação para milhões de seguidores no mundo inteiro, até os dois milênios seguintes.

No entanto, com tudo que ele fez, muitos consideram o julgamento de Paulo diante dos governantes de Roma seu ápice. Segundo o autor John MacArthur em *The Book on Leadership*: "Aquele momento foi, com efeito, o ápice do ministério de Paulo e a realização de seu desejo mais profundo. Ele foi chamado a ser o apóstolo para os gentios. Roma era o centro cosmopolita do mundo pagão. Paulo há muito procurava uma oportunidade para pregar o evangelho em tal foro diante dos líderes políticos e dos lançadores de moda filosóficas mais importantes do mundo. Essa era a oportunidade." A visão de Paulo o levara para o olho da tempestade, onde ele, corajosamente, correspondeu ao dever de sua vocação.

De acordo com o próprio Paulo, depois de seu "primeiro julgamento", ele foi "solto da boca do leão" e libertado. Há muitas conjecturas sobre suas próximas viagens para a Espanha e novamente para a Macedônia. Logo, mais provavelmente como parte da grande perseguição aos cristãos que se seguiu ao incêndio de Roma (iniciado pelo próprio Nero, a fim de abrir caminho para a construção de um grande templo e tendo a culpa sendo convenientemente jogada sobre os cristãos), Paulo foi novamente preso em Roma. Dessa vez, no entanto, não houve condições amigáveis de "prisão domiciliar". Ele foi colocado em um buraco escuro e úmido, segundo a lenda histórica, na base da Marmertine Prison. Ali escreveu suas últimas cartas enquanto esperava a execução. Nesse ponto, a localização e as atividades de Paulo desapareceram dos registros. O mais provável é que ele tenha sido decapitado fora de Roma, à maneira de Óstia.

O homem faleceu, mas seu trabalho continuou. Nos anos seguintes à morte de Paulo, as igrejas que ele e seus seguidores fundaram floresceram e cresceram, ultrapassando as fronteiras do país e começando outras igrejas.

Paulo havia deixado para trás muitos outros líderes para levar adiante sua visão. Seu principal protegido, Timóteo, era o recipiente de duas cartas específicas. Paulo escreveu essas cartas "para passar o manto da liderança da igreja para seu jovem protegido", disse John MacArthur. "Ele considerava Timóteo seu clone, uma cópia carbono de sua liderança." Havia também Tito, um homem que podia equipar e treinar outros líderes. Quando Paulo escreveu a epístola para Tito, esse homem estava, na ocasião, liderando a igreja na ilha de Creta, que Paulo havia plantado. Nessa epístola (Tito 1:5), Paulo escreve: "Por esta causa te deixei em Creta, para que pusesses em boa ordem as coisas que ainda restam, e de cidade em cidade estabelecesses presbíteros, como já te mandei."

O encontro dos idosos em cada cidade era um processo deliberado e específico de procura, desenvolvimento e autoridade dos líderes ao longo das terras, para levar adiante a visão de difundir o evangelho de Cristo. Ainda havia Lucas, ajudante pessoal de Paulo. Lucas, com histórias escritas e relatos da mensagem do evangelho, que resultaram em dois livros do Novo Testamento, *Lucas* e *Atos*. Marcos era um jovem protegido que se havia livrado de um começo vacilante. Depois de desapontar muito Paulo, Marcos, mais tarde, se tornou "útil para o ministério" e foi recomendado por Paulo para a liderança. Em suas cartas, Paulo menciona outros nomes daqueles envolvidos na difusão da igreja iniciante e talvez haja milhares que não foram mencionados.

Tanto os mencionados quanto os não-mencionados se transformaram em um legado dinâmico da Liderança de Nível 5 do apóstolo Paulo. Ele, de propósito e sem sofrimento, formou seguidores de líderes por todo território do mundo antigo, estabelecendo uma estrutura de igreja que treinaria e desenvolveria mais e mais líderes para transmitir o evangelho aos confins da Terra. E eles o fizeram. Entre as primeiras igrejas estavam aquelas nas cidades de Troas, Assos, Mitylene, Pergamum, Thyatira, Sardis, Filadélfia, Hierapolis, Smyrna, Magnésia, Mileto, Éfeso, Cós, Cnidus, Rhodes, Myra, Attalia, Perga, Lystra, Iconium, Colossae, Laodicea, Derbe, Seleucia (ambas na Ásia Menor e na atual Síria), Tarso (cidade natal de Paulo), Salamis e Paphos. No final do primeiro século, apenas cerca de quarenta anos depois da morte de Paulo, essa lista de igrejas na Ásia Menor e na Grécia e em Roma, em Puteoli e perto da Bacia de Nápoles havia crescido ainda mais.

No final do terceiro século, os líderes de Paulo e seus descendentes, assim como aqueles dos apóstolos originais, haviam espalhado a mensagem do evangelho de Cristo até o Norte, na Britânia (atual Inglaterra), e até o Oeste, na Península Ibérica (atuais Espanha e Portugal), e mesmo para o Norte da África. Talvez o sinal mais indicativo da penetração do cristianismo em todo o mundo seja a decisão do imperador romano Constantino no ano 312 de abraçar o cristianismo. No final do quarto século, o cristianismo se tornaria a religião oficial do Império Romano, o mesmo império que havia executado Paulo.

Hoje, o cristianismo é a religião dominante nos continentes norte-americano, sul-americano, europeu e na Oceania e está crescendo com muita rapidez pela Rússia, China e muitas partes da África. Tudo isso acontece em lugares nos quais Paulo jamais esteve e com a quantidade de pessoas com as quais Paulo jamais encontrou, séculos depois de sua vida! Isso é indicativo da influência da Liderança de Nível 5. (*As visões vivem mais do que eles, crescem em movimentos e continuam por intermédio de outros ao longo do tempo.*) De acordo com Albert Barnes: "Não houve ninguém de nossa raça que tenha feito tanto para determinar as opiniões teológicas da humanidade como Paulo fez." A visão de Paulo do cristianismo que se espalhou em todo o mundo ficou tão forte, tão verdadeira e tão duradoura que é impossível pensar em Paulo sem também pensar em sua causa. (*O líder cresce dentro de sua missão.*) Como pode ser dito das causas e visões dos verdadeiros Líderes de Nível 5, o mundo jamais será o mesmo.

## Resumo

Liderança de Nível 5 significa fazer diferença no *status quo* que continua depois do líder. Os Líderes de Nível 5 começam atraindo e capacitando os líderes que são adeptos do desenvolvimento de *outros* líderes. Apenas os líderes visionários mais fortes, mais humildes e mais seguros já alcançaram esse ápice da liderança. Os resultados de tal capacidade são astronômicos. Em O *gerente eficaz*, Peter Drucker disse: "[Nenhum] executivo que jamais sofreu por causa de seus subordinados é forte e eficiente. Não há bazófia mais orgulhosa, mas também nenhuma receita melhor, para a eficiência dos executivos do que as palavras que Andrew Carnegie, o pai da indústria do aço dos Estados Unidos, escolheu para sua lápide: "Aqui jaz um homem que sabia como contratar homens melhores do que ele mesmo."

Este capítulo e o resumo da vida do apóstolo Paulo demonstram que os Líderes de Nível 5 são raros entre nós. Um Líder de Nível 5 faz parte de uma liga particular. Ele comanda as forças dos poderosos Líderes de Nível 4 para uma direção produtiva, ele "arde" por uma visão enorme que incorpora todas as suas energias coletivas e ele deixa um legado verdadeiro na face da Terra. O Nível 5 é a medida de influência à qual todo líder verdadeiramente inspirado, voltado a uma causa e que persegue uma visão, deve aspirar.

# Conclusão

## Entendendo os Cinco Níveis de Influência

O conceito dos Cinco Níveis de Influência é especialmente útil por muitas razões. Primeiro, ajuda os indivíduos a avaliar sua própria capacidade de entender como e onde melhorar. Segundo, ajuda o líder a entender onde estão as pessoas em termos de habilidade e o que fazer para ajudá-las a se desenvolver. Terceiro, ajuda o líder a avaliar o Nível de Liderança que existe em qualquer parte de sua *organização*.

Entender isso a respeito de si, das pessoas e das organizações torna-se extremamente útil em questões de diagnóstico e para que se possa oferecer orientação, correção e direção. Por exemplo, se um indivíduo sente que se encontra no Nível 2, sabe o que precisa aperfeiçoar para chegar ao Nível 3. Se uma determinada pessoa tem um desempenho no Nível 2, deve almejar chegar ao Nível 3. Se uma divisão se encontra no Nível 3, o líder deve oferecer Liderança de Nível 4, e assim por diante.

Os vários níveis de liderança também servem para ilustrar o conceito de "capacidade de influência" por meio das ações corretas do líder. No Nível 1, não existe influência, exceto a do líder em si. No Nível 2, a influência pode ser considerada um "acréscimo", na medida em que somente os esforços do indivíduo são acrescentados à organização. O Nível 3 pode ser visto como "multiplicação", pois agora a contribuição se amplia por intermédio de uma equipe. O Nível 4 teria então impacto "exponencial", pois nele os líderes afetam outros líderes, que então lideram equipes. O Nível 5 encontra-se além da descrição matemática, podendo ser classificado de "revolução".

## Os resultados da liderança

Colin Powell, herói da operação Tempestade no Deserto e ex-secretário de estado, observou que "não existem segredos para o sucesso. O sucesso é resultado de preparação, dedicação e de aprender com o fracasso". Poderíamos dizer o mesmo a respeito da liderança. Não existem segredos. Ela exige esforço. Exige preparação. Haverá fracassos. As lições desses fracassos devem ser entendidas. Em essência, o líder precisa crescer.

Há uma passagem no livro O *sol também se levanta*, de Ernest Hemingway, em que um personagem pergunta a outro: "Como você faliu?" e o outro responde: "Gradualmente, e depois de uma hora para outra." O efeito composto da liderança é bastante semelhante. De início, a influência parece muito gradual, até inexistente, à medida que o líder ou a organização entra na fase de aprendizado. Então, sutilmente, o desempenho sobe. Dessa liderança emergem alguns que podem liderar outros líderes. E então, de uma hora para outra, os resultados dão um salto astronômico.

A questão aqui é a seguinte: liderança é um processo. Um processo contínuo e composto. Não acontece da noite para o dia, mas sim com o passar do tempo, e de formas inegáveis.

## Ande um pouco, enxergue um pouco mais além

Todos entram no campo de jogo da liderança com um conjunto diferente de habilidades inatas, mas todos podem aperfeiçoar essas habilidades. O componente vital da eficácia da liderança é o crescimento pessoal contínuo.

O conceito de liderança, que parece tão impressionante e intimidador a tantos, vai se tornando mais nítido à medida que os degraus dos Cinco Níveis de Influência vão sendo percorridos. Como disse o físico Edward Teller: "Nenhum feito válido é simples quando o imaginamos; mas, se estiver certo, será simples em retrospectiva." Quando se inicia a jornada da liderança, o caminho a ser percorrido não está muito claro; porém, com amadurecimento, experiência, aumento da influência e conhecimento, o caminho vai se delineando com mais clareza. A cada novo quilômetro percorrido, o próximo quilômetro se torna mais claro. Estudar os Cinco Níveis de Influência ilumina o caminho, traça um mapa da jornada e permite que o aspirante a líder enxergue mais longe em seu futuro.

## Um chamado a todos os líderes

Tornar-se um líder não deveria assustar – ao contrário, deveria inspirar. A liderança é um dos feitos mais recompensadores para a humanidade. E também um dos mais importantes.

Nossa sociedade passa por uma crise de liderança. Como observou Edmund Burke, há um século: "A única maneira como o mal pode florescer é por meio da inércia dos homens bons." Existem muitas pessoas acomodadas, enquanto o mundo clama por liderança. Precisamos de líderes no governo, líderes nas empresas, líderes na comunidade, líderes nas escolas, líderes nos lares e líderes nas igrejas.

**"A única maneira como o mal pode florescer é por meio da inércia dos homens bons."**

Gil Bailie escreveu: "Não se pergunte do que o mundo precisa. Pergunte-se o que lhe dá vida, e corra atrás disso, pois o mundo precisa é de pessoas com vida."

Surgem líderes em toda parte sempre que alguém desperta para a vida. Eis aqui o segredo para descobrir seu chamado pessoal à liderança: descobrir o que o desperta para a vida.

Albert Schweitzer acreditava que "a tragédia da vida é o que morre dentro do homem enquanto ele vive". Os líderes não permitem essa tragédia. Vivem enquanto estão vivos.

Em última análise, a liderança é uma responsabilidade pessoal. É preciso descobri-la ao longo do caminho, mas não se preocupe: Deus não lhe daria uma visão se não lhe desse também meios para concretizá-la.

Portanto, desperte para a vida.

Arregace as mangas.

Lidere!

# Bibliografia


Abrashoff, Captain D. Michael. *It's Your Ship: Management Techniques from the Best Damn Ship in the Navy*. Nova York: Warner Business Books, 2002.

Ambrose, Stephen. *Band of Brothers: E Company, 506th Regiment, 101st Airborne from Normandy to Hitler's Eagle's Nest*. Nova York: Simon & Schuster, 1992.

Attner, Paul. "Right of Way". *Sporting News*, St. Louis: Vulcan Sports Media, Inc., 13 de dezembro de 2004, p. 26.

Autry, James A. *The Servant Leader: How to Build a Creative Team, Develop Great Morale, and Improve Bottom-Line Performance*. Nova York: Three Rivers Press, 2004.

Axelrod, Alan. *Profiles in Leadership*. Nova York: Prentice Hall Press, 2003.

Barna, George. *A Fish Out of Water: 9 Strategies to Maximize Your God-Given Leadership Potential*. Nashville: Integrity Publishers, 2002.

—. *Leaders on Leadership: Wisdom, Advice and Encouragement on the Art of Leading God's People*. Ventura: Regal Books, 1997.

Barnes, Albert. *The Life of the Apostle Paul*. Grand Rapids: Baker Books, 1996.

Beliles, Mark A. e Stephen K. McDowell. *America's Providential History*. Charlottesville: Providence Foundation, 1989.

Boettner, Loraine. *The Reformed Doctrine of Predestination*. The Presbyterian and Reformed Publishing Company, 1974.

Brands, H. W. *Andrew Jackson*. Nova York: Doubleday, 2005.

—. *The First American: The Life and Times of Benjamin Franklin*. Nova York: Doubleday, 2000.

Bruce, F. F. *In the Steps of the Apostle Paul*. Grand Rapids: Kregel Publications, 1995.

Bush, George W. *A Charge to Keep: My Journey to the White House*. Nova York: HarperCollins Publishers, 1999.

Callo, Joseph F. *Legacy of Leadership: Lessons from Admiral Lord Nelson*. Oregon: Hellgate Press, 1999.

Carnegie, Dale. *How to Win Friends and Influence People*. Nova York: Simon & Schuster, 1936.

Carter, Andre. "Lord of the Rings: Tom Brady Has Two Super Bowl Rings. He Wants More". *Sports Illustrated for Kids*, Nova York: Time, Inc.: setembro de 2004, p. 26.

Collins, Jim. *Good to Great: Why Some Companies Make the Leap... and Others Don't*. Nova York: HarperCollins Publishers, 2001.

Covey, Stephen R. *The 7 Habits of Highly Effective People: Powerful Lessons in Personal Change*. Nova York: Simon & Schuster, 1989.

Csorba, Les T. *Trust: The One Thing That Makes or Breaks a Leader*. Nashville: Nelson Publishers, 2004.

D'Souza, Dinesh. *Ronald Reagan: How an Ordinary Man Became an Extraordinary Leader*. Nova York: Simon & Schuster, 1997.

Dorman, Henry O. *The Speaker's Book of Quotations*. Nova York: Ballantine Books, 1987.

Dowley, Tim. *The Baker Atlas of Christian History*. Grand Rapids: Baker Books, 1996.

Eldredge, John. *Wild at Heart: Discovering the Secret of a Man's Soul*. Nashville: Thomas Nelson Publishers, 2001.

Eng, Steve. *Jimmy Buffett: The Man from Margaritaville Revealed*. Nova York: St. Martin's Press, 1996.

Flexner, James Thomas. *Washington: The Indispensable Man*. Nova York: Little, Brown and Company, 1969.

Franklin, Benjamin. *Autobiography and Other Writings*. Oxford: Oxford University Press, 1993.

George, Bill. *Authentic Leadership: Rediscovering the Secrets to Creating Lasting Value*. San Francisco: Jossey-Bass, 2003.

Gerber, Michael E. *The E Myth Revisited*. Nova York: Harper-Collins Publishers, 1995.

Gilbert, Martin. *Churchill: A Life*. Nova York: Henry Holt and Company, 1991.

Godin, Seth. *The Purple Cow: Transform Your Business by Being Remarkable*. Nova York: Penguin Group, 2002.

Guinness, Os. *Character Counts*. Grand Rapids: Baker Books, 1999.

Hanson, Neil. *The Confident Hope of a Miracle*. Nova York: Vintage Books, 2003.

Hayward, Steven F. *Churchill on Leadership: Executive Success in the Face of Adversity*. Rocklin: Prima Publishing, 1997.

Herman, Arthur. *To Rule the Waves: How the British Navy Shaped the Modern World*. Nova York: HarperCollins Publishers, 2004.

Holtz, Lou e Harvey Mackay. *Winning Every Day: The Game Plan for Success*. Nova York: HarperCollins Publishers, 1998.

Hunter, James C. *The Servant: A Simple Story about the True Essence of Leadership*. Roseville: Prima Publishing, 1998.

—. *The World's Most Powerful Leadership Principle: How to Become a Servant Leader*. Nova York: Crown Business, 2004.

Kaltman, Al. *Cigars, Whiskey & Winning: Leadership Lessons from General Ulysses S. Grant*. Nova Jersey: Prentice Hall Press, 1998.

Keller, Jeff. *Attitude Is Everything: Change Your Attitude... And You Change Your Life!* Tampa: INTI Publishing, 1999.

Kouzes, James e Barry Posner. *The Leadership Challenge*. San Francisco: Jossey-Bass, 2002.

Krzyzewski, Mike, com Donald T. Phillips. *Leading with the Heart: Coach K's Successful Strategies for Basketball, Business, and Life*. Nova York: Warner Books, 2000.

Love, John. *McDonald's: Behind the Arches*. Nova York: Bantam Books, 1986.

MacArthur, John. *The Book on Leadership*. Nashville: Nelson Books, 2004.

Maxwell, John C. *Equipping 101: What Every Leader Needs to Know*. Nashville: Thomas Nelson Publishers, 2003.

_____. *The 21 Irrefutable Laws of Leadership: Follow Them and People Will Follow You*. Nashville, Thomas Nelson Publishers, 1998.

McLellan, Vern. *Wise Words and Quotes*. Wheaton: Tyndale House Publishers, Inc., 1998.

McCormack, John e David R. Legge. *Self-Made in America: Plain Talk for Plain People about the Meaning of Success*. Nova York: Addison-Wesley Publishing Company, 1990.

McDowell, Josh, and Bob Hostetler. *The New Tolerance*. Wheaton: Tyndale, 1998.

Mesiti, Pat. *Attitudes and Altitudes: The Principles, Practice and Profile of 21st-Century Leadership*. Anaheim: KNI Incorporated, 1997.

Miller, Nathan. *Broadsides: The Age of Fighting Sail, 1775-1815*. Nova York: John Wiley & Sons, Inc., 2000.

Morris, Edmund. *The Rise of Theodore Roosevelt*. Nova York: Ballantine Books, 1979.

O'Leary, Jeff. *The Centurion Principles: Battlefield Lessons for Frontline Leaders*. Nashville: Thomas Nelson, Inc., 2004.

O'Neil, William J. *Military and Political Leaders & Success: 55 Top Military and Political Leaders & How They Achieved Greatness*. Nova York: McGraw-Hill, 2005.

Perot, Ross. *My Life & The Principles for Success*. Arlington: The Summit Publishing Group, 1996.

Phillips, Donald, T. *Lincoln on Leadership: Executive Strategies for Tough Times*. Nova York: Warner Books, 1992.

—. *The Founding Fathers on Leadership: Classic Teamwork in Changing Times*. Nova York: Warner Books, 1997.

Randall, Willard Sterne. *George Washington: A Life*. Nova York: Henry Holt and Company, 1997.

Remini, Robert V. *The Life of Andrew Jackson*. Nova York: Harper & Row Publishers, 1988.

Robbins, Anthony. *Awaken the Giant Within: How to Take Immediate Control of Your Mental, Emotional, Physical & Financial Destiny!* Nova York: Simon & Schuster, 1991.

Roberts, Wess. *The Best Advice Ever for Leaders*. Kansas City: Andrews McMeel Publishing, 2002.

Roosevelt, Theodore. *An Autobiography*. Nova York: Da Capo Press, 1913.

Schefter, Adam. "Brady Is a Man in Charge of His Future." NFL Network, Jacksonville: , 6 de fevereiro de 2005.

Schom, Alan. *Napoleon Bonaparte*. Nova York: HarperCollins Publishers, 1997.

Schwartz, David J. *The Magic of Thinking Big*. Nova York: Prentice Hall, 1959.

Shanahan, Mike e Adam Schefter. *Think Like a Champion: Building Success One Victory at a Time*. Nova York: Harper-Collins Publishers, 1999.

Shirer, William L. *The Rise and Fall of the Third Reich*. Nova York: Simon & Schuster, 1960.

Slater, Robert. *The Wal-Mart Decade: How a Generation of Leaders Turned Sam Walton's Legacy into the World's #1 Company*. Nova York: Penguin Group, 2003.

Stanley, Andy. *The Next Generation Leader: 5 Essentials for Those Who Will Shape the Future*. Oregon: Multnomah Publishers, Inc., 2003.

Strock, James M. *Theodore Roosevelt on Leadership*. Roseville: Prima Publishing, 2001.

Summitt, Pat, com Sally Jenkins. *Reach for the Summit: The Definite Dozen System for Succeeding at Whatever You Do*. Nova York: Broadway Books, 1998.

Tedlow, Richard S. *Giants of Enterprise: Seven Business Innovators and the Empires They Built*. Nova York: HarperCollins Publishers, 2003.

Thorpe, Scott. *Revolutionary Strategies of the Founding Fathers: Leadership Lessons from America's Most Successful Patriots*. Naperville: SourceBooks, Inc., 2003.

Tichy, Noel M. *The Leadership Engine: How Winning Companies Build Leaders at Every Level*. Nova York: HarperCollins, 1997.

Tichy, Noel M., e Nancy Cardwell. *The Cycle of Leadership: How Great Leaders Teach Their Companies to Win*. Nova York: HarperCollins, 2002.

Walton, Sam e John Huey. *Sam Walton: Made in America. My Story*. Nova York: Doubleday, 1992.

Welch, Jack e John A. Byrne. *Jack: Straight from the Gut*. Nova York: Warner Business Books, 2001.

Weller, Bob. *The Dreamweaver: The Story of Mel Fisher and his Quest for the Treasure of the Spanish Galleon* Atocha. Charleston: Fletcher and Fletcher Publishing, 1996.

White, Colin. *Nelson: A Pitkin Biographical Guide*. Grã-Bretanha, 2003.

Williams, Pat. *The Paradox of Power: A Transforming View of Leadership*. Nova York: Warner Faith, 2002.

Willis, Stevenson. *The Proverbs of Leadership: Principles for Leading Your People to the Pinnacle of Greatness*. Nashville: Pillar Press, 2002.

Wooden, John e Steve Jamison. *Wooden: A Lifetime of Observations and Reflections On and Off the Court*. Chicago: Contemporary Books, 1997.

# Índice

## J, K



## L



## M

**N, O**



**P**

## Q, R



## S

## T



## V, W

## Y, Z

Sistema CTcP,
impressão e acabamento
executados no parque gráfico da
**Editora Santuário**
www.editorasantuario.com.br - Aparecida-SP